Reihe Praxis Deutsch
Herausgegeben von Jürgen Baurmann
und Clemens Kammler

Astrid Müller

Rechtschreiben lernen

Die Schriftstruktur entdecken –
Grundlagen und Übungsvorschläge

Klett | Kallmeyer

Unter **www.friedrich-verlag.de** finden Sie Materialien zum Buch als Download. Bitte geben Sie den achtstelligen Download-Code in das Suchfeld ein:
d11022rs

Bibliografische Information der Deutschen Nationalbibliothek
Die Deutsche Nationalbibliothek verzeichnet diese Publikation in der Deutschen Nationalbibliografie; detaillierte bibliografische Daten sind im Internet über http://dnb.d-nb.de abrufbar.

Impressum

Astrid Müller
Rechtschreiben lernen
Die Schriftstruktur entdecken – Grundlagen und Übungsvorschläge
In der Reihe Praxis Deutsch
Herausgegeben von Jürgen Baurmann und Clemens Kammler

4. Auflage

Redaktion: Jan Herrmann
Illustrationen: Axel Nicolai, Brauweiler
Realisation: SchwabScantechnik, Göttingen
Druck: BELTZ Grafische Betriebe GmbH, Am Fliegerhorst 8, 99947 Bad Langensalza
Printed in Germany

ISBN (print): 978-3-7800-1022-3
ISBN (E-Book): 978-3-7727-9111-6

Reihe Praxis Deutsch
Herausgegeben von Jürgen Baurmann
und Clemens Kammler

Astrid Müller

Rechtschreiben lernen

Die Schriftstruktur entdecken – Grundlagen und Übungsvorschläge

Klett | Kallmeyer

Teil B: Didaktische Überlegungen und Übungsvorschläge

Vorwort zur 4. Auflage

In den vergangenen Jahren sind zahlreiche Veröffentlichungen zum Schwerpunkt schriftstrukturelles bzw. sprachsystematisches Rechtschreiblernen in Form von Monographien, Forschungsbeiträgen, Artikeln in pädagogischen Fachzeitschriften und Unterrichtsmaterialien erschienen. So gewinnt man den Eindruck, dass das Entdecken von Schriftstrukturen im Rechtschreibunterricht, wie es in diesem Band vorgestellt wird, nicht nur in der Orthographiedidaktik stark diskutiert wird, sondern in vielen Fällen bereits Eingang in den Unterricht gefunden hat. Das ist eine ermutigende Entwicklung, die das Rechtschreiblernen hoffentlich interessanter und erfolgreicher werden lässt.

Hamburg, im März 2024, Astrid Müller

Gekürztes Vorwort zur 3. Auflage

Nach dem Erscheinen der zweiten Auflage dieses Bandes sind Ergebnisse aus einer Studie veröffentlicht worden, die sich mit der Entwicklung der Rechtschreibleistung von Schülerinnen und Schülern in Klasse 5 beschäftigt (vgl. Bangel/Müller 2018a). In dieser Studie haben 15 Klassen über einen Zeitraum von drei Monaten ungefähr 45 Minuten pro Woche in ihrem Rechtschreibunterricht zur Wortschreibung gearbeitet, und zwar mit dem an der Graphematik orientierten Konzept und den entsprechenden Materialien, wie sie in diesem Buch (vgl. Kapitel 5.1 und 7.1) vorgeschlagen werden.

Die Schülerinnen und Schüler sollten auf dieser Grundlage die Struktur von Wörtern des Kernbereichs entdecken und ihre Entdeckungen beim Schreiben und beim Erklären von Schreibungen nutzen. Die Ergebnisse sind sehr ermutigend, besonders im Hinblick auf die Leistungsentwicklung der schwächsten Rechtschreiberinnen und Rechtschreiber der Stichprobe: Sie haben sowohl direkt im Anschluss an die Arbeit zur Wortschreibung mit diesem Ansatz und diesen Aufgaben als auch vier Monate später deutlich größere Lernfortschritte erreicht als die leistungsschwächsten Rechtschreiberinnen und Rechtschreiber der zehn Kontrollklassen. Letztere arbeiteten mit Schulbüchern und Materialien, die eher dem traditionellen Ansatz (vgl. Kapitel 2.1) verpflichtet sind.

Bemerkenswert ist ebenfalls, wie sicher viele Schülerinnen und Schüler im Laufe des Unterrichts beim Erklären und Korrigieren von Schreibungen geworden sind (vgl. Bangel i.V.). Eine wesentliche Bedingung für das Gelingen dieser Lernentwicklung ist das fachliche und fachdidaktische (Handlungs-)wissen der Lehrerinnen und Lehrer, die in diesen Klassen unterrichteten. Sie haben ihr Wissen über Orthographie und ihre Vermittlung in projektbegleitenden Fortbildungen ausbauen und entsprechend in ihrem Unterricht nutzen können (vgl. Müller/Sartorti 2020).

An diejenigen Lehrkräfte, die ihr fachliches und fachdidaktisches Wissens zur Orthographie selbständig erweitern möchten, richtet sich dieser Band. Viele der Erfahrungen, die die Lehrkräfte bei der Erprobung des Konzepts und der Materialien machen konnten, sind hier eingeflossen. Darüber hinaus gibt es auf der Basis der in diesem Band zusammengestellten Aufgaben (vgl. Kapitel 7) inzwischen das Arbeitsheft „Wörtern und Sätzen auf der Spur" (vgl. Bangel/Müller 2018b) für die Klassen 5 und 6.

Hamburg, im September 2019
Astrid Müller

Gekürztes Vorwort zur 2. Auflage

In den sieben Jahren seit dem Erscheinen der ersten Auflage dieses Bandes ist im Bereich der Orthographiedidaktik erfreulicherweise sehr viel passiert: Die Ergebnisse der graphematischen Forschung sind von den in der Orthographiedidaktik Forschenden und Lehrenden weiterhin intensiv rezipiert und diskutiert worden, erste empirische Untersuchungen im Deutschunterricht der Grundschule zur satzinternen Großschreibung (Wahl u. a. 2017) und der Sekundarstufe I zur Wortschreibung (Bangel/Müller 2016) liefern wertvolle Anhaltspunkte dafür, dass und wie ein relativ widerspruchsfreies und an der Sachlogik des Lerngegenstands Schriftsprache ausgerichtetes Lernen im Rechtschreibunterricht möglich ist. Einzelne Schulbuchreihen und Arbeitsmaterialien für den Rechtschreibunterricht setzen inzwischen die Vorschläge aus der graphematisch orientierten Orthographiedidaktik in Aufgaben für den Unterricht um. In Fortbildungen zeigen Lehrerinnen und Lehrer als diejenigen, die mit ihrem fachlichen und fachdidaktischen Wissen und Handeln den Lernerfolg ihrer Schülerinnen und Schüler wesentlich unterstützen, großes Interesse an Möglichkeiten für die unterrichtliche Umsetzung schriftstrukturorientierter Ansätze beim Rechtschreiblernen.

Für zahlreiche Anregungen und kritische Rückmeldungen, insbesondere für die Gestaltung des Aufgabenteils, möchte ich deshalb den an der Interventionsstudie im Schuljahr 2016/17 beteiligten Deutschlehrkräften Hamburger Stadtteilschulen sehr herzlich danken. Meine wissenschaftlichen Mitarbeiterinnen, Melanie Bangel und Etje Schröder, haben einzelne Kapitel der Überarbeitung aufmerksam gelesen und hilfreich kommentiert. Auch ihnen gilt mein besonderer Dank, ebenso wie den beiden Herausgebern der Praxis Deutsch-Fachbuchreihe, Jürgen Baurmann und Clemens Kammler. Von Verlagsseite haben mich Jan Herrmann und Dr. Gabriela Holzmann umsichtig und zuverlässig bei der Überarbeitung betreut, auch ihnen möchte ich danken.

Hamburg, im September 2017
Astrid Müller

Gekürztes Vorwort zur 1. Auflage

Inzwischen gibt es Veröffentlichungen zur Rechtschreibung und zum Rechtschreiblernen, die zeigen, dass die deutsche Orthographie in ihrem Kernbereich von hoher Systematik geprägt ist, die als Grundlage für eine sach- und lernergerechte Thematisierung im Unterricht dienen kann. Die sprachwissenschaftliche Grundlage dafür bietet die Graphematik, die sich mit den Strukturen und Regularitäten des Schriftsystems beschäftigt.

Den Rechtschreibunterricht selbst hat die graphematische Theorie bislang kaum beeinflusst. Das liegt zum einen daran, dass es bislang an empirischen Belegen fehlt, die zeigen können, dass eine konsequente Orientierung didaktischer Überlegungen an einer Schrifttheorie die Entwicklung der Rechtschreibkompetenz der Lernenden positiv unterstützt. Zum anderen gibt es bislang keine Übersicht über die schriftlinguistischen und rechtschreibdidaktischen Grundlagen, die sich dem graphematischen Ansatz verpflichtet fühlt und an Aufgabenbeispielen demonstriert, wie die unterrichtspraktische Umsetzung dieser Grundlagen aussehen kann. Diese Lücke soll mit dem vorliegenden Band, zumindest zu einem kleinen Teil, geschlossen werden. Der Band trägt zusammen, was wir aus der Graphematik über die Struktur der geschriebenen Sprache wissen, und zeigt auf der Basis der bisherigen didaktisch-methodischen Veröffentlichungen zu diesem Thema, wie dieses Wissen unterrichtspraktisch fruchtbar gemacht werden kann (Teil A). An konkreten Aufgabenbeispielen für den Sprachunterricht in der Sekundarstufe I wird im Teil B exemplarisch dargestellt, wie auf dieser Grundlage im Unterricht gearbeitet werden kann. Die Aufgaben sind in erster Linie als Anregungen zu verstehen, wie sich Schülerinnen und Schüler die komplexen Strukturen des deutschen Schriftsystems durch entdeckendes Lernen erschließen und dieses Strukturwissen für die eigene Rechtschreibentwicklung nutzen können. Die Aufgaben berücksichtigen die Sachstruktur des Lerngegenstandes Schrift, so dass Lernende zu adäquaten Hypothesen über die Struktur und Funktion von Schrift gelangen können. Wichtig für den hier vorgestellten sprachdidaktischen Ansatz ist vor allem, dass Rechtschreiblernen als Teil eines bewussten Sprachlernens verstanden wird, das in wechselseitiger Abhängigkeit zum Lesen, Schreiben, Sprechen und zur Sprachreflexion steht.

Bedanken möchte ich mich bei den beiden Reihenherausgebern, Jürgen Baurmann und Clemens Kammler, für konstruktive Hinweise zum Manuskript. Gabriele Hinney und Nanna Fuhrhop danke ich für die kritische Lektüre und fundierte Rückmeldung zu einzelnen Teilen. Magdalena Schommer und Melanie Bangel haben einzelne Kapitel aufmerksam gelesen und redigiert. Auch ihnen einen herzlichen Dank dafür.

Sibylle Tochtermann und Stefan Hellriegel haben den Band von der Verlagsseite mit großer Umsicht betreut, vielen Dank auch ihnen dafür.

Hamburg, im Oktober 2009
Astrid Müller

Teil A:

Sprachwissenschaftliche und sprachdidaktische Grundlagen

1 Rechtschreiben lernen: eine Bestandsaufnahme

Das wesentlichste Ziel des Rechtschreibunterrichts besteht darin, dass Schreiberinnen und Schreiber den Kernbereich der deutschen Orthographie sicher beherrschen. Zu diesem Kernbereich gehören die Schreibungen, die systematisch aus den Regularitäten des deutschen Schriftsystems abgeleitet werden können. Dazu zählen ca. 90 bis 95 % der Wörter (vgl. Eisenberg/Fuhrhop 2007, S. 24 f.). Schreibsicherheit im Kernbereich wird bislang jedoch von vielen Schülerinnen und Schülern bis zum Ende der Grundschule, aber auch noch bis weit in die Sekundarstufe I hinein, nicht erreicht. Das bestätigen die diachron angelegten, aber nicht repräsentativen Studien von Steinig et al. 2009 bzw. Steinig/Betzel 2014.

Die in diesen Studien untersuchten Texte von Viertklässlern aus den Jahren 2002 bzw. 2012 sind deutlich fehlerhafter als die der Vergleichsgruppe aus denselben Schulen von 1972. Einschränkend verweisen die Autoren darauf, dass sich der soziokulturelle Hintergrund der Schülerschaft in den untersuchten Schulen in dieser Zeit deutlich verändert hat und nur Kinder vierter Klassen untersucht wurden, trotzdem bleibt der Befund auffällig: Die Fehlerzahl ist von 1972 zu 2001 um 77 % gestiegen, wobei sich vor allem in der Gruppe der schwächsten Rechtschreiber/-innen 2002 deutlich mehr Texte als 1972 finden. Weder die Rechtschreibleistungen der mehrsprachig aufwachsenden Kinder noch die gestiegene Textlänge und die höhere lexikalische Varianz in den Texten von 2002 können als hinreichende Erklärung für diesen Befund herangezogen werden (vgl. Steinig et al. 2009, 252 ff.). Die Erhebung von 2012 (vgl. Steinig/Betzel 2014) zeigt zudem eine Verstärkung dieser Tendenz: Die Anzahl der Orthographiefehler steigt zwischen 2002 und 2012 noch einmal um 38 %. Andere, zudem repräsentative, Untersuchungen, so die Erhebungen zur Orthographie in IGLU 2001 und 2006, kommen zu etwas anderen Ergebnissen: Die Schreibung der 15 Testwörter, die einen Vergleich zulassen, da sie sowohl 2001 als auch 2006 im Rahmen von IGLU getestet wurden, hat sich im Vergleich der beiden getesteten Kohorten (Viertklässler/-innen) um 6,5 Prozentpunkte verbessert, dies entspricht einem kleinen Effekt ($d = 0.25$) (vgl. Kowalski u. a. 2010, S. 35 ff.). Die Neunormierung der Hamburger Schreibprobe von 2012 zeigt, „dass sich die durchschnittlichen Rechtschreibleistungen in Deutschland im letzten Jahrzehnt nicht gravierend geändert haben“ (May 2013, S. 5).

Gleichzeitig sei jedoch darauf verwiesen, dass insbesondere die Rechtschreibleistungen des unteren Leistungsviertels immer noch besorgniserregend sind, und hier, worauf in IGLU 2001 verwiesen wird, insbesondere die erhebliche Anzahl von Variantenschreibungen bei schwachen Rechtschreiberinnen und Rechtschreibern: Die schwächsten Schülerinnen und Schüler schreiben nicht nur wesentlich mehr falsch, sondern es finden sich im unteren Quartil „*signifikant mehr Schreibvarianten pro Wort* als im oberen Viertel“, so dass „die Vermutung nahe liegt, bei einem Teil der Schülerinnen und Schüler des unteren Viertels wachse die Konfusion beim Rechtschreiben, je mehr sie von Orthographie erfahren“ (Löffler/Meyer-Schepers 2005, S. 96).

Ob die Vorgaben der Bildungsstandards im Arbeitsbereich „Richtig schreiben“ erreicht wurden, zeigen die Ländervergleiche und Bildungstrends des *Instituts für Qualitätssicherung im Bildungswesen (IQB)* für Klasse 4 und 9: 2011 verfehlten fast 13 % (Kl. 4) bzw. 2015 14 % (Kl. 9) der Getesteten die Mindestanforderungen der Bildungsstandards (vgl. Stanat et al. 2012, S. 171 bzw. Stanat et al. 2016, S. 530). Es ist davon auszugehen, dass ein Teil dieser Schülerinnen und Schüler von funktionalem Analphabetismus betroffen sein wird, der in der leo. – Level-One-Studie für 7,5 Millionen Erwachsene in Deutschland festgestellt wurde (vgl. Grotlüschen et al. 2012).

Hinsichtlich der Hauptfehlerquellen ergibt sich – stark verallgemeinert – ebenfalls über die Schuljahre hinweg ein relativ einheitliches Bild: Spitzenreiter in den Statistiken sind i. d. R. die Groß- und Kleinschreibung und (stärker bei jüngeren Kindern) die Markierung der Vokalquantität (vgl. Berkling/Reichel 2016, S. 209; Blatt/Frahm 2013, S. 32; Karg 2008, S. 82 ff.; Steinig/Betzel 2014, S. 366 f.; Prosch 2016, S. 193). Bezieht man die Interpunktion, die in diesem Band nicht Gegenstand der Betrachtung ist, ein, so zeigt sich, dass sie schon in der Sekundarstufe I, aber spätestens in der Sekundarstufe II, der Großschreibung den Rang abläuft (vgl. Prosch 2016, S. 193 für die Sekundarstufe I). Das ist mit zunehmendem Alter auf die Kommasetzung und speziell auf das fehlende Satzgrenzenkomma in Satzgefügen zurückzuführen (vgl. Pießnack/Schübel 2005, S. 56 für die Sekundarstufe II).

Die Ursachen für diesen Status quo werden häufig in der Komplexität des Lerngegenstands Rechtschreibung und seiner vielfach angenommenen begrenzten Systematik gesehen, die sich an einer Unmenge von Regeln und Ausnahmen ablesen lässt und an der sich auch nach der Neuregelung der deutschen Orthographie nichts geändert hat. So hat Grund (2016) die reformierten Bereiche auf der Basis von Analysen von Schülertexten und -diktaten einer kritischen Prüfung unterzogen und dabei einen deutlichen Fehleranstieg in diesen Bereichen nach 1996 festgestellt.

Oftmals werden didaktogene Probleme als Grund für den geringen Erfolg des Rechtschreibunterrichts, besonders bei Lernenden des unteren Leistungsviertels, ausgemacht. Zwar können wir davon ausgehen, dass das Unterrichtskonzept allein nicht ausschlaggebend für einen erfolgreichen Schriftspracherwerb ist (vgl. Funke 2014), aber eine sachangemessene Analyse des Lerngegenstands *Schrift* ist eine entscheidende Voraussetzung dafür, dass Schülerinnen und Schüler Regelhaftes und Systematisches an ebendiesem Lerngegenstand entdecken und lernen können. Die fachliche und fachdidaktische Expertise der Lehrkräfte erweist sich dabei als hoch bedeutsam, insbesondere im Hinblick auf den Lernerfolg von Schülerinnen und Schülern mit geringeren kognitiven Voraussetzungen (vgl. Corvacho del Toro 2013, S. 208 ff.). Deutlich wird an dieser knappen Ursachenbeschreibung, dass in der aktuellen Diskussion u. a. das fachliche und fachdidaktische Wissen der Lehrkräfte zum Lerngegenstand *Schriftsprache* und zu Möglichkeiten seiner didaktischen Modellierung für den Lernerfolg verantwortlich gemacht werden.

Auf sachstrukturell angemessene Modellierungen zum Schriftsystem können wir im Ergebnis graphematischer Forschungen der letzten Jahre (vgl. besonders Eisenberg 2013a) zurückgreifen. Diese schriftsprachlinguistischen Forschungen hatten und haben große Auswirkungen auf Modellierungen zum Lerngegenstand Orthographie und zu entsprechenden didaktisch-methodischen Überlegungen. Ganz grob lässt sich eine der gravierendsten Veränderungen folgendermaßen skizzieren: Von der Orientierung an der Lautseite der Sprache und der Betrachtung der Schriftsprache als einem sekundären, von der gesprochenen Sprache abhängigen, System, hin zur Betrachtung der Schriftsprache als einem System, dessen Beziehungen zum Gesprochenen sich erst entdecken lassen, wenn klar ist, „welche grammatische Information wie in geschriebenen Wörtern kodiert ist“ (Eisenberg 2013a, S. 285).

Dieser Konzeptwandel begleitet die orthographiedidaktische Diskussion bereits seit einigen Jahren (vgl. Röber-Siekmeyer seit 1994, Hinney seit 1997) und findet vereinzelt seinen Weg in Schulbücher und Unterrichtsmaterialien (vgl. z. B. Deutsch Eins 2017 und Deutschzeit 2015). Wir wissen zwar erst in Ansätzen, wie diese veränderte Perspektive auf Orthographie den Lernprozess und den Lernerfolg beeinflusst. Erste Ergebnisse aus Unterrichts- und Lernbeobachtungen weisen aber aus, dass gerade schwache Lerner/-innen und Schüler/-innen, die Deutsch als Zweitsprache lernen, von einem systematischen Zugang zur Schrift profitieren, der ihre relative Eigenständigkeit gegenüber der gesprochenen Sprache und ihre strukturellen Besonderheiten hervorhebt (vgl. z. B. Hinney 1997; Hinney 2010; Pagel/Hinney 2007, Günther/Nünke 2005, Krauß 2014). Eigene Forschungen mit eher bildungsfern aufwachsenden Schülerinnen und Schülern in Jahrgang 5 (vgl. Bangel/Müller 2016) bestätigen zudem, dass ein Schriftsprachunterricht, der auf Einsicht in reguläre Wortstrukturen auf phonographisch-silbischer und morphologischer Ebene setzt, für die sehr schwachen Rechtschreiberinnen und -schreiber gewinnbringend ist, wenn es um ihre Sicherheit bei der Schreibung von Wörtern des Kernbereichs geht. Einzelne (kleinere) Interventionsstudien (z. B. Hein 2015) zeigen dies ebenso für bildungsnäher aufwachsende Kinder in der Grundschule.

An diese ersten Ergebnisse und Erfahrungen soll im Folgenden angeknüpft und gezeigt werden, wie der Blick auf das Schriftsystem im Rechtschreibunterricht helfen kann, Lernerinnen und Lernern einsichtsvolle Entdeckungen zu ermöglichen und sie bei der für das Lernen so wichtigen Reflexion auf Schrift und ihre Funktion zu unterstützen.

2 Vorstellungen vom Rechtschreiblernprozess

2.1 Die herkömmliche Vorstellung vom Rechtschreiblernen

Die orthographiedidaktische Tradition, wie sie in vielen Materialien für das Rechtschreiblernen anzutreffen ist, orientiert sich gemeinhin daran, Geschriebenes als Visualisierung von Gesprochenem zu betrachten. Aus dieser Perspektive gilt das deutsche Schriftsystem als eine verunglückte Lautschrift, die von zahlreichen Ausnahmen geprägt ist. Dies zeigt sich vor allem in didaktisch-methodischen Ratschlägen, besonders für den schriftsprachlichen Anfangsunterricht, die das „genaue" Hören und Sprechen als Grundlage für das richtige Schreiben betrachten: „Schreib, wie du sprichst – aber sprich deutlich (und hochdeutsch)" (Sommer-Stumpenhorst 2015, S. 113).

Abweichungen von dieser elementaren Laut-Buchstaben-Beziehung werden als wenig systematisch und schwer lernbar angesehen. Sie werden folglich als orthographische Regelelemente oder als Ausnahmen deklariert, die sich Lernende merken müssen, z. B. als „Nicht lauttreue ‚Spezialbuchstaben': Qu Sp St X Y V C Pf ß ie ck nk" (Urbanek 2015, S. 123).

Die sprachwissenschaftliche Begründung für diese Sicht auf Schrift liefert die bis in die zweite Hälfte des 20. Jahrhunderts prominente Dependenzthese, nach der Schrift als sekundäres Zeichensystem betrachtet wird. Aus dependenztheoretischer Perspektive wird argumentiert, dass Schrift nur die Visualisierung von gesprochener Sprache darstellt und dass Grapheme keine eigenständigen sprachwissenschaftlichen Untersuchungseinheiten bilden. Ferdinand de Saussure stellt z. B. fest:

> *„Sprache und Schrift sind zwei verschiedene Systeme von Zeichen; das letztere besteht nur zu dem Zweck, um das erstere darzustellen. Nicht die Verknüpfung von geschriebenem und gesprochenem Wort ist Gegenstand der Sprachwissenschaft, sondern nur das letztere, das gesprochene Wort allein ist ihr Objekt. […] Das einleuchtende Ergebnis von dem allen ist, dass die Schrift die Entwicklung der Sprache verschleiert, sie ist nicht deren Einkleidung, sondern ihre Verkleidung."* (de Saussure 1916/2001, S. 28, 35)

In der Folge solcher und ähnlicher Argumentationen gab es lange Zeit keine sprachwissenschaftlichen Forschungen zum Schriftsystem. Orthographie wurde nur in der Orthographiedidaktik betrachtet, und hier fast ausschließlich unter der Perspektive des Aneignens und Einhaltens von festgelegten Normen. Eine ernstzunehmende Gegenstandskonstituierung konnte allein durch die Didaktik nicht erfolgen und wurde von ihr nicht eingefordert.

Entwicklungspsychologisch wird von der Dependenzthese her argumentiert, dass sich sowohl in der Soziogenese als auch in der Ontogenese die Schriftsprache nach der Lautsprache entwickelt. Schrift baut danach auf gesprochener Sprache auf, denn sie kann nicht ohne den lautlichen Bezug existieren (vgl. Dürscheid 2016, S. 37). Gerade dieses sprachwissenschaftliche Argument ist entscheidend für die auf dieser These beruhende Vorstellung einer engen Abhängigkeit der Grapheme von den Phonemen. Die darauf aufbauende didaktische Sicht, die als Ergebnis einer fehlenden (schrift-) sprachwissenschaftlichen Fundierung betrachtet werden muss, spiegelt sich in verschiedenen didaktisch-methodischen Konzeptionen und in vielen Unterrichtsmaterialien wider. Eisenberg/Fuhrhop 2007 kommen z. B. nach der Analyse von Anlauttabellen und Regelformulierungen aus Schulbüchern, die sich auf das sogenannte alphabetische Schreiben beziehen, zu dem Schluss, „dass die Ungereimtheiten der einzelnen Ansätze letztlich darauf zurückzuführen sind, dass man von der Systemhaftigkeit des Ganzen nicht wirklich überzeugt ist" (ebenda, S. 38). Diese Skepsis äußert sich z. B. in solchen Überlegungen: „Leider ist unsere Orthografie nicht so einsinnig logisch aufgebaut, sondern über Jahrhunderte hinweg gewachsen und von unterschiedlichen Prinzipien überlagert worden. Selbst die überzeugendsten linguistischen Modelle für die deutsche Orthografie kommen nicht ohne Peripherie (Wörter, die nicht in die gedachte Struktur passen) aus" (Brinkmann 2015, S. 53).

Die Konsequenzen einer dependenzorientierten Haltung zeigen sich ebenso in außerunterrichtlichen Zusammenhängen, z. B. in den Bemühungen, in orthographischen Normierungsprozessen dem Ideal einer reinen Alphabetschrift nach dem Grundsatz „Schreibe, wie du sprichst" etwas näher zu kommen. So forderten schon im 17. und 18. Jahrhundert, also noch weit vor der I. Orthographischen Konferenz von 1876, radikale Anhänger der „phonetischen Position", „dass für jedes Phonem ein und nur ein Graphem verwendet werden sollte" (Dürscheid 2016, S. 171). Die Begründung für diese Forderung wurde u. a. darin gesucht, dass eine „nicht lautbezogene Schrift" nicht regelhaft sei (Eisenberg 1990, S. 6).

Seit der ersten Normierung der Orthographie im Ergebnis der II. Orthographischen Konferenz von 1901 wird Rechtschreiblernen fast ausschließlich als Aneignung einer von außen gesetzten, nicht systematisch erklärbaren Norm betrachtet. Diese Einschätzung ist leider nach wie vor aktuell, denn auch die Rechtschreibreform von 1996 hat sich bei der Festsetzung der Norm wenig am tatsächlichen Schreibgebrauch und seiner Entwicklung orientiert (vgl. Eisenberg 2017). Die intendierte Verbesserung der orthographischen Leistungen bei Schülerinnen und Schülern ist zudem gänzlich ausgeblieben (vgl. Grund 2016).

Rechtschreibdidaktisch ist die Dependenzthese bis heute mit Konzeptionen wie der Grundwortschatz- und der Phänomen- oder Regelorientierung verbunden (vgl. Steinig/Huneke 2015, S. 159 ff.). Etwas zugespitzt formuliert, stellt sich die Situation für Lerner auf dieser Grundlage so dar: Sie müssen sich die Schreibung einer Unzahl von Wörtern merken, die zu einzelnen Regeln passen – und die entsprechenden Ausnahmen. Sogenannte „Forscheraufgaben" beziehen sich unter der theoretischen Annahme, dass die deutsche Orthographie unlogisch und nur durch eine Unmenge an Regeln beschreibbar sei, häufig auf das Sammeln und Ordnen von Wörtern nach bestimmten Phänomenen.

Die eigentliche Forschertätigkeit, das Entdecken von Zusammenhängen und das Formulieren von Einsichten, ist nach diesem Ansatz kaum möglich, da davon ausgegangen wird, dass die Entdeckungen unsystematisch und zufällig sind. Auch Lehrgänge, die sich stark an Anlauttabellen ausrichten, sind der dependenzorientierten Vorstellung von der Beziehung zwischen gesprochener und geschriebener Sprache verpflichtet. Man muss beim Sprechen „nur" genau hinhören, die gehörten Laute mit den Lautwerten der Schriftzeichen auf der Anlauttabelle vergleichen und sie entsprechend auswählen und kommt so zu einer relativ adäquaten Verschriftung des Gesprochenen bzw. Gehörten. Hinter dieser Vorstellung verbergen sich mindestens die folgenden Trugschlüsse:

- Zum einen ist die erforderliche Lautanalyse nicht „einfach", auch wenn sie sich an kleinsten, vermeintlich überschaubaren, Spracheinheiten, den Phonemen, orientiert, die auf Grapheme bezogen werden sollen. Vielmehr handelt es sich dabei um einen hochabstrakten kognitiven Vorgang, der sich erst in der intensiven Auseinandersetzung mit den Zusammenhängen zwischen gesprochener und geschriebener Sprache und mit entsprechender Schrifterfahrung ausbilden kann. Die Segmentierung von Lauten gelingt Schriftlernern häufig erst, wenn sie durch die Konfrontation mit geschriebenen Wörtern eine Vorstellung von der Segmentierbarkeit von Sprache gewonnen haben. Jeder Schriftkundige kann eine Ahnung von der Komplexität dieser Analysefähigkeit bekommen, wenn er versucht, gesprochene Wörter einer ihm unbekannten Sprache in Laute zu segmentieren und diese zu verschriften.
- Zum anderen erfassen Anlauttabellen häufig wirklich nur Anlaute und können folglich auch nur für die Schreibung von Anlauten verwendet werden. Der für das Deutsche typische „Schwa-Laut" (das ist das [ə] in der unbetonten Silbe solcher Wörter wie *rufen, lassen, Liebe* usw.), der „Ach-Laut" (wie in *lachen, suchen, Sachen*) und der „Ich-Laut" *(mich, richtig, sicher)* kommen in der Position eines Anlauts im nativen Wortschatz genauso wenig vor wie das stimmlose [s] *(Reste, Gruß, nass)* und das vokalisierte [ʀ] *(merken, Wort, Harke)*. Aber auch Vokale stehen nur in verschrifteten Wörtern und Wortformen am Anfang, denn in der gesprochenen Variante geht ihnen jeweils der „glottale Verschlusslaut" („Knacklaut") voran wie in [ʔalt].
- Nicht zuletzt verkennen solche Orientierungen an Einzellauten und -zeichen, dass im deutschen Schriftsystem das, was ein Buchstabe leistet, erst deutlich werden kann, wenn man seine Position und seine Umgebung im konkreten Wort berücksichtigt (vgl. Bredel 2015, S. 36). Diese suprasegmentale Orientierung der Wortschreibung im Deutschen zeigt sich beispielsweise an dem Buchstaben r in den folgenden Wörtern: In dem Wort *Runde* [ˈʀʊndə] ist er mit einem anderen Lautwert verknüpft als in *warten* [ˈvaɐ̯tən]. In dieser Position wird das r vokalisiert. In *Meter* wird r zusammen mit e als unbetonter Reduktionsvokal [ɐ] gelesen. In *murren* wird der Buchstabe zwei Mal geschrieben, aber nur ein Mal [ˈmʊʀ̣ən] gelesen.

Im Bereich der Groß- und Kleinschreibung wirkt die Dependenzthese vor allem bei Erklärungen für die satzinterne Großschreibung (siehe Kapitel 4.4, 5.3). Das *Amtliche Regelwerk* legt dafür in § 55 fest: „Substantive schreibt man groß" (AR 2006, S. 57), wobei Substantive „der Bezeichnung von Gegenständen, Lebewesen und abstrakten Begriffen" (ebenda) dienen. Warum eine „lexikalische Klasse" (Günther 1998, S. 23) im Satzzusammenhang durch Großschreibung besonders ausgezeichnet wird, kann wohl nur als ein sprachwissenschaftlicher „Irrtum" erklärt werden, denn für die gesprochene Sprache ist es vollkommen belanglos, ob eine bestimmte Wortklasse groß- oder kleingeschrieben wird. Dieser „Irrtum" kann jedoch recht plausibel mit der historischen Entwicklung der germanistischen Sprachwissenschaft begründet werden: Als Grammatiker im 16. und 17. Jahrhundert begannen, für den Schreibgebrauch der Buchdrucker Erklärungen zu finden, mussten sie für die satzinterne Großschreibung „mit den Kategorien der traditionellen lateinischen Wortgrammatik" (ebenda, S. 22) auskommen, da es für dieses Phänomen noch keine syntaktische Theorie gab. Diese Orientierung an einer lexikalisch-semantischen Klassifikation für die Erklärung der satzinternen Großschreibung hatte über Jahrhunderte Bestand und führt bis heute in der Grundschule dazu, dass allein „Substantivität als großschreibungsauslösendes Kriterium gelehrt und gelernt wird" (Bredel 2010a, S. 218). In das in der Grundschule verwendete begriffliche Korsett, *Substantive (bzw. Nomen/Namenwörter) bezeichnen Dinge, die man sehen und anfassen kann,* müssen nach den Konkreta alle anderen, von dieser semantischen Perspektive nicht erfassten „Fälle" für die Großschreibung (Abstrakta, Konversionen) gezwängt werden. Die Folge ist, dass „die gesamte weitere curriculare Anstrengung darin besteht, diesen initialen Fehler zu revidieren" (ebenda, S. 221). Dies gelingt vielen Schülerinnen und Schülern kaum, wie Fehleranalysen aus Längsschnittstudien (vgl. Betzel 2015), Querschnittstudien (vgl. Prosch 2016, S. 193) und Erklärungen für vorgenommene Entscheidungen zeigen. Exemplarisch dazu die Erklärung von Stefan, Kl. 7, der im Diktat „das *weinen" geschrieben hat. Er erklärt im Gespräch: „Das tut man ja ... kann man nicht anfassen [...]. Man kann Tränen anfassen, aber [...] das Weinen nicht" (vgl. Luttenberger 2012).

Wie Stefans Äußerung stellvertretend zeigt, ist es schwer nachvollziehbar, warum Adjektive, Verben und Pronomen plötzlich zu Substantiven *(das Schöne, das ständige Pauken, mein besseres Ich)* werden können, wohingegen andere keine mehr sein dürfen *(kraft, leid sein, aufgrund, infolge)*. Das Problematische an diesem Vorgehen ist nicht, dass, besonders bei der Großschreibung von Eigennamen und Konkreta („Namen und Dinge, die man anfassen kann, schreibt man groß."), von der Bedeutung von Wörtern auf ihre Schreibung geschlossen wird, sondern dass diese Hypothese keine weitere Differenzierung und Erweiterung erfährt, sondern sich alle anderen „Fälle" für die Großschreibung dieser Festlegung unterordnen müssen. Natürlich werden im Deutschen Substantive großgeschrieben. Sie sind sozusagen die prototypische Gruppe von Wörtern, auf die das Kriterium Großschreibung immer zutrifft. Sie erscheinen im Wörterverzeichnis mit großem Anfangsbuchstaben. Aber es gibt auch Wörter, die aus kategorialer Perspektive nicht zu dieser Wortklasse gehören und die trotzdem unter bestimmten Umständen – nämlich ihrer Funktion im Satz entsprechend – großgeschrieben werden. Es muss bei der Entscheidung für die Groß- oder Kleinschreibung also immer der syntaktische Zusammenhang geprüft werden. Das Wissen um die kategoriale Zugehörigkeit zu einer Wortart hilft dem Schreiber nur bedingt und nur für den prototypischen Kernbereich weiter (siehe Kapitel 4.4, 5.3).

Halten wir fest: Das didaktische Bemühen richtet sich auf der Grundlage dependenzorientierter Vorstellungen von der Schriftsprache auf zweierlei: Zum einen darauf, den Lerngegenstand zu vereinfachen, indem die deutsche Schrift als sekundäres System, als „aufgeschriebene" Sprache und somit als „Lautschrift" betrachtet wird. Die Beziehungen zwischen Phonemen und Graphemen stehen demnach im Mittelpunkt der Aneignung. Abweichungen davon werden als orthographische Sonderfälle betrachtet. Auch für die Erklärung der Groß- und Kleinschreibung werden ausschließlich semantische Kriterien als Orientierungsbasis für die Schreibung verwendet. Syntagmatische oder syntaktische Kriterien, die Schriftlichkeit als Analysebasis benötigen, werden auch im späteren Schriftspracherwerbsprozess im Unterricht nicht herangezogen, wenn Lerner sich geschriebener Sprache bereits angemessen bedienen können. Die Folge ist, dass für die Großschreibung unzulängliche Kriterien wie die Semantik (Anfassprobe) und die Morphologie (Artikelprobe) von Substantiven allein für die Entscheidung über die Groß- oder Kleinschreibung herangezogen werden.

Das Ergebnis solcherart didaktischen Tuns sind jedoch nur vermeintliche Vereinfachungen für Lerner, denn einfach stellt sich das Schriftsystem ausschließlich aus der Perspektive des Schriftkundigen dar, der auf dem Weg zur Schrift bereits eine Vielzahl an Abstraktionsprozessen vollzogen hat (z.B. in Bezug auf die Phonem-Graphem-Korrespondenzen oder den Begriff „Substantiv"). Für Lerner können solche Vereinfachungen hingegen eine Erschwernis sein, weil sie zu falschen Hypothesen im Lernprozess führen können.

Zum anderen folgt aus dieser sprachwissenschaftlichen Auffassung auch ein gewichtiges lernpsychologisches Argument: Da Schrift folglich als lernerunfreundlich betrachtet wird und daher ohne Systematik auskommen muss, sollte jeder Lerner seinen Weg zur richtigen Schreibung eigenaktiv finden, so dass ein „Gleichschritt durch sachlogisch aufgebaute Einheiten" (Bartnitzky 2000, S. 51) nicht möglich ist. Vielmehr wird auf die Macht des regelmäßigen Übens gesetzt. Die Folge formuliert Friedrich schon 1995 so:

> *„Da in der Rechtschreibung kein System erkannt werden konnte, das kognitiv begründet schien, wurde sie lerntheoretisch als Fertigkeitsbereich qualifiziert, dem im wesentlichen über mechanische Trainings- und Speicherprozesse beizukommen war. Rechtschreiben – so eine Commonsense-Vorstellung – hat vor allem mit dem Gedächtnis zu tun. [...] Diese Auffassung wurde von psychologischen Theorien gestützt, die Einprägeprozesse als Lernprozesse qualifizierten, die dem Lernen jüngerer Kinder gemäß sind, die Automatisierung und Reproduktion als weniger schwierig, kognitive Strukturbildung als späteren Stufen zugeordnet erklärten. Produktives Sprachhandeln und kognitives Lernen wurde kleineren Kindern nicht zugetraut. [...] Die Vielfalt und Opulenz von Methodenlisten für den Rechtschreiberwerb steht in einem bemerkenswerten Mißverhältnis zur Dürftigkeit oder Widersprüchlichkeit der ihnen zugrunde liegenden theoretischen Konzepte [...]."* (Friedrich 1995, S. 107)

Selbst die aktuellen Bildungsstandards im Fach Deutsch für die Primarstufe (2004) folgen der hier skizzierten Auffassung. „Richtig schreiben" ist dem Kompetenzbereich „Schreiben" (vgl. Bildungsstandards 2004, S. 7) zugeordnet. Am Ende von Klasse 4 sollen die Lerner u. a. „geübte, rechtschreibwichtige Wörter normgerecht schreiben", „methodisch sinnvoll abschreiben" und „Übungsformen selbständig nutzen" (ebenda, S. 10 f.).

Üben ist zweifelsohne eine wichtige Tätigkeit im Lernprozess, die zur Automatisierung führen kann, die ihrerseits das Gedächtnis entlastet. Wenn dieser Automatisierungsprozess jedoch ohne kognitive Einsichten erfolgt, ohne das Bewusstmachen von Strukturen und den Einsatz von Wissen, bleibt das Üben ein Einschleifen ohne kognitive und sprachanalytische Orientierung. Die grundlegende kognitive Leistung besteht dann im Wiederholen und Erinnern von vorher durch wiederholtes Schreiben eingeprägten Lernwörtern, das durch recht diffuse Vorstellungen von Regeln überformt (und häufig eher erschwert als erleichtert) wird.

Dass diese Vorstellung vom Rechtschreiblernen aber immer noch den Rechtschreibunterricht dominiert, belegen empirische Untersuchungen zum Zusammenhang von Rechtschreibleistung und Lehrerexpertise. So kommt Hofmann (2008) auf der Grundlage von Befragungen von Lehrerinnen und Lehrern sowie von Unterrichtsbeobachtungen im Rechtschreibunterricht der 3. Klasse zu dem Schluss,

> *„dass primär visuell-motorisch orientierte Lernangebote den Rechtschreibunterricht bestimmen. Befragt nach den bevorzugten Aufgabenstellungen, die die Lehrkräfte bei den im dritten Schuljahr relevanten Rechtschreibphänomenen einsetzen, dominieren Übungsformate, die das optische Prinzip aufgreifen und die Wortbildeinprägung fördern. Die Aufgabenart, Lernwörter mehrmals (ab-)zu schreiben, zählt – außer bei der Behandlung der Groß- und Kleinschreibung – immer zu den drei erstgenannten Übungsformen."* (ebenda, S. 133)

Die Autorin konnte außerdem zeigen, dass ein größerer Zeitaufwand im Unterricht für die Erarbeitung, d. h. „für die Besprechung und Erläuterung von Rechtschreibphänomenen, Regeln, Merkhilfen oder zur Kontrolle von Übungsaufgaben" (ebenda), mit einer besseren Leistungsentwicklung der untersuchten Drittklässler im Rechtschreiben in Verbindung steht und „eine Verbesserung der Rechtschreibfähigkeit, insbesondere bei den schwachen Kindern, nicht einfach durch ein Mehr an Übungszeit und Übungsaufgaben erreicht werden kann" (ebenda, S. 132 f.). Darüber hinaus führt das Üben ohne Einsicht bei schwachen Rechtschreiblernern oftmals dazu, dass sie „auf dem phonetischen Entwicklungsniveau" (Eisenberg u. a. 1994, S. 21) verharren, denn andere Lösungsstrategien als die phonetische haben sie in ihrem Rechtschreibunterricht nicht kennengelernt.

Methodisch abwechslungsreiche, aber kognitiv anregungsarme und einseitige Arbeitsformen sind in der traditionellen Vorstellung von rechtschriftlichen Lernprozessen in erster Linie darauf ausgerichtet, Lernende bei der Aneignung eines so schwierigen Lerngegenstands wie der Orthographie „bei der Stange" zu halten. Partner- und

Eigendiktate wie Dosen-, Dreh- und Laufdiktate sind nur einige Beispiele dafür, wie Rechtschreiblerner zum Üben bewegt werden sollen. Gegen methodische Vielfalt und spielerische Übungsformen spricht natürlich überhaupt nichts. Aber auch methodische Übungsvielfalt und ein hoher Zeitaufwand für das Einprägen und Behalten – das belegen stellvertretend für andere die angeführten empirischen Befunde zu den Rechtschreibleistungen (siehe Kapitel 1) und die Ergebnisse aus den Untersuchungen von Hofmann (2008) – führen nicht zu den gewünschten Erfolgen in Form von besserer Rechtschreibung. Außerdem überfordern sie häufig Lehrende und Lerner, da u. a. eine Unmenge an differenzierenden und abwechslungsreichen Arbeitsmaterialien zur Verfügung stehen muss, die selten hinreichend didaktisch reflektiert sein können.

Zusammenfassend lässt sich sagen, dass es im herkömmlichen Rechtschreibunterricht, besonders in der Grundschule, um die Sicherung eines Grundwortschatzes und die Sicherung einzelner Rechtschreibphänomene durch häufiges und variantenreiches Üben geht. Die Vermittlung von Einzelregeln soll darüber hinaus Muster- und Analogiebildung ermöglichen. Regeln sind aber, das wird im folgenden Kapitel gezeigt, keine geeignete Größe für das Lernen, denn sie wenden sich an den kompetenten „Anwender".

Die Orthographie muss Lehrenden jedoch wegen der fehlenden Gegenstandsfundierung und Lernenden wegen der vielen kaum erfassbaren Merksätze und Ausnahmen häufig als Ansammlung von Zufälligkeiten erscheinen, die man sich nur durch Auswendiglernen merken kann. Wie mühsam das ist, weiß jeder, der sich schon einmal Texte aus einer ihm unbekannten Sprache einprägen musste. Einem Teil der Lerner, das zeigt sich auch an der immer noch üblichen Verwendung solcher Begriffe wie „Legasthenie" und „Lese-Rechtschreibschwäche", bleibt so der Weg zu einer angemessenen Beherrschung der Schriftsprache verschlossen. Ein alternativer Zugang soll im Folgenden dargestellt werden.

2.2 Rechtschreiblernen aus der Sicht der Graphematik

Als erfahrene Schriftsprachlernerinnen und -lerner versuchen wir, wenn wir uns die Rechtschreibung von neuen Wörtern oder von Wörtern aus anderen Sprachen einprägen und sie behalten wollen, Zusammenhänge zu bereits Bekanntem zu entdecken, Muster zu erkennen und Analogien zu bilden, um uns Schreibungen systematisch zu erschließen. Einprägen und Automatisieren kann häufig nur auf der Grundlage von kognitiven Einsichten wirklich erfolgreich sein. Diese Einsichten führen dazu, dass sich unser Denken und unsere Vorstellungen vom jeweiligen Lerngegenstand verändern. Das gilt insbesondere für einen so strukturierten und komplexen Lerngegenstand wie Schrift, der folglich in erster Linie erfolgreich auf kognitiven Wegen angeeignet werden kann. Der Schriftspracherwerb erweitert gleichzeitig die kognitiven und sprachlichen Möglichkeiten der Lernenden. Ihre Sprach- und Denkentwicklung erhält durch die Erfahrungen im Umgang mit Schrift eine neue Qualität. Das zeigt sich z. B. darin, wie sich die Vorstellung davon, was Wörter und Sätze sind, von Kindern, die noch nicht lesen und schreiben können, von denen schriftkundiger Erwachsener unterscheiden. In einer Untersuchung von Bosch (1937/1990) sollten Schulanfänger entscheiden, welches von jeweils zwei mündlich präsentierten Wörtern länger sei (z. B. *klitzeklein* oder *groß*). Die Antworten und spontanen Begründungen der meisten Kinder zeigen, dass sie ihre Entscheidung „komplexbestimmt" (Bosch 1937/1990, S. 22), also von der Wortbedeutung her, treffen – und nicht vom formalen Kriterium der Wortlänge. Ein zweites Experiment sollte zeigen, ob die Kinder die Anzahl von Wörtern in Sätzen wie *Maria geht nach Hause*, die ihnen ebenfalls vorgesprochen wurden, ermitteln können. Das Ergebnis zeigt, dass auch hier der Inhalt für die Schulanfänger das Entscheidende ist. Die Form dagegen ist unerheblich, denn in vielen Fällen wurden nur die Inhaltswörter gezählt (vgl. ebenda, S. 27). Bosch kommt zu dem Ergebnis, dass dem Durchschnitt der Schulanfänger „die Vergegenständlichung der Sprache noch sehr fern liegt" (ebenda, S. 25). In einer dritten Befragung sollten die Kinder zu vorgesprochenen Einzelwörtern bestimmen, was sie am Anfang des Wortes hören. Auch hier zeigen viele Antworten, wie abstrakt diese Anforderung für schriftunkundige Kinder ist und wie stark inhaltliche Bezüge ihre Vorstellungen dominieren: „Bei Schuh fängt man mit dem Schuhriemen an beim Anziehen" (ebenda, S. 30).

Das Wortkonzept der Vorschulkinder unterscheidet sich, das machen diese Experimente deutlich, wesentlich von dem schriftkundiger Erwachsener (vgl. ausführlich Bredel 2013, S. 38 f. und S. 52 ff.). Schriftkundige orientieren sich an formalen Strukturen der sprachlichen Einheit „Wort" und können Wörter durch ihre schriftbezogene Erkenntnis, dass sie durch Zwischenräume voneinander getrennt werden, unterscheiden und erklären. Diese schriftorientierte Argumentation setzt sich auch in der Vorstellung vieler Schriftkundiger fort, dass wir in Wörtern sprechen. Schriftunkundige argumentieren häufig bedeutungs- und erfahrungsbezogen, so dass sie Einheiten wie *mein kleiner Bruder* als ein Wort betrachten.

Interessant ist ebenfalls eine Überlegung, zu der Bosch aus dem Ergebnis kommt, dass Kinder in diesem Alter noch kaum in der Lage sind, „die konstitutiven Einzellaute des Wortes isoliert herauszuhören und zu nennen. [...] Dieses Ergebnis verwundert nicht, wenn man bedenkt, daß isolierte Laute, d. h. Laute in gestaltindifferenter, neutraler Lage, im lebendigen Sprachgeschehen nicht existieren, vielmehr als solche ein Abstraktionsprodukt sind" (ebenda, S. 33). Die phonologische Analyse eines Wortes kann also nicht am Anfang des schriftsprachlichen Lernprozesses stehen, sondern sie ist sein Ergebnis.

Das Rechtschreiblernen als Bestandteil des Schriftspracherwerbs stellt sich aus dieser Perspektive als ein anspruchsvoller geistiger Prozess dar, der weit über das Einprägen und Behalten von Wortbildern oder -schemata und das Anwenden von Regeln aus Merksätzen hinausgeht. Die konkrete Rechtschreibung eines Schreibers spiegelt somit immer auch die kognitiven Vorstellungen des Lerners vom Lerngegenstand wider. Darüber hinaus ermöglicht der Schriftspracherwerb Lernern überhaupt erst, sich der Struktur von Sprache zuzuwenden, da Schrift die Möglichkeit zur Dekontextualisierung und Distanzierung (vgl. Bredel 2013) bietet. Damit liefert sie eine Grundlage für die Betrachtung und Untersuchung von (Schrift-)Sprache, was dann zu „grammatischer Bewusstheit" (Gornik 2006, S. 815) führen kann. Im Literarisierungsprozess kommt es somit zu einer „Restrukturierung der Grammatik" (Eisenberg 2004, S. 14), die Sprachbetrachtung und systematische Einsichten erlaubt.

Die Basis für einen so verstandenen kognitiven Zugang zur Schrift bietet die Struktur des Lerngegenstands selbst. Entgegen weitverbreiteter Annahmen ist die Schrift in ihrem Kernbereich von einer hohen Systematik geprägt, die sich u. a. aus ihrem Entwicklungsprozess (siehe Kapitel 3.1) erklären lässt.

Um die Systematik der Schrift überhaupt entdecken zu können, war in der sprachwissenschaftlichen Forschung eine Abkehr von der Dependenzthese zugunsten einer Sicht, die den eigenständigen Charakter des Schriftsystems hervorhebt, notwendig. Dieser orthographietheoretische Ansatz lässt sich gut mit der Interdependenzthese fassen. Sie geht davon aus, dass sich die geschriebene Sprache „sowohl materiell als auch im Gebrauch von der gesprochenen" (Eisenberg 2013a, S. 285) unterscheidet. Da beide Sprachsysteme eine relative Eigenständigkeit besitzen, handelt es sich um „methodisch differenziert zu behandelnde und theoret. elementare Kategorien der Sprachbeschreibung und -analyse" (Glück/Rödel 2016, S. 302), denn erst, „wenn man weiß, welche grammatische Information in geschriebenen Wörtern steckt, lassen sich kontrolliert Bezüge zu gesprochenen Wörtern herstellen" (Eisenberg 2013a, S. 286).

Das Schriftsystem zu erforschen und zu beschreiben, hat sich seit ca. 1990 eine neue Teildisziplin der Grammatik, die Graphematik, zur Aufgabe gemacht (vgl. Eisenberg seit 1983, Maas seit 1992, Butt/Eisenberg 1990 u. a.). Die Graphematik „befasst sich mit Graphemen und Schreibsilben" und damit, „wie Grapheme/Schreibsilben zu graphematischen Wörtern zusammengesetzt werden", sowie „mit Problemen der Groß-/Kleinschreibung, der Getrennt-/Zusammenschreibung und der Interpunktion" (Bredel 2013, S. 18).

Was die Graphematik für die Lese- und Rechtschreibdidaktik fruchtbar macht, wird in den folgenden Kapiteln ausführlich dargestellt. An dieser Stelle soll der Verweis reichen, dass sich die Lernerfreundlichkeit dieses Zugangs darin zeigt, dass er es ermöglicht, die Struktur des Schriftsystems analysier- und lernbar zu machen. Schriftlerner können entdecken, dass Schrift im Deutschen zwar komplex, aber systematisch ist, was den Zugang im Lernprozess erleichtern kann. Schnelle Erfolge im Rechtschreiberwerb sind zwar schon allein wegen der Komplexität des Lerngegenstands auch unter der Perspektive der Orientierung am Schriftsystem nicht zu erwarten. Es geht jedoch beim Lernen um Überschaubarkeit, Übertragbarkeit und Erklärbarkeit, so dass nicht in erster Linie das „Merken" von Ausnahmen notwendig ist, sondern Schreibungen verstanden werden können. Das kann Lerner entlasten. Die Orientierung an der Sachlogik des Gegenstands, wie er durch seine sprachwissenschaftliche Fundierung nahegelegt wird, ist dabei nicht gleichzusetzen mit einem Gleichschritt im Lernen – und auch nicht mit dem Versuch, sprachwissenschaftliche Theorien in den Unterricht einzubinden, denn didaktische Modelle brauchen zwar die fachwissenschaftliche Fundierung, bilden diese aber aus guten Gründen nicht adäquat ab. Vielmehr soll die Orientierung an der „Sache“ didaktischer Beliebigkeit und der häufig ergebnislosen und frustrierenden Suche nach Erklärungen für Schreibungen, deren Systematik nicht erkannt wird, vorbeugen.

Ein wesentlicher Unterschied zwischen der an der Graphematik orientierten Rechtschreibdidaktik und der eher traditionellen besteht darin, dass sich erstere nicht an Regeln und Vorschriften, also der orthographischen Norm, sondern am System der Schrift orientiert. Damit ist auch das Verhältnis von Graphematik und Orthographie beschrieben: Die Graphematik „beschreibt, wie man schreibt“ (Fuhrhop 2015, S. 1). Sie interessiert sich also für die Regularitäten, die dem normalen Schreibgebrauch zugrunde liegen (vgl. Eisenberg 2017). Die Orthographie hingegen „legt fest, was ‚richtig‘ ist“ (Fuhrhop 2015, S. 1). Die Graphematik untersucht das System und seine Regularitäten; die Orthographie regelt die „explizite, kodifizierte Norm“ (Hinney 1997, S. 64). Die gültige Norm ist seit der Neuregelung der deutschen Orthographie im *Amtlichen Regelwerk* zur deutschen Rechtschreibung formuliert. Rechtschreibregeln helfen dem erfahrenen Schreiber bei Unsicherheiten und in Zweifelsfällen. Er kann auf der Grundlage seines deklarativen Wissens (siehe Kapitel 6.2) die Schreibung von einzelnen Wörtern aus den Regeln erschließen. Sie bilden die „Kodifizierung des Standards“ (Maas 2011, S. 12) auf der Ebene der orthographischen Norm. Das Wörterverzeichnis hingegen gibt direkt Auskunft über die Schreibung(en) von Einzelwörtern. Die Basis für die Festlegung der Regeln und der Schreibung von Einzelwörtern sind jedoch normalerweise die dem System zugrundeliegenden Zusammenhänge, die erkannt, beschrieben und in eine kodifizierte Form gebracht werden müssen.

Die Orientierung am Schriftsystem hilft, Lernenden zu verstehen, wie das System im Kernbereich „funktioniert“, also welche Prinzipien und Regularitäten bei seiner Beschreibung anzusetzen sind. Auf der Basis systematischer Einsichten können Schreiber dann auch Wörter und Sätze richtig, d. h. normgerecht, schreiben, die sie noch nie geschrieben haben. Gleichzeitig hilft die Schreibsicherheit im Kernbereich dabei, Zweifelsfälle, wie sie häufig im Peripheriebereich des Schriftsystems vorkommen, zu erkennen. Es geht also nicht um die Beherrschung aller Rechtschreibregeln, sondern um „eine Gewichtung zwischen elementaren und marginalen Fehlschreibungen, nicht Rechthaberei, sondern Kenntnis der schwierigen Bereiche der Orthographie und Toleranz im Umgang mit ihnen“ (Eisenberg/Spitta/Voigt 1994, S. 15). Die entscheidende Veränderung durch die Orientierung am Schriftsystem besteht folglich darin, dass man von der Lernbarkeit des Schriftsystems überzeugt ist: „Der Schreiber kann die Orthographie seiner Sprache nicht nur beherrschen, er kann sie auch verstehen“ (Eisenberg 2005, S. 65). Verstehen als ein hypothesengenerierender und -überprüfender Prozess (vgl. u. a. Artelt 2004, S. 71) ist jedoch auch im Fall des orthographischen Lernens von den Lernvoraussetzungen der Lerner und den entsprechenden Lernangeboten abhängig. Lerner müssen im Schriftspracherwerbsprozess die Möglichkeit erhalten, eigene Hypothesen über Strukturen, Zusammenhänge und Regularitäten in Abhängigkeit vom eigenen Erkenntnisstand aufzustellen und diese im Austausch mit anderen und mit den Lerngegenständen zu differenzieren – ganz im

Sinne forschenden Lernens (vgl. Eisenberg/Feilke 2001; siehe Kapitel 6.3). Insofern wird auch ein Sprachunterricht, der sich an fundierte schrifttheoretische Grundlagen hält, nicht bei allen Lernern gleichermaßen erfolgreich sein.

Der hier vertretene Ansatz hat eher wenig mit „Silbenkonzepten" (vgl. Risel 2011, S. 123 ff.) zu tun, unter die sprachstrukturelle Zugänge zur Schrift fälschlicherweise oft subsumiert werden. Vielmehr geht es im Einklang mit lernpsychologischen Erkenntnissen darum, die Sachstruktur des Lerngegenstands in den Mittelpunkt von Aneignungsprozessen zu stellen. Mit Weinert (2001) gehen wir davon aus, „dass Fächer nicht beliebige Wissenskonglomerate darstellen, sondern sachlogische Systeme, die Schüler aktiv und konstruktiv erwerben müssen, wollen sie schwierige inhaltliche Phänomene und Probleme tiefgründig verstehen und soll zukünftiges Lernen durch Transferprozesse erleichtert werden" (ebenda, S. 27). Das trifft eben auch auf den Rechtschreibunterricht im Fach Deutsch zu.

3 Warum wir schreiben, wie wir schreiben

3.1 Ein Blick in die Geschichte der Schrift und des Schreibens im deutschen Sprachraum

Aus der Sicht der Graphematik wird immer wieder darauf verwiesen, dass sich unser Schriftsystem „natürlich“ entwickelt hat (vgl. Eisenberg 2013a, Fuhrhop 2015), sich also in einem jahrhundertelangen Entwicklungsprozess an die Bedürfnisse seiner Benutzer angepasst hat – und nicht durch „von außen“ (z. B. von Grammatikern) initiierte Normierungsprozesse entstanden ist. Meisenburg (1996) spricht in diesem Kontext in Anlehnung an Keller (1990/2014) vom Wirken der „unsichtbaren Hand“. Normierungsprozessen gehen oft Normalisierungen, also Angleichungen von Schreibungen (vgl. Tophinke 2005, S. 101, Tophinke 2009), voraus, in deren Folge sich die Zahl an Schreibvarianten reduziert und stabile graphische Wortgestalten erzeugt werden (vgl. Tophinke 2005, S. 101). Eisenberg/Feilke (2001, S. 12) beschreiben diese historischen Prozesse, durch die sich ein einheitliches Schriftdeutsch entwickeln konnte, als einen kreativen sprachlichen und schriftsprachlichen Wettbewerb. Die wenigen Schreibkundigen in den Schreibzentren der deutschen Handelsstädte beschäftigten sich seit dem 16. Jahrhundert wegen der zunehmenden wirtschaftlichen Beziehungen und dem Bedürfnis nach rechtlichen Regelungen zunächst mit handschriftlichen, später gedruckten Schrifttexten anderer Schreiber, die für einzelne Schreibprobleme andere Lösungen entwickelt hatten. Gemeinsam war dieser Gruppe von Schriftexperten, dass sie in diesem durchaus als Wettbewerb um die beste Lösung zu bezeichnenden Austausch „die Konstruktion einer gut lesbaren und für alle verständlichen schriftlichen Sprache“ (ebenda) anstrebten. Treibende Kraft für diesen Veränderungsprozess waren und sind die sich verändernden Anforderungen an die Schrift und ihre Verwender.

In dem historischen Prozess der Grammatikalisierung von Schrift – das wird sich in den folgenden Abschnitten dieses Kapitels zeigen – war die Schrift (trotz vieler Belege dafür, wie Schreiber mit Schrift experimentierten, wie sie in der Schrift bestimmte „Moden“ kreierten, die irgendwann wieder verschwanden, usw.) nie schwer nachvollziehbaren oder unlogischen Veränderungen unterworfen. Aber trotzdem muss uns bewusst sein, dass das deutsche Schriftsystem sehr komplex ist. Je älter ein Schriftsystem ist und je mehr Wandlungsprozesse die gesprochene Bezugssprache genommen hat, ohne dass die Schrift diese Veränderungen unbedingt nachvollzieht, desto komplizierter ist es auch (vgl. Munske 2005, S. 22). Das ist noch eindrucksvoller als an der deutschen an den französischen und englischen Alphabetschriften zu sehen, die sich kaum an die Veränderungen im Phonemsystem angeglichen haben.

Im Vergleich mit anderen germanischen Sprachen verfügt die Schreibung des Deutschen „über eine beträchtliche diachrone Tiefe“ (Nübling u. a. 2013, S. 208). Die Anfänge zur Verschriftlichung des Deutschen in Alphabetschrift reichen bis ins frühe Mittelalter, bis ins 8. Jahrhundert, zurück, als Mönche begannen, ihre Dialekte (Bairisch, Alemannisch, Fränkisch) auf der Grundlage ihrer Kenntnisse der lateinischen

Schrift aufzuschreiben (vgl. Munske 2005, S. 9). Schon in althochdeutschen Schriftdokumenten finden sich wesentliche Elemente wieder, die auch moderne Schriften auszeichnen: Großbuchstaben markieren Anfänge von Absätzen, später auch Namen. Dass die Majuskeln, also die Großbuchstaben, diese Funktion übernehmen konnten, lag vor allem daran, dass sich vor bzw. um 750 ein neuer Schrifttyp entwickelte, der für das Verschriften des Deutschen besser geeignet und leichter schreib- und lesbar war als Capitalis. Dieser Schrifttyp, die karolingische Minuskel, wurde zwar wahrscheinlich nicht, wie lange angenommen, im Umfeld des Hofs Karls des Großen entwickelt, aber zumindest hier genutzt und verbreitet (vgl. Licht 2012).

Ein Beispiel für den Gebrauch der karolingischen Minuskel und für die Markierung des Abschnittsbeginns durch eine Majuskel liefert der folgende Ausschnitt aus dem Hildebrandslied, das im 8. Jahrhundert niedergeschrieben wurde. Es zählt wohl zu den bekanntesten althochdeutschen Textüberlieferungen. Zwischen Wörtern stehen, das sieht man am abgebildeten Ausschnitt einer zeitgenössischen Handschrift aus der ersten Hälfte des 9. Jahrhunderts, inzwischen häufig Leerzeichen. Manchmal wird die Worttrennung noch mit einem Punkt auf der gedachten Mittellinie markiert.

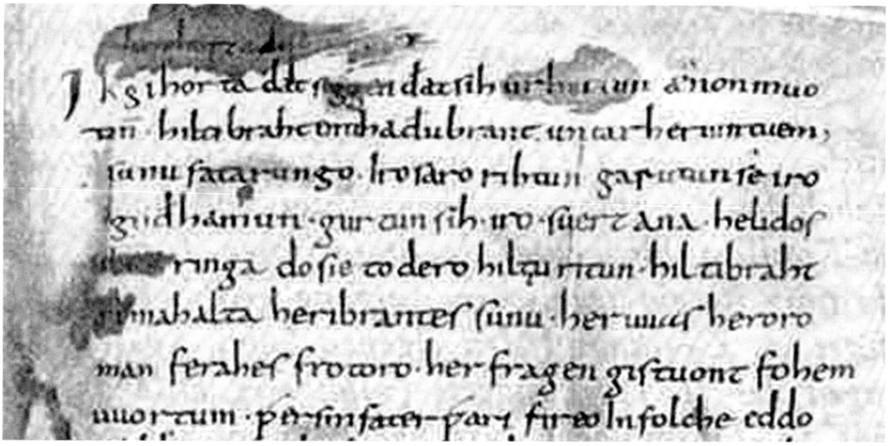

Quelle: Ulrich Harsch 1998 (Bibliotheca Augustana, Hochschule für angewandte Wissenschaften Augsburg)

Ik gihorta dat seggen,
ðat sih urhettun ænon muotin,
Hiltibra*n*t enti Haðubrant untar heriun tuem.
sunufatarungo iro saro rihtun,
garutun sê iro guðhamun, gurtun sih iro suert ana,
helidos, ubar *h*ringa do sie to dero hiltiu ritun.

Auszug aus dem Hildebrandslied: Manuskript um 830 und Abschrift der ersten sechs Verse

Die Praxis der Spatiensetzung haben die deutschen Schreiber, wie viele andere europäische Schreiber, von irischen Mönchen übernommen, die diese Form der graphischen Gliederung von Wörtern am Ende des 7. Jahrhunderts erfanden (vgl. Mehlem 2009, S. 37, Parkes 1999, S. 144). Diese Erfindung zeigt sehr eindrucksvoll, wie sich Schrift an die veränderten Bedürfnisse ihrer Benutzer anpasst. Das laute Vorlesen brauchte Gliederungszeichen in Sätzen und Texten vorrangig für die Unterstützung der mündlichen Rhetorik. Diese Zeichen wurden vom Vorleser selbst gesetzt. Mit dem Wechsel vom lauten zum stillen Lesen veränderten sich die Anforderungen an Texte, da visuelle Hilfen für das Erfassen von sprachlichen Einheiten – wie z. B. Wortzwischenräume – benötigt wurden. Die Aufgabe, Zeichen für die Gliederung des Textes einzufügen, ging infolge veränderter Bedürfnisse an Texte vom Leser auf den Schreiber über (vgl. Saenger 1999, S. 185). Die Lesegeschwindigkeit beim stillen Lesen konnte durch Wortzwischenräume wesentlich gesteigert werden, denn Leser bekamen jetzt grammatische Einheiten zu *sehen*. Es dauerte aber noch bis ins 12. Jahrhundert hinein, bis sich die Praxis der Spatiensetzung konsequent durchgesetzt hatte (vgl. Parkes 1999, S. 147) und somit eine grammatische Strukturierung der Einheit „Wort" erfolgte.

Solche schriftstrukturierenden Elemente trugen dazu bei, dass sich geschriebene Texte immer mehr von der „reinen Buchstabenlinie" (Eisenberg/Feilke/Menzel 2005, S. 7) entfernten. Sie legten den Grundstein für eine „Grammatik der Lesbarkeit" (Parkes 1999, S. 145) und sind vor allem für die Entwicklung des stillen Lesens und des Verstehens von unschätzbarem Wert. Schon bald mussten für die deutsche Schriftsprache neue Zeichen bzw. Zeichenkombinationen gefunden werden, die das lateinische Alphabet nicht enthielt, z. B. für die Verschriftlichung von Diphthongen und Umlauten. Dadurch erhielt das lateinische Alphabet im Deutschen, wie bei der Adaption in viele andere Sprachen, ein charakteristisches Aussehen und die Möglichkeit, die grundsätzliche Korrespondenz zwischen Graphemen und Phonemen darstellbar zu machen. Zu diesen Besonderheiten gehören im deutschen Schriftbild z. B. solche Mehrgraphen wie ⟨sch⟩, ⟨ch⟩ und ⟨ie⟩, aber auch die Sondergrapheme ⟨ä⟩, ⟨ö⟩ und ⟨ü⟩ und natürlich ⟨ß⟩. Das Grapheminventar hatte sich bis in frühneuhochdeutsche Zeit so gut differenziert (vgl. Grubmüller 1998, S. 304), dass sich die Grundstrukturen der Schreibung im Deutschen in den letzten 200 Jahren kaum noch verändern mussten (vgl. Eisenberg 1990, Munske 2005, S. 7).

Die phonographische Orientierung des deutschen Schriftsystems, die ein wesentliches Charakteristikum jeder Alphabetschrift ist, wird im Deutschen von Anfang an durch das Bemühen beeinflusst, „auch nichtphonologische Informationen" (Grubmüller 1998, S. 301) in der Schrift zu visualisieren (siehe Kapitel 4). Dadurch gab es zu keiner Zeit eine 1:1-Entsprechung zwischen gesprochener und geschriebener Sprache, wie sie es in den Schriftsystemen anderer Sprachen deutlicher gibt, z. B. im Spanischen. Typisch für das relativ „flache" Schriftsystem des Spanischen sind eindeutige Phonem-Graphem-Korrespondenzen: ⟨paso⟩ [pa.so] *(Schritt);* ⟨sopa⟩ [so.pa] *(Suppe),* ⟨pero⟩ [pe.ro] *(aber).* Das gesprochene Spanisch hat im Vergleich zu anderen romanischen Sprachen, z. B. dem Französischen, ein weniger komplexes Phonemsystem, das sich im Zuge des Lautwandels seit dem Ende des 15. Jahrhunderts nur geringfügig verändert hat. Vor allem blieb die Morphologie des Spanischen von diesem Lautwandel relativ unberührt, so dass entsprechende Differenzierungen in der Schrift nicht notwendig und nicht funktional sind, wie das etwa im Französischen der Fall ist, da die gravierenden lautlichen Veränderungen hin zum Neufranzösischen auch die morphosemantische Ebene betreffen. So wird z. B. im Französischen der Unterschied zwischen nominalem Singular und Plural nur in der Schrift, nicht aber in der Aussprache deutlich ⟨lit⟩ *(Bett)* und ⟨lits⟩ *(Betten)* wird gesprochen als: [liː]; ⟨frère⟩ *(Bruder)* und ⟨frères⟩ *(Brüder)* als [fʀɛʀ]. Im Spanischen hingegen vermitteln Differenzierungen in der Schrift dem Leser kaum inhaltliche Informationen. Vom Schreiber würden sie aber einen hohen Analyseaufwand verlangen, da er von der engen Relation zwischen Phonie und Graphie abstrahieren müsste (vgl. Meisenburg 1996, S. 225 f., 395). Eine aufwendige graphische Kodierung ist für das Spanische also nicht zwingend erforderlich und würde den Lesefluss sogar stören.

Im Deutschen gehört zu den angesprochenen „nichtphonologischen Informationen" z. B., dass morphologische Verwandtschaften, also die Zugehörigkeit von Wörtern zu einer Wortfamilie, visualisiert werden. Wir schreiben *Häuser* und nicht **Hoiser* oder **Heuser* wegen der Verwandtschaft zu *Haus.* Wir schreiben *singt,* wenn wir die 3. Person Singular von *singen* meinen, aber *sinkt,* wenn die 3. Person Singular von *sinken* gemeint ist. Wir verdoppeln das ⟨b⟩ in den geschriebenen Wörtern *abbrechen* und *abbauen,* weil wir alle Bestandteile von Wörtern verschriften, auch dann, wenn wir sie nicht sprechen.

Zurück zur historischen Entwicklung des deutschen Schriftsystems: Schriftliche Kommunikation „funktionierte" relativ früh unabhängig von Ort und Zeit der Entstehung von Texten und war und ist fast ausschließlich auf verbale Mittel angewiesen. So konnten sich bereits im 15. Jahrhundert in der Schriftsprache eigene Normen und Textsorten entwickeln, die oft keine traditionellen Vorbilder im Gesprochenen kannten (vgl. Polenz 2000, S. 115). Da Schreiber und Leser räumlich und zeitlich voneinander getrennt sind, ist es erforderlich, dass der Schreiber sich an bestimmte Konventionen und Standards hält und so explizit wie nötig schreibt, damit seine Texte für Leser verständlich sind. Der große Vorteil der Schrift bestand und besteht darin, dass sie gesprochene Sprache (und damit über Sprache vermitteltes Wissen) unabhängig von der aktuellen Kommunikation konserviert. Sie hat damit andere Möglichkeiten als das Gesprochene, um Inhalte darzustellen und zu strukturieren.

Durch den vielfältigen Gebrauch von Schrift erfolgte im deutschen Sprachraum schon in frühneuhochdeutscher Zeit eine überregionale und -dialektale Vereinheitlichung in wichtigen Teilen des Sprachsystems, vor allem im Bereich der Graphemik, Phonemik und der Flexion (vgl. Polenz 2000, S. 159). Für solche überregionale Verständigung war es unbedingt notwendig, dass sich die Schriftsprache relativ unabhängig von den gesprochenen deutschen Dialekten entwickelte. Dieser notwendige Ausgleich in der Schriftsprache spielte eine entscheidende Rolle für die Ausbildung der neuhochdeutschen Standardsprache (ebenda, S. 147). Die Standardsprache ist folglich maßgeblich durch das „Sprechen nach der Schrift“ (Munske 2005, S. 27) entstanden. In der Schweiz zeigt sich das bis heute an der für die Kennzeichnung verschiedener Sprachvarietäten üblichen Begrifflichkeit. Die Unterscheidung von sowohl geschriebener als auch gesprochener Standardsprache und Umgangssprache wird durch die Bezeichnung „Schriftdeutsch“ für die mündliche und schriftliche Variante der Standardsprache und „Schweizerdeutsch“ für die dialektalen Varianten deutlich.

Eisenberg (2013a) beschreibt den nicht unerheblichen Einfluss des Schriftsystems auf die Standardsprache folgendermaßen:

> *„Die Syntax, das Flexionssystem und vor allem die sog. Standardlautung sähen ohne Schrifttradition heute ganz anders aus, die Dialektlandschaft des Deutschen, sein Verhältnis zu anderen Sprachen und sein Wortschatz ebenfalls.“* (Eisenberg 2013a, S. 285)

Mit der „Medienrevolution des 16. Jahrhunderts“ (Munske 2005, S. 123), die mit der Erfindung des Buchdrucks, aber auch mit der Papierherstellung in Europa seit dem 13. Jahrhundert und der Erfindung der Lesebrille, einhergeht, erfolgte eine weitere Systematisierung der Schreibung, die sich vor allem in ihrer Zuwendung an die Bedürfnisse der Leser zeigt (siehe Kapitel 3.2). Schrifttexte wurden für eine wachsende Zahl an Lesern, die Texte mehr und mehr für das stille Lesen nutzten, verfasst. Damit die Texte einen breiten Absatz fanden, gestalteten die Drucker das Schriftbild möglichst leserfreundlich und einheitlich und versuchten, die Texte so zu setzen, dass sie möglichst schnell lesbar waren. Sie machten dabei immer mehr die grammatischen Strukturen in der Schrift sichtbar. Dazu zählten vor allem die schon erwähnte Einführung von Absätzen und von Zwischenräumen zwischen Wörtern, die morphologischen Schreibungen, die Unterscheidung von Groß- und Kleinbuchstaben und die Entwicklung der Zeichensetzung (vgl. z. B. Günther/Nünke 2005, S. 40).

Die satzinterne Großschreibung (siehe Kapitel 5.3, 7.3) wurde schnell zu einem der auffälligsten Merkmale deutscher Texte. Sprachhistorisch und von ihren Funktionen her ist sie erst in Grundzügen und für einige Zeiträume intensiv erforscht (vgl. Bergmann/Nerius 1998). Großbuchstaben finden sich am Strophen- und Versanfang bereits im 15. Jahrhundert. Am Satzanfang treten sie in Kombination mit dem Punkt als Satzschlusszeichen etwa gegen 1500 zur Markierung von Satzgrenzen auf, aber auch zur Einleitung von Nebensätzen (vgl. Nübling u. a. 2013, S. 229). Durch das Hinzutreten des Satzschlusszeichens konnten Sätze visuell voneinander getrennt werden. Die Majuskel musste diese Funktion nun nicht mehr allein übernehmen und war „frei“ für zusätzliche Aufgaben im Satz. Sie kann z. B. zur Auszeichnung von Eigennamen verwendet werden (vgl. Raible 1991, S. 32). Die Großschreibung von Eigennamen ist bereits ab 1530 als Norm erkennbar. Im hier wiedergegebenen Textauszug aus dem *Narrenschiff* (1494) von Sebastian Brant deutet sich diese Norm bereits an. Das einzige Wort, das innerhalb eines Verses großgeschrieben ist, ist der Eigenname *Ptolomeus.*

Von vnnutzē buchern

Das jch sytz vornan jn dem schyff
Das hat worlich eyn sundren gryff
On vrsach ist das nit gethan
Vff myn libry ich mych verlan
Von bűchern hab ich grossen hort
Verstand doch drynn gar wenig wort
Vnd halt sie dennacht jn den eren
Das ich jnn wil der fliegen weren
Wo man von künsten reden důt
Sprich ich / do heym hab jchs fast gůt
Do mit loß ich benűgen mich
Das ich vil bűcher vor mir sych /
Der künig Ptolomeus bstelt
Das er all bűcher het der welt
Vnd hyelt das für eyn grossen schatz
Doch hat er nit das recht gesatz

Auszug aus Sebastian Brants *Narrenschiff* (1494)

Als nächstes, bis ca. 1620, setzt sich die Großschreibung der Konkreta, bis 1680 für die nichtabgeleiteten Abstrakta durch. Ausschlaggebende Faktoren für die satzinterne Großschreibung waren u. a. „Zählbarkeit, Individualität, Belebtheit“ (Nübling u. a. 2013, S. 231). Diese kognitiv-semantischen Kategorien verloren später zugunsten syntaktischer an Einfluss, sodass in dieser Konsequenz die Großschreibung von Derivationen und Konversionen vorgenommen wurde (vgl. ebenda). Die hier abgebildete erste Strophe des *Abendlieds* (1667) von Paul Gerhardt zeigt, wie erfolgreich sich diese Konventionen durchsetzen konnten.

Bredel (2006a, S. 153 ff.) beschreibt die Entwicklung zur heutigen satzinternen Großschreibung als einen „Bootstrapping-Mechanismus“ mit den folgenden Merkmalen: In frühen Entwicklungsabschnitten der Schriftgeschichte waren es vor allem pragmatische Gründe (Referenz und Ehrenbezeigung), die zur Großschreibung (besonders von Eigennamen) führten. Die für Eigennamen typische Verweisfunktion wurde auf die ihnen semantisch nahestehenden Konkreta übertragen und führte dazu, dass diese in folgenden Entwicklungsschritten ebenfalls großgeschrieben wurden. Diese semantische Fundierung der Großschreibung wird allmählich durch eine lexikalische abgelöst, da nach den Konkreta auch Abstrakta großgeschrieben wurden, die sich mit den Konkreta eine Reihe von kategorialen Merkmalen teilen: Bezug auf ein „Objekt“, Genusfestigkeit, Flexion in Kasus und Numerus. Nun werden also Substantive, die nach lexikalischen Ei-

Abend=Lied

Nun ruhn alle Wälder /
Vieh Menschen Städt und Felder /
Es schläfft die gantze Welt.
Ihr aber meine Sinnen
Auf / auf ihr solt beginnen
Was eurem Schöpffer wol gefällt.

Beginn des *Abendlieds* (1667) von Paul Gerhardt

Abbildung: Ulrich Harsch 2007 (Bibliotheca Augustana, Hochschule für angewandte Wissenschaften Augsburg). Text nach der Erstausgabe von 1667 (Paul Gerhardt: *Geistliche Andachten*. Hg. F. Kemp, W. Blankenburg, Bern 1975)

genschaften kategorisiert werden können, großgeschrieben. Der bislang letzte Schritt dieser Entwicklung ist durch die Großschreibung von Konversionen gekennzeichnet. Als basale Regularität für die aktuelle satzinterne Großschreibung kann deshalb angesehen werden, dass alle Wörter, die erweiterbare Kerne von nominalen Gruppen sind, großgeschrieben werden (siehe ausführlich in Kapitel 5.3).

Insgesamt ist das Ergebnis der hier skizzierten schriftsprachlichen Entwicklungsprozesse die „Herausbildung einer eher lautfernen, abstrakten, allgemeinen Schriftsprache, deren orthographische Ordnung vor allem dem Ziel dient, das Lesen zu erleichtern" (Eisenberg/Feilke 2001, S. 8). Wie u. a. Eisenberg (1994b, S. 1375) und Nübling u. a. (2013, S. 211) herausstellen, ist die Leserfreundlichkeit gerade für die deutsche Schriftsprache mit ihrer langen Schrifttradition und ihrem relativ „tiefen" Schriftsystem ein bedeutendes Merkmal. Die Tiefe des Systems zeigt sich im Deutschen daran, dass die grundlegende Graphem-Phonem-Korrespondenz durch „silbenstrukturelle wie morphologische Einflüsse systematisch überformt" ist (Eisenberg 1994b, S. 1375). Eine Überformung durch die Silbenstruktur (siehe Kapitel 4.2) liegt z. B. vor, wenn wir *Katze* anstelle der phonographischen Schreibung **Kaze* verwenden. Das Aufzeigen der morphologischen Verwandtschaft (siehe Kapitel 4.3) erfolgt in Schreibungen wie *Brummkreisel* anstelle der phonographisch orientierten Schreibung **Brumkreisel*. Diese Überformung ist allmählich in das Schriftsystem eingegangen, wie einzelne Schreibungen in dem Liedtext von Paul Gerhardt zeigen: Die Wortschreibungen *gantze* und *schläfft* wären aus der Sicht des heutigen Schriftsystems ein Verstoß gegen phonographisch-silbische Regularitäten, bei *solt* ist die silbische Information nicht in die morphologisch komplexe Form eingeflossen.

Das Wissen um den Leserbezug des deutschen Schriftsystems (siehe Kapitel 3.2) ist in den letzten Jahrhunderten zum Teil verlorengegangen. Das hat wohl in erster Linie mit den verstärkten Bemühungen um eine Vereinheitlichung und Normierung der Schreibung des Deutschen seit Mitte des 18. Jahrhunderts zu tun. Diese Bemühungen resultierten vorrangig aus der gewachsenen Mobilität der Sprachverwender, die das Bedürfnis nach schriftlichem Austausch anwachsen ließ. Auch die Reichsgründung von 1871 führte zu verstärkten Vereinheitlichungstendenzen, denn die Einheit des deutschen Reiches sollte sich auch in einer einheitlichen Schrift manifestieren (vgl. Dürscheid 2016, Fuhrhop 2015, Munske 2005). Die Vereinheitlichungsbestrebungen hatten von Anfang an – gegen die bis dahin geltende Schriftpraxis – eher den Schreiber als den Leser im Blick. Auch die Einführung und Durchsetzung der allgemeinen Schulpflicht im 19. Jahrhundert, die jedem Kind das Erlernen des Lesens *und* Schreibens ermöglichen sollte (vgl. Eisenberg 2013a, S. 328), führte zu einer stärkeren Zuwendung zum Schreiber und seinen Bedürfnissen und gleichzeitig zu normativen Festlegungen in Grammatiken für Schüler. Bis zu dieser Zeit war es eher so, dass Grammatiken deskriptiven Charakter trugen. Die Grammatiker des 16. bis 18. Jahrhunderts versuchten zu verstehen, welche Regelungen hinter den jeweiligen Strukturen steckten und kennzeichneten sie dann als Norm für das Schreiben (vgl. Günther/Nünke 2005, S. 40). Durch die stark anwachsende Zahl von Schreibern, die nicht mehr nur als Experten, wie es noch die Drucker waren, anzusehen waren, entstand das Bedürfnis nach einem hohen Normierungsgrad der Schrift, das sich in der Verbreitung von normativen Grammatiken für den Schulgebrauch äußerte.

Der Wunsch nach einer hohen Verbindlichkeit und Einheitlichkeit der geschriebenen Sprache zeigt sich bis heute in den Diskussionen um die jüngsten Reformbestrebungen in der Orthographie. Gravierende Veränderungen des bestehenden (und bewährten) Systems wurden von einem Großteil der Schriftbenutzer abgelehnt, so z. B. die immer wieder diskutierte gemäßigte Großschreibung (vgl. Eisenberg 2017, S. 41). Die durch die Neuregelung der deutschen Orthographie eingeräumte Möglichkeit von Schreibvarianten bei Wörtern oder Wortgruppen stieß ebenfalls eher auf Verwunderung und Ablehnung als auf Zustimmung. Befürworter der bisherigen Regelungen fanden sich besonders unter den Schriftsprachverwendern, die sehr viel lesen und schreiben (Schriftsteller, Journalisten) und auf eine hohe Verbindlichkeit der Schrift (Juristen) angewiesen sind. Selbst bei systeminternen Zweifelsfällen (vgl. Bredel 2006b), die häufig nur periphere Phänomene des orthographischen Kernbereichs darstellen und für die die Möglichkeit der Variantenschreibung systemkonform ist, werden von vielen Lesern und Schreibern Variantenschreibungen abgelehnt. Zu den systemimmanenten Zweifelsfällen, die solche Varianten zulassen, gehören im Bereich der Groß- und Kleinschreibung z. B. Schreibungen wie „*recht/Recht* und *unrecht/Unrecht* in Verbindung mit Verben wie *behalten, bekommen, geben, haben, tun,* zum Beispiel: *Ich gebe ihm recht/Recht. Du tust ihm unrecht/Unrecht.*“ (Amtliche Regelung

2006, § 56 (1) E2, S. 59) Dem Wunsch nach Einheitlichkeit auch in Bereichen, in denen es solche (noch) nicht geben kann, kommt z. B. der Rechtschreib-*Duden* (2014) nach. Hier sind die von der Dudenredaktion bevorzugten Varianten farbig markiert. Die Botschaft ist mehr als zweifelhaft, denn Zweifelsfälle zeichnen sich i. d. R. dadurch aus, dass es (mindestens) zwei Varianten gibt, die optional verwendet werden können (vgl. Müller/Szczepaniak 2017).

Das Bedürfnis nach größtmöglicher Normiertheit und wenigen Freiräumen in der Schreibung erklärt sich vor allem aus den Besonderheiten der Schrift als „Sprache der Distanz“ (Koch/Oesterreicher 1985). Schriftsprache muss ohne Kommunikationspartner auskommen, ist häufig syntaktisch komplexer und lexikalisch elaborierter als die Sprache der mündlichen Kommunikation und zeichnet sich infolge der Konservierungsfunktion der Schrift durch einen hohen Verbindlichkeitsgrad aus. In der mündlichen Kommunikation, die vom Vorhandensein des Gesprächspartners geprägt ist, kann nachgefragt, auf Bitten genauer erläutert und umschrieben werden. Natürlich spielt bei der Forderung nach größtmöglicher Normiertheit im Schriftbild auch eine Rolle, dass das leise Lesen erheblich durch ein einheitliches Schriftbild unterstützt wird.

Im Vergleich zur Schriftgeschichte des Deutschen insgesamt betreffen die Vereinheitlichungsbestrebungen in der Orthographie zwar einen historisch sehr kurzen Zeitraum, für die Veränderung unserer Vorstellungen von Schrift sind sie jedoch bis heute prägend, denn Reformbemühungen hatten bislang immer die Schreiberleichterung im Blick. Das ist verständlich „angesichts der Mühe, die solche weiterentwickelten Orthographiesysteme [...] für den Schreibenden bedeuten“ (Raible 1991, S. 37). Und es ist für orthographische Reformprozesse charakteristisch, dass

> *„man im Prinzip immer zu einer älteren oder sogar zur ältesten Stufe der Orthographie zurück [will], nämlich vorzugsweise auf die Wortebene und dort in die Nähe des Ideals ‚Schreibe, wie du sprichst‘. [...] Die innere Konsequenz, mit der sich die Alphabetschriftsysteme weiterentwickeln (also vor allem vom Prinzip der reinen Abbildung der Lautseite weg- zu Schreibungen mit ideogrammartigen Elementen hinentwickeln), wird dabei leicht übersehen.“* (Raible 1991, S. 37)

Wenn man jedoch davon ausgeht, dass die Leserfreundlichkeit des deutschen Schriftsystems eigentlich die bestimmende Handlungsmaxime in Veränderungsprozessen sein sollte, dann müssten die „Erschwernisse für Schreiber zugunsten der ‚Differenzierungen für Leser‘“ (Munske 2005, S. 31) in Kauf genommen werden. Es sollte uns aber trotzdem immer bewusst sein, dass Leserfreundlichkeit zwar das oberste Ziel schriftsprachlicher Entwicklungsprozesse ist, dass sie aber nicht unbedingt zulasten der Schreiber gehen sollte. Das kann dann gelingen, wenn die Systemhaftigkeit der Schrift für Lernbarkeitszwecke offengelegt wird und so auch dem Schreiber als erlernbare Wissensgrundlage zur Verfügung steht. Wie diese Forderung didaktisch umgesetzt werden kann, wird in Kapitel 5 gezeigt. Zunächst soll dargestellt werden, wie sich die inzwischen schon häufig angedeutete Leserfreundlichkeit im deutschen Schriftsystem zeigt.

3.2 Die Schrift als Lesehilfe

Der knappe Blick in den funktional bedingten Wandel der Schrift über viele Jahrhunderte ihrer Entwicklungsgeschichte sollte zeigen, dass es bei der Rechtschreibung eigentlich immer „um das leichte Lesen“ (Munske 2005, S. 31) geht, denn zu jeder Zeit wurde viel mehr gelesen als geschrieben (u. a. Munske 2005, Fuhrhop 2015). Daran hat sich bis heute nichts geändert.

Leseerleichterung zeigt sich u. a. in den folgenden Regularitäten des deutschen Schriftsystems auf Wort-, Satz- und Textebene (vgl. dazu auch: Blatt/Müller/Voss 2010). Viele dieser Regularitäten werden bei der Darstellung grundlegender Schriftstrukturen ausführlich in Kapitel 4 eine Rolle spielen. An dieser Stelle geht es vor allem um einen knappen Überblick über die vielfältigen Lesehilfen, die wir mehr oder weniger bewusst beim stillen Lesen nutzen.

Schnelle Lesbarkeit wird auf der Ebene des *Wortes* durch eine große visuelle Ausgeglichenheit der Schreibsilbe erreicht. Das zeigt sich in folgenden schriftbezogenen Regularitäten:

- Schwer lesbare *Konsonantencluster* mit mehr als vier Konsonantbuchstaben werden vermieden. Dafür werden die Silbenanfangsränder ⟨sp⟩ und ⟨st⟩, wie z. B. in *sprechen* und *streichen,* systematisch verkürzt, also auch in Wörtern, in denen das nicht notwendig wäre *(spielen, Stab).* Bei komplexen Anfangsrändern wie z. B. ⟨schw⟩ und ⟨schm⟩ ist eine solche optische Verkürzung nicht notwendig, da es keine entsprechenden Wörter gibt, in denen fünf Konsonantbuchstaben im Anfangsrand stehen könnten.
- Lesbarkeit ist auch der Grund für das *silbeninitiale h* wie in *gehen, stehen:* Es steht in zweisilbigen Wörtern, deren erste Silbe im Gesprochenen vokalisch (offen) endet und deren zweite ebenfalls vokalisch (nackt) beginnt. Um Schreibungen wie **Zeen *zieen, *Reie* zu verhindern, wird das ⟨h⟩ zwischen die beiden Vokalgrapheme eingefügt. So werden eine Häufung von Vokalbuchstaben und Unsicherheiten in der Segmentierung vermieden, denn ⟨h⟩ markiert den Silbenschnitt und liefert Wortformen, die sich an dem gängigen Muster orientieren, nach dem der Anfangsrand der Reduktionssilbe besetzt ist (*Ruhe* wie *Rute, ziehen* wie *zielen*) (vgl. Eisenberg 2013a, S. 301 f.).
- Die Überschaubarkeit und Geläufigkeit des Schriftbildes bei Wörtern und Wortformen wird außerdem dadurch erreicht, dass *Silbenanfangs- und -endränder aus begrenzten Buchstabenkombinationen* bestehen. Eine spiegelbildliche Anordnung der Konsonantgrapheme im Verhältnis zum vokalischen Silbenkern ist in vielen Fällen möglich: *Kragen – Werk, brav – Korb; grün – arg; schmelzen – Ramsch.* Die Gründe dafür kommen in Kapitel 4.2 zur Sprache.

Eng mit der Silbenstruktur ist im Deutschen die Morphemkonstanz verbunden. Morphemkonstanz bedeutet, dass Wörter oder Wortformen, die in einer Beziehung stehen (z. B. zu einer Wortfamilie gehören), gleich oder ähnlich geschrieben werden: *Hund,* weil *Hunde; ziehst,* weil *ziehen; Läufer,* weil *laufen; rennst,* weil *rennen.* Solche morphologischen Schreibungen überlagern häufig phonographische und silbische Informationen (Eisenberg 1994b, S. 1375, Fuhrhop 2015, S. 32; siehe Kapitel 4.3), sind aber auf diese zurückzuführen. Lexikalisch-semantisch Zusammengehöriges kann so beim stillen Lesen schnell identifiziert werden. Es können verwandte Formen im mentalen Lexikon aufgerufen und zur schnellen Bedeutungszuweisung genutzt werden. Die Morphemkonstanz garantiert, dass das auch mit der notwendigen Schnelligkeit passiert, denn das Arbeitsgedächtnis als Zwischenspeicher verfügt nur über eine eingeschränkte Kapazität. Die Schnelligkeit der Informationsverarbeitung wird u. a. durch das Wiedererkennen von Mustern, wie sie bei gleichen Morphemen gegeben ist, erreicht.

Von der morphologischen Konstanz sind vor allem die folgenden Phänomene berührt:

- Wörter, die in der einsilbigen Form den phonologischen Gesetzen der *Auslautverhärtung* unterliegen und folglich mit einem stimmlosen Konsonantphonem enden. In der Schrift wird die Auslautverhärtung nicht visualisiert: *Korb, Kind, Berg,* da es in den verwandten zweisilbigen Formen eine stimmhafte Variante des entsprechenden Auslautes gibt: *Körbe, Kinder, Berge.* Bei phonographischen Schreibungen wie **Korp, *Kint, *Berk* müsste der Leser immer erst die phonologische Form durch Vorsprechen oder Subvokalisation ermitteln, um die Wortfamilie zu erkennen und so auf die Bedeutung des Wortes zu schließen. Natürlich kann auch der Kontext bei der Bedeutungszuweisung helfen *(Er *sinkt immer unter der Dusche),* aber dafür ist ein höherer kognitiver Aufwand notwendig.
- Wörter, die in morphologisch komplexen (flektierten, abgeleiteten oder zusammengesetzten) Formen *silbische Informationen „vererben": siehst* (und nicht **siest*), weil *sehen; Rennrad* (und nicht **Renrad*), weil *rennen.* Die Generierung der phonologischen Form würde in diesen Fällen nicht helfen, um auf die Wortbedeutung zu schließen. Es bliebe nur der Weg über den Kontext, der aber sehr aufwendig ist.
- Wörter, die in verwandten Formen einen *Umlaut* enthalten: *Wald – Wälder* (und nicht **Welder*); *Haus – Häuser – häuslich* (und nicht **Hoiser* und **hoislich*). Auch hier sind Schnelligkeit und Zuverlässigkeit der Informationsverarbeitung die entscheidenden Gründe für die morphologischen Schreibungen.
- Abgeleitete Wörter, in denen die *Morphemgrenze* im Schriftbild, nicht aber in der Lautung, *erhalten* bleibt: *verraten* (und nicht **veraten*), *Abbildung* (und nicht **Abildung*). Die morphologische Schreibung hilft, die Morphemgrenze beim stillen Lesen schnell zu identifizieren. Es wird wiederum vermieden, die Lautform des Wortes zu konstruieren.
- Homophone Wörter, die im Schriftbild den *Bedeutungsunterschied* verdeutlichen: *Lerche – Lärche; Meer – mehr.* Die Andersschreibung homophoner Wörter betrifft nur einen kleinen Teil dieser Gruppe (nicht betroffen sind z. B. *Note, Bank*), denn die verstehensunterstützende Funktion der Andersschreibung ist in diesen recht selten vorkommenden Fällen eher gering.

Auf der Ebene des *Satzes* unterstützen vor allem die *Großschreibung,* aber auch die *Spatien-* und *Zeichensetzung,* das schnelle Lesen:

- Die *satzinterne Großschreibung* ist eines der auffälligsten Merkmale deutscher Schrifttexte. Dass sie tatsächlich leseerleichternd wirkt, ist nach wie vor schwer nachweisbar: Ältere Experimente kommen zwar zu diesem Schluss (vgl. Bock 1990, Gfrorer u. a. 1989), neuere Untersuchungen konnten die Vorteile des Systems der deutschen Groß- und Kleinschreibung für die Verarbeitung von schriftsprachlichen Informationen in dieser Eindeutigkeit jedoch nicht bestätigen, sondern zeigen zunächst einmal, dass eine normgerechte Schreibung zu kürzeren Lesezeiten führt (vgl. Pauly/Nottbusch 2016). Dass sich die satzinterne Großschreibung jedoch allein für das deutsche Schriftsystem – trotz vielfältiger Versuche, sie abzuschaffen (vgl. Eisenberg 2017, S. 41) – erhalten hat, mag mit der Struktur deutscher Sätze zusammenhängen. Geschriebene Sätze im Deutschen zeichnen sich durch sehr komplexe Nominalgruppen aus, deren Kerne durch Großschreibung hervorgehoben werden. Der folgende Beispielsatz steht exemplarisch dafür: *Wie das Ende des 18. Jahrhunderts durch die Erfahrung der Französischen Revolution und die dadurch ausgelöste Krise der Moderne geprägt war, wurde der Anfang des 19. Jahrhunderts von der Restauration und der sich beschleunigenden Industrialisierung geprägt* (aus: Beutin u. a. 2001, S. 223). Dem Leser wird durch die Großschreibung eine Strukturierungshilfe für lange Sätze gegeben.
- Die *Kerne von Nominalgruppen* können im Deutschen zudem sehr *komplex* sein. So können sehr lange und komplizierte neue Wörter entstehen *(Realschulabschlusszeugnis, Hochgeschwindigkeitsstrecke)*, die hohe Anforderungen an das Leseverstehen stellen. Der Leser kann durch die Großschreibung frühzeitig darauf hingewiesen werden, dass ein sehr komplexes und inhaltlich wichtiges Wort folgen kann.
- Mit Großbuchstaben werden im Deutschen, wie in anderen Sprachen auch, *Satzanfänge* und damit neue syntaktische Einheiten markiert.
- *Interpunktionszeichen* sind schriftsprachliche Mittel zur Strukturierung von Texten für den Leser (vgl. Bredel 2008, 2011, 2017).
  Die *syntaktischen Zeichen* Punkt, Semikolon, Komma, Doppelpunkt dienen vor allem als Grenz- und Gliederungszeichen. Sie helfen beim stillen Lesen, größere syntaktische Einheiten zu bündeln (Sätze) und zu verknüpfen (Teilsätze) und können die Bildung von Propositionen unterstützen. Die *kommunikativen Zeichen* zeigen dem Leser, welche kommunikative Funktion (Frage- und Ausrufezeichen) die schriftsprachliche Äußerung hat bzw. helfen, die Äußerung kommunikativ zu situieren (Anführungszeichen und Klammern).
  Die *defektanzeigenden Zeichen* markieren den Abbruch einer Äußerung (Divis als Trennstrich, Ergänzungsbindestrich und Bindestrich, Gedankenstrich) oder das Fehlen von Informationen (Auslassungspunkte, Apostroph); dazu gehört ebenfalls der Abkürzungspunkt.
  Ausführlicher zu Form und Funktion der Interpunktionszeichen sowie zu einer Interpunktionsdidaktik: vgl. Bredel 2017; Bredel/Müller 2015; Praxis Deutsch. H. 253.

- Die bereits historisch betrachtete Trennung von Wörtern mit einem *Spatium* bzw. *Leerzeichen* (siehe Kapitel 3.1) hat eine wichtige leseerleichternde Funktion, da sie die Strukturierung von Bedeutungseinheiten und eine gute Überschaubarkeit im Satz ermöglicht.

Auf der Ebene des *Textes* fallen die visuellen Unterstützungsmittel für das Lesen wohl am stärksten auf. Schon beim Überfliegen eines Textes nutzen wir, neben den bereits angeführten Interpunktionszeichen, vielfältige Möglichkeiten „zur Lesesteuerung und Gliederung von Texten" (Eisenberg/Feilke/Menzel 2005, S. 7). Zu diesen verbalen und nonverbalen Gestaltungsmitteln gehören z. B.:

> Schrifttypen, Schriftgrößen und Schriftfarben, Fett- oder Kursivdruck und Unterstreichungen, Klammern, Überschriften und Teilüberschriften, Absätze, Zeilenabstände, Einrückungen, Aufzählungen und Aufzählungszeichen, Gliederungen der Textfläche und Gliederungszeichen, Fußnoten, Verweise, Zusammenfassungen und Resümees

Diese spezifischen graphischen Mittel haben sich historisch ebenfalls infolge der wachsenden Bedeutung des stillen Lesens herausgebildet (Eisenberg/Feilke/Menzel 2005, S. 7). Obwohl die Zahl der Möglichkeiten zur Textgestaltung und die Anzahl der Textformen, die besonders auf diese Mittel angewiesen sind (Gedichte, Anzeigen, Briefe, Rezepte), äußerst groß sind, werden sie in der graphematischen Forschung bislang kaum berücksichtigt. In der Schreibpraxis werden sie vielfältig und zumeist ohne Schwierigkeiten genutzt, obwohl (oder gerade weil) es, im Vergleich zur Wort- und Satzebene, kaum kodifizierte Festlegungen für ihren Gebrauch gibt.

Lesen ist, das sollte diese Aufzählung der leseerleichternden Faktoren auf Wort-, Satz- und Textebene verdeutlichen, immer ein sprachverarbeitender Prozess (vgl. Blatt/Müller/Voss 2010). Je besser Leser es gelernt haben, sprachliche und graphische Lesehilfen zu nutzen, umso leichter können sie sinnkonstruierend lesen, da ihnen genügend Verarbeitungskapazität für weiterführende verstehensrelevante Prozesse wie Schlussfolgern, In-Beziehung-Setzen, Vorhersagen und Überwachen des Verstehensprozesses zur Verfügung stehen. Ein hoher Automatisierungsgrad, besonders auf der Ebene der Wort- und Satzerkennung, ist also eine wichtige Grundlage für schnelles und tiefgründiges Verstehen, da Verarbeitungskapazitäten für höherrangige Denkprozesse frei werden. Die Automatisierung der sprachverarbeitenden Prozesse führt dazu, dass wir vieles, was uns die Schrift an Strukturierungs- und Steuerungshilfen anbietet, kaum noch bewusst wahrnehmen und die kognitive Last als sehr gering empfunden wird:

> *„In allen Fällen, in denen wir scheinbar mühelos und erstaunlich zuverlässig verstehen, [...] ist nur die Anstrengung deshalb nicht so groß, weil wir schon vorher mit beträchtlicher Anstrengung sehr viel gelernt haben, das uns jetzt als Automatismus zustatten kommt."* (Grzesik 2005, S. 14)

Das trifft auf gute Leser in jedem Fall zu. Schwache Leser hingegen können Wörter häufig nicht in ihre lexikalischen und grammatischen Einheiten zerlegen, so dass eine Bedeutungserschließung oft kaum möglich ist. Zudem gehen geringe Wortschatzkenntnisse bei ihnen häufig mit fehlenden Einsichten in die Wort- und Wortbildungsstruktur deutscher Wörter einher (vgl. Bangel 2017), so dass eine schnelle und problemlose Bedeutungszuweisung gerade bei komplexen Wörtern nicht erfolgen kann (vgl. Bangel/ Müller 2016). Da schwachen Lesern auch metakognitive Strategien zur Überwachung des Verstehensprozesses fehlen und sie so kaum bei Unverstandenem aufmerken, müssen sie Wörter beim Lesen häufig als sinnleere Entwürfe stehenlassen.

Das Entdecken und vor allem Begreifen der Schriftsprachstruktur ist deshalb schon allein mit Blick auf diese Lernergruppe sowohl die Grundlage für das verstehende Lesen (Erfassungsfunktion) als auch für das richtige Schreiben (Aufzeichnungsfunktion).

4 Was wir über den Aufbau der deutschen Schriftsprache wissen: Grundlegende Prinzipien der Graphematik

Im vorhergehenden Kapitel wurden einige Faktoren und Gestaltungsmittel dargestellt, die die leseerleichternde Funktion der Schrift betreffen. Die Leserfreundlichkeit des Schriftsystems wird ebenfalls deutlich, wenn man sich vergegenwärtigt, nach welchen Prinzipien es „funktioniert". Prinzipien beschreiben im Unterschied zu Regeln die allgemeinen Grundsätze und wesentlichen Zusammenhänge des Schriftsystems, die „aus der Dynamik der Standardisierung einer schriftkulturellen Praxis" resultieren (Maas 2015, S. 12). Regeln hingegen können als Bestandteile der sprachlichen Norm aufgefasst werden, die Handlungsanweisungen für das normgerechte Schreiben liefern und Formulierungen der Norm sind (vgl. Rahnenführer 1989, S. 288 und Kapitel 2.2). Sie sind die „mit der Kodifizierung des Standards" (Maas 2015, S. 12) zusammenhängenden Festlegungen auf der Ebene der orthographischen Norm. Da es in diesem Band vor allem darum geht, die Potenziale des Systems für Lerner darzustellen, stehen die Prinzipien und nicht die Regeln im Vordergrund. Regeln, das wurde schon an anderer Stelle gesagt, richten sich an Experten, die Klärungen in Zweifelsfällen benötigen. Sie sollten in erster Linie mit dem komplexen begrifflichen Inventar, das in Regeln verwendet wird, umgehen können.

Aus graphematischer Sicht sind das phonographische, das silbische, das morphologische Prinzip und wortübergreifende Regularitäten grundlegend für das deutsche Schriftsystem (vgl. Eisenberg 2016). Keines dieser Prinzipien kann als dominierend betrachtet werden, was zeigt, dass es sich beim deutschen Schriftsystem um ein Mischsystem handelt, das durch das Zusammenwirken verschiedener Prinzipien geprägt ist. Die Prinzipien dienen der Beschreibung des Schriftsystems, nicht den Bedingungen seines Erwerbs.

4.1 Das phonographische Prinzip

Das *phonographische Prinzip* ist das grundlegende Prinzip aller Alphabetschriften. Alphabetschriften ermöglichen es, mit einem relativ begrenzten Zeicheninventar eine unbegrenzte Anzahl von Wörtern zu verschriften. Folglich sind diese Zeichen sehr ökonomisch und produktiv.

Das phonographische Prinzip besagt, dass Phonemen nach bestimmten Regeln Grapheme zugeordnet werden können und umgekehrt. Phoneme sind die kleinsten bedeutungsunterscheidenden Einheiten in der gesprochenen Sprache. Analog dazu haben Grapheme bedeutungsunterscheidende Funktion in der geschriebenen Sprache. Der Phonem- und Graphembestand einer Sprache lässt sich durch Minimalpaaranalyse wie in diesem Beispiel für Grapheme gewinnen:

⟨Maus⟩ – ⟨Haus⟩ – ⟨raus⟩ – ⟨Laus⟩

Bei den hervorgehobenen Elementen handelt es sich um unterschiedliche Grapheme, da sie bedeutungsdifferenzierend wirken, also bei einer Vertauschung Wörter mit anderer Bedeutung ergeben. Durch Minimalpaaranalyse kommt man für den deutschen Kernwortschatz auf den in der Übersicht dargestellten Graphembestand.

Grapheminventar:

Vokalgrapheme:	⟨a, e, i, ie, o, u, ä, ö, ü⟩
Konsonantgrapheme:	⟨p, t, k, b, d, g, f, w, s, ß, j, h, m, n, l, r, qu, ch, sch, v, x, z⟩

Phoneminventar:

Konsonantphoneme:	
Plosive:	[p, b, t, d, k, g, ʔ]
Frikative:	[f, v, s, ʃ, z, ʒ, ç, ʝ, h]
Nasale:	[m, n, ŋ]
Orale:	[l, ʀ]
Vokalphoneme:	[ɪ, i, ʏ, y, ʊ, u, ɛ, e, œ, ø, ɔ, o, a, ɑ, æ, ə]

Graphem- und Phonembestand im Deutschen (nach Eisenberg 2016, S. 67, 34 und 36). Da in diesem Band die Unterscheidung zwischen Phonemen und Phonen (siehe Register der Fachbegriffe) nur eine marginale Rolle spielt, wird auf die Kennzeichnung von Phonemen durch Schrägstriche / / i. d. R. verzichtet und als einheitliche Notation die eckige Klammer [ ] verwendet.

Dieses Grapheminventar kann nicht mit den Buchstaben des Alphabets gleichgesetzt werden, denn einzelne Buchstaben des Alphabets kommen in nativen Wörtern nur in Mehrgraphen vor, z. B. das ⟨c⟩ in ⟨ch⟩ und ⟨sch⟩ oder das ⟨q⟩ in ⟨qu⟩. Andere, wie das ⟨y⟩, kommen gar nicht bzw. nur in Fremdwörtern *(Mythos)* oder Eigennamen *(Freyenstein)* vor.

Das Phonemsystem des Deutschen lässt sich ebenfalls durch die Minimalpaaranalyse gewinnen und weist den in der Übersicht dargestellten Bestand auf. Die Vokalphoneme sind hier in Paaren angeordnet. Die erste Variante ist jeweils die ungespannte (wie z. B. in [ʀɔst]), die zweite die gespannte (wie in [ʀot]). Gespannte Vokalphoneme werden in betonten Silben lang, ungespannte kurz gesprochen. Zu jedem kurzen Vokalphonem gibt es ein langes, aber nicht umgekehrt: Zum gespannten [æ] (wie in *wäre, Bären*) ist die ungespannte (kurze) Variante das [ɛ] *(Bälle)*, das gleichzeitig die ungespannte Variante zu [e] (wie in *beste*) bildet. Eine Sonderstellung nimmt auch der Schwa-Laut [ə] ein. Er findet sich als Reduktionsvokal ausschließlich in der unbetonten Silbe, wie z. B. in *rasen, Küste, Pinsel* (vgl. Eisenberg 2016, S. 35).

Wenn man diese Systeme der Grapheme und der Phoneme aufeinander bezieht, erhält man *Graphem-Phonem-Korrespondenzregeln* (GPK-Regeln), die die Grundlage jeder Alphabetschrift bilden. Sie zeigen, dass Schriftzeichen einen Bezug zu Zeichen der gesprochenen Sprache haben, aber nicht ihre visuelle Entsprechung sind. Die Zuordnungsregeln erklären also, „welches Segment des Geschriebenen einem bestimmten Phonem im Normalfall entspricht" (Eisenberg 2016, S. 68).

gespannte Vokale			ungespannte Vokale		
[i]	→ ⟨ie⟩	[ʃpi:s] - ⟨Spieß⟩	[ɪ]	→ ⟨i⟩	[ʃplɪnt] - ⟨Splint⟩
[y]	→ ⟨ü⟩	[ty:ʀ] - ⟨Tür⟩	[Y]	→ ⟨ü⟩	[gəˈʀYst] - ⟨Gerüst⟩
[e]	→ ⟨e⟩	[ve:k] - ⟨Weg⟩	[ɛ]	→ ⟨e⟩	[vɛlt] - ⟨Welt⟩
[ø]	→ ⟨ö⟩	[ʃø:n] - ⟨schön⟩	[œ]	→ ⟨ö⟩	[ˈgœnən] - ⟨gönnen⟩
[æ]	→ ⟨ä⟩	[ˈgæ:bə] - ⟨gäbe⟩	[a]	→ ⟨a⟩	[kalt] - ⟨kalt⟩
[ɑ]	→ ⟨a⟩	[pfɑ:t] - ⟨Pfad⟩			
[o]	→ ⟨o⟩	[ʃʀo:t] - ⟨Schrot⟩	[ɔ]	→ ⟨o⟩	[fʀɔst] - ⟨Frost⟩
[u]	→ ⟨u⟩	[hu:t] - ⟨Hut⟩	[ʊ]	→ ⟨u⟩	[kʊnst] - ⟨Kunst⟩
Schwa					
[ə]	→ ⟨e⟩	[ˈzɔnə] - ⟨Sonne⟩			
Konsonanten					
[p]	→ ⟨p⟩	[pʊlt] - ⟨Pult⟩	[χ]	→ ⟨ch⟩	[vaχ] - ⟨wach⟩
[t]	→ ⟨t⟩	[tɑ:l] - ⟨Tal⟩	[v]	→ ⟨w⟩	[vɪnt] - ⟨wind⟩
[k]	→ ⟨k⟩	[kalt] - ⟨kalt⟩	[z]	→ ⟨s⟩	[zɔnə] - ⟨Sonne⟩
[kv]	→ ⟨qu⟩	[kvɑ:l] - ⟨Qual⟩	[ks]	→ ⟨chs⟩	[laks] - ⟨Lachs⟩
[b]	→ ⟨b⟩	[bʊnt] - ⟨bunt⟩	[h]	→ ⟨h⟩	[hu:t] - ⟨Hut⟩
[d]	→ ⟨d⟩	[do:m] - ⟨Dom⟩	[m]	→ ⟨m⟩	[mu:s] - ⟨Mus⟩
[g]	→ ⟨g⟩	[gʊnst] - ⟨Gunst⟩	[n]	→ ⟨n⟩	[no:t] - ⟨Not⟩
[f]	→ ⟨f⟩	[fɪʃ] - ⟨Fisch⟩	[ŋ]	→ ⟨ng⟩	[ʀɪŋ] - ⟨Ring⟩
[s]	→ ⟨ß⟩	[ʀu:s] - ⟨Ruß⟩	[l]	→ ⟨l⟩	[lʊft] - ⟨Luft⟩
[ʃ]	→ ⟨sch⟩	[ʃʀo:t] - ⟨Schrot⟩	[ʀ]	→ ⟨r⟩	[ʀɪŋ] - ⟨Ring⟩
Affrikate					
[t͡s]	→ ⟨z⟩	[t͡sɑ:n] - ⟨Zahn⟩			

Graphem-Phonem-Korrespondenzregeln (GPK-Regeln) für Vokale und Konsonanten (nach Eisenberg 2016, S. 69 und 70)

Für das Deutsche können die hier dargestellten GPK-Regeln für Vokale bzw. Konsonanten angenommen werden. In vielen Fällen wird im Deutschen einem Phonem genau ein Graphem zugeordnet. Die Schreibung solcher Wörter wie *grün* und *schön* sind z. B. allein durch das phonographische Prinzip erklärbar. Alle einfachen Silbenanfangsränder (siehe Kapitel 4.2) werden ebenfalls phonographisch geschrieben (vgl. Eisenberg 2013a, S. 298). Die einzige Ausnahme bildet der Anfangsrand [ʔ]. Das ist der sogenannte Glottisverschluss oder Knacklaut, der im Deutschen gebildet wird, wenn ein Wort vokalisch beginnt (wie in [ʔalt] beispielsweise). Verschriftet wird dieser Glottisverschluss hingegen nicht, deshalb haben wir es hier mit einer Ausnahme von den sonst phonographisch geschriebenen Silbenanfangsrändern zu tun. Gesprochene Silben, die mit einem Glottisverschluss beginnen, sind in der geschriebenen Sprache „nackt“.

Dass es keine 1:1-Zuordnung zwischen Phonemen und Graphemen geben kann, wird schon deutlich, wenn man das Phonem- und Grapheminventar miteinander vergleicht, besonders bei den Vokalen. Hier stehen uns nur neun Vokalgrapheme, aber 16 Vokalphoneme zur Verfügung (vgl. Übersicht zum Graphem- und Phoneminventar im Deutschen, S. 39). Dieses Ungleichgewicht zeigt sich z. B. bei der Verschriftung der Phoneme [e], [ɛ] und des Reduktionsvokals [ə], da für diese Phoneme nur das Graphem ⟨e⟩ verwendet werden kann, so dass wir *Weg, Welt* und *rote* jeweils mit ⟨e⟩ schreiben, obwohl in allen drei Wörtern unterschiedliche Phoneme für ⟨e⟩ vorkommen. Das Beispiel zeigt, dass die unterschiedliche Vokalqualität und -quantität im Geschriebenen nicht regelhaft (außer bei ⟨i⟩ bzw. ⟨ie⟩ für [ɪ] bzw. [iː]) durch Grapheme gekennzeichnet wird. Dafür brauchen wir im Deutschen die silbischen Schreibungen (siehe Kapitel 4.2).

Ähnliches lässt sich für die Diphthonge feststellen: Im Gesprochenen gibt es die drei Diphthonge [ai], [au] und [ɔi]. Für [au] steht im Kernwortschatz ausschließlich das Graphem ⟨au⟩ zur Verfügung, für [ai] wird ⟨ai⟩ bzw. häufiger ⟨ei⟩ geschrieben, für [ɔi] ⟨eu⟩ und als morphologische Schreibung auch ⟨äu⟩ *(Maus – Mäuse)* (vgl. Eisenberg 2013a, S. 298; Fuhrhop/Peters 2013, S. 222). Auch hier brauchen wir in zwei weiteren Fällen übrigens das ⟨e⟩, und zwar als Teil der Schreibdiphthonge ⟨eu⟩ und ⟨ei⟩.

Diese Abweichungen vom alphabetischen Anteil der Schreibungen bekräftigen, dass wir es im Deutschen nicht mit einer reinen Alphabetschrift, sondern mit einem „Mischsystem" zu tun haben. In den zum Graphem ⟨e⟩ aufgeführten Beispielen spielen silbische Aspekte eine Rolle, auf deren Grundlage die korrekte Aussprache der Phoneme ermittelt werden kann. Morphologische Überformungen sind der Grund für viele Schreibungen mit dem Diphthong ⟨äu⟩ bzw. mit Umlaut: *Bäume, Räder, Kälte, nötig, Sümpfe.* In Wörtern wie *Bär, Öl, Übel* haben wir es jedoch nicht mit morphologisch bedingten Umlautungen zu tun, sondern mit normalen phonographischen Schreibungen.

Die Beziehungen zwischen Phonemen und Graphemen in Fremdwörtern unterliegen besonderen Regularitäten (vgl. nur ⟨ph⟩ für [f] in einem Wort wie *Photosynthese,* ⟨th⟩ für [t] in *Theater, Theologie* oder ⟨sh⟩ für [ʃ] in *Shop.* Die Fremdwortschreibung ist zwar ebenfalls regelhaft, unterliegt jedoch bestimmten Spezialregeln (siehe Kapitel 5.5). Zwischen Schreibung und Lautung im nativen und im internationalen Wortschatz gibt es vielfältige Wechselbeziehungen, was umso wichtiger ist, da die Entlehnung von Wörtern aus anderen Sprachen eine der produktivsten Möglichkeiten der Wortschatzerweiterung darstellt.

4.2 Das silbische Prinzip

Silben sind im Geschriebenen die nächstgrößere Einheit nach den Buchstaben bzw. Graphemen und verhalten sich zur Silbe in der gesprochenen Sprache ähnlich wie Grapheme zu Phonemen. Auch bei Silben darf nicht von einer 1:1-Entsprechung zwischen Schreibsilben und Sprechsilben ausgegangen werden, sondern von vielfältigen Beziehungen zwischen beiden.

So ist die Struktur der Schreibsilbe

> *„in vieler Hinsicht einfacher und von strikterer Systematik als die Sprechsilbe, und sie ist weniger variantenreich. Eine systematische Variation, wie sie sich für das Gesprochene etwa aus dem Sprechtempo ergibt, kennt das Geschriebene nicht."* (Butt/Eisenberg 1990, S. 55)

Die Variabilität der Sprechsilbe zeigt sich u. a. darin, dass in der Umgangs- und Standardlautung Formen verschliffen werden können ([hamsə] für *haben Sie*), Endungen nicht deutlich wahrnehmbar sind ([gen] statt ['geən]). Erst die Explizitlautung, bei der die Wortformen einzeln, also unbeeinflusst von der lautlichen Umgebung anderer Lautformen, gesprochen werden, und alle Silben mit ihrem vokalischen Silbenkern vorkommen, kann als angemessene Artikulationsbasis für Sprechsilben betrachtet werden (vgl. Hinney 2004, S. 78).

Wesentliche Unterschiede zwischen der Sprech- und der Schreibsilbe sollen an drei Phänomenen gezeigt werden:

- Die Schreibsilbe verlangt nach einer größeren Ausgeglichenheit in der Länge, so dass überlange Anfangsränder wie in **Schpritze* vermieden werden. Das gilt für das Gesprochene nicht. Hier werden Länge und Kürze viel variabler gebraucht.
- Der Kern einer Sprechsilbe kann ein Lang- oder ein Kurzvokal sein. Diesen Unterschied gibt es bei der Schreibsilbe – außer bei ⟨i⟩/⟨ie⟩ – nicht. Der Silbenkern der Schreibsilbe ist also einfacher strukturiert (vgl. Eisenberg 1989, S. 67).
- Die Silbengrenze ist im Geschriebenen deutlicher markiert als im Gesprochenen. Segmental deutlich markiert ist die Silbengrenze z. B. durch das silbeninitiale h *(ziehen)* und durch die Sichtbarmachung des Silbengelenks in der Schrift: ['hal̩ə]: *Hal|le* (vgl. ebenda, S. 56).

Silbenstrukturelle Faktoren sind folglich häufig verantwortlich für Unterschiede zwischen phonographischer und graphematischer Wortform, wie sie sich auch in solchen Beispielen wie ['kɛl̩ə] *Kel|le* zeigen. Sie helfen dem Leser, sich die Einzelsilbe und die Silbenfolge in Wörtern und Wortformen schnell zugänglich zu machen (siehe Kapitel 3.2).

Für das Deutsche ist das *silbische Prinzip* von grundlegender Bedeutung, denn es regelt die Vokalqualität (Gespanntheit und Ungespanntheit von Vokalen) und die Vokalquantität (Länge und Kürze von Vokalen). Ebenfalls syllabisch geregelt ist die Struktur von Silbenanfangs- und -endrändern.

Für den Aufbau von Schreibsilben kann von folgenden Regularitäten ausgegangen werden (siehe die Abbildung zur Struktur der Schreibsilbe): Jedes Wort besteht aus mindestens einer Silbe. Jede Silbe verfügt mindestens über einen vokalischen Silbenkern. Dieser obligatorische Silbenkern kann durch einen konsonantischen Silbenanfangs- und/oder -endrand ergänzt werden. Beide sind fakultativ. Kern und Silbenendrand bilden den Silbenreim.

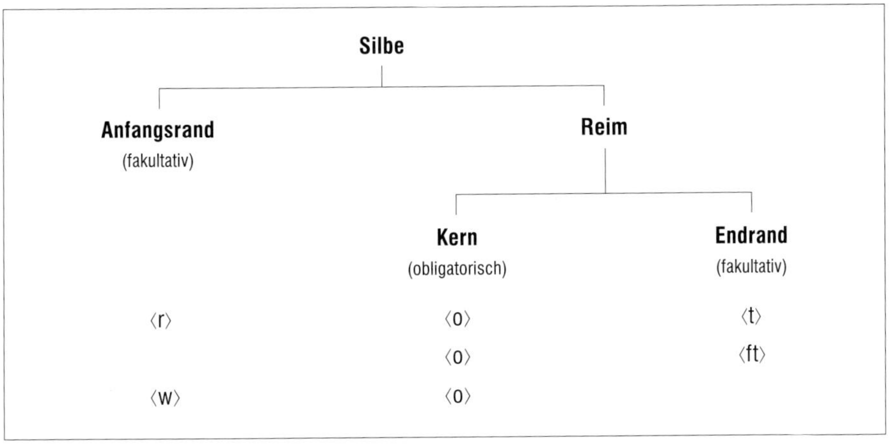

Die Struktur der Schreibsilbe

Die Struktur der Schreibsilbe ohne Endrand *(wo)* ist offen, mit Endrand *(oft)* geschlossen. Man geht davon aus, dass die binäre Struktur

offene Silbe = langer Vokal : geschlossene Silbe = kurzer Vokal

auf über 90 % der deutschen Wörter zutrifft. Das zeigt, dass die Silbenstruktur eine hohe Regelmäßigkeit aufweist. Als eine typische „Abweichung“ kann das vokalisierte [ʀ] betrachtet werden. Bei Wörtern wie *Harke, Karte, Erde* handelt es sich bei der ersten Schreibsilbe jeweils eindeutig um eine geschlossene Silbe, deren Silbenkern folglich kurz und ungespannt gelesen werden muss. Da das Phonem /ʀ/ in der Position nach dem Silbenkern jedoch auch in der Standardlautung häufig vokalisiert wird, kommen Aussprachen mit langem vokalischem Kern wie [ˈhɑːkə] oder [ˈkɑːtə] vor. Aber auch diese „Abweichungen“ sind wiederum von großer Regelmäßigkeit gekennzeichnet.

Insgesamt kann man für den nativen Wortschatz der deutschen Sprache von einer prototypischen Wortstruktur ausgehen: Die große Mehrzahl der nativen Inhaltswörter (Nomen, Verben, Adjektive) besteht aus trochäischen Zweisilbern, die aus einer betonten Vollsilbe und einer unbetonten Reduktionssilbe bestehen. Die geschriebene Reduktionssilbe (also die zweite Silbe des trochäischen Zweisilbers) enthält als Silbenkern immer das ⟨e⟩: *schreiben, lesen, Kiste, Tafel, Runde.* Das ⟨e⟩ markiert also die Reduktionssilbe. Fast alle Inhaltswörter, deren Grundform einsilbig ist, lassen eine zweisilbige Form zu: *Ton – Töne, klar – klarer, bunt – bunter.*

Wie strukturbestimmend dieser Silbentyp für das Deutsche ist, lässt sich z. B. daran sehen, wie Fremdwörter hinsichtlich der Betonungsverhältnisse „eingedeutscht“ werden: Aus dem französischen [paˈpa] wird im Deutsch [ˈpapa]. In Norddeutschland wird umgangssprachlich vielerorts [ˈkafə] und nicht [kaˈfeː] getrunken. Wortneubildungen passen sich darüber hinaus sehr schnell an die deutsche Silbenstruktur an: *mailen, outen, simsen.*

Für die Kombinatorik der Silbenanfangs- und -endränder gelten ebenfalls strenge Regularitäten, so dass es im Deutschen keine Graphemfolgen wie *⟨rka⟩ im Silbenanfangsrand gibt. Das lässt sich nach neuen Erkenntnissen mit der Form der Grapheme erklären: Jedes Graphem besteht aus Kopf und mindestens einer Koda. Beim ⟨e⟩ z. B. ist der Kopf der Bogen, die Koda wird durch die horizontale Gerade gebildet. Das ⟨e⟩ hat, wie alle anderen Vokalgrapheme auch, keine Ober- bzw. Unterlänge und steht deshalb im Silbenkern. Das graphematische Silbengesetz geht nämlich von folgender Längenhierarchie von Graphemen in Silben aus:

> *„Die Länge nimmt zum Kern hin kontinuierlich ab, erreicht im Kern ihr Minimum und steigt dann wieder. Im Silbenrand stehen möglichst langköpfige Grapheme."* (Fuhrhop/Buchmann 2009, S. 153)

Auf der Grundlage dieses Silbenbaugesetzes ist zu erklären, warum Silbenanfangs- und -endränder sich häufig spiegelbildlich verhalten (vgl. Kapitel 3.2). In Silbenanfangsrändern nativer Wörter kann es danach niemals Graphemkombinationen wie ⟨rk⟩ geben, da ⟨k⟩ länger als ⟨r⟩ ist und ⟨k⟩ als langköpfiges Graphem im Silbenrand steht. Im Silbenendrand kann ⟨rk⟩ deshalb ohne Probleme auftreten: *stark, Werk,* wie auch ⟨kr⟩ im Silbenanfangsrand eine zulässige Kombination ist: *Kragen, krank.* Gleiches gilt für das spiegelbildliche Vorkommen der Graphemkombinationen in solchen Wörtern wie: *braun – Korb; blau – Kalb, Knabe – Bank, schmatzen – Ramsch, schnauben – Mensch, Traube – Wert* usw. Es kann davon ausgegangen werden, dass diese visuelle Auszeichnung von Graphemen bzw. Buchstaben leseunterstützend wirkt. Der Silbenkern kann so schnell ermittelt werden. Welche didaktische Relevanz diesen Erkenntnissen zur graphematischen Silbe zukommt, muss noch erforscht werden.

Im Gesprochenen gilt analog das Prinzip der Sonorität (Schallfülle). Je sonorer ein Konsonantphonem ist, desto dichter steht es am Silbenkern, dem Sonoritätsgipfel der Silbe. Zu den Silbenanfangs- und -endrändern nimmt folglich die Sonorität ab.

Die angeführte Tendenz zur visuellen Ausgeglichenheit der Schreibsilbe, wie in Kapitel 3.2 angeführt, zeigt sich besonders in der Verkürzung des Anfangsrands in Wörtern wie *streichen, Stroh, springen, Splitter.* Sehr lange Silben mit relativ unübersichtlichen Konsonantenclustern wie **Schtroh* oder **schpringen* werden so vermieden. Diese Tendenz zur Ausgeglichenheit führt dazu, dass die optische Verkürzung des Anfangsrands systematisch auch auf Schreibungen übertragen wird, in denen diese Verkürzung nicht notwendig wäre: *Stück, sparen* anstelle von **Schtück* und **schparen.* In anderen komplexen Anfangsrändern, die mit [ʃ] beginnen, gibt es keinen Grund für diese Verkürzung, denn es gäbe keine einzige Schreibung mit fünf Konsonantbuchstaben: *schlau, Schmerzen, schnell, schräg.* An diesem Beispiel zeigt sich einmal öfter die hohe Systematik silbischer Schreibungen.

Als eine Besonderheit bei silbischen Schreibungen kann die visuelle Markierung des Silbengelenks in zweisilbigen Wörtern *(Mitte, Klasse, rennen, fallen)* betrachtet werden. Diese Verdoppelung tritt immer dann auf, „wenn im phonologischen Wort ein ambisilbischer Konsonant (Silbengelenk) auftritt. Verdoppelt wird das Graphem, das dem ambisilbischen Konsonanten phonographisch entspricht" (Eisenberg 2013a, S. 299). Der ambisilbische Konsonant gehört phonologisch zu beiden Silben: zum Endrand der ersten (sie ist folglich geschlossen, der betonte Silbenkern wird kurz und ungespannt gesprochen) und zum Anfangsrand der zweiten, die bedeckt beginnt: [ˈmɪt̩ə]; [ˈklas̩ə].

Die Verdoppelung des Graphems hat den Vorteil, dass sich auch in Wörtern mit Silbengelenken beide Silben deutlich voneinander abgrenzen lassen *(Mit|te, Klas|se)* und alle notwendigen Informationen (besonders zur Qualität und Quantität des betonten Silbenkerns) in der geschriebenen Wortform enthalten sind.

Die Markierung des ambisilbischen Konsonanten in der geschriebenen Wortform erfolgt nur dann, wenn das Silbengelenk aus einem einfachen Graphem besteht, dem nur ein Buchstabe entspricht. Daraus ergeben sich drei Fälle, in denen es trotz eines ambisilbischen Konsonantphonems keine Verdoppelung im Geschriebenen gibt:

- Gelenke, die aus Mehrgraphen (⟨ch⟩ und ⟨sch⟩) bestehen, werden nicht verdoppelt *(lachen, Tasche, mischen)*. Bei der Silbentrennung am Zeilenende liegt die Trennung vor dem Konsonantgraphem: *la-chen, Si-chel, mi-schen.*
- Gelenke, die aus einer Graphemfolge (⟨ng⟩, ⟨tz⟩, ⟨pf⟩ für die lautlichen Einheiten [ŋ], [t͡s], [p͡f]) bestehen, werden ebenfalls nicht verdoppelt (vgl. Eisenberg 2013a, S. 300): *Enge, Länge, Wange, Katze, Tatze, Hitze, Apfel, Köpfe, rupfen.* Dass ⟨tz⟩ ein Silbengelenk markiert, sieht man an Schreibungen, die ebenfalls den Laut [t͡s] verschriften, aber kein Silbengelenk markieren: *Kerze, Walze.*
- Eine besondere Form nimmt die Markierung des Silbengelenks ebenfalls an, wenn es sich dabei um die Gemination von [k] handelt. Im Geschriebenen entspricht [k̩] ⟨ck⟩ *(Bäcker, Zucker, wackeln).* Diese Besonderheit ist dadurch erklärbar, dass ⟨ck⟩ einen visuellen Bezug zu ⟨ch⟩ aufweist. In Wörtern wie Wachs, Büchse wird ⟨ch⟩ wie [k] gesprochen. Die Schreibung des Silbengelenks ⟨ck⟩ verdeutlicht die Ähnlichkeit zu ⟨ch⟩ (vgl. Eisenberg 2016, S. 78). Die Silbentrennung am Zeilenende verhält sich seit der Neuregelung der deutschen Orthographie bei diesem besonderen Silbengelenk genauso systematisch wie bei Gelenken, die aus Mehrgraphen bestehen: *backen* wie *Bä-che; Za-cken* wie *la-chen.* Ob diese Analogiebildung zur Silbentrennung am Zeilenende bei ⟨ch⟩ Vorteile gegenüber der bisherigen Regelung hat, die ja die Umwandlung von ⟨ck⟩ in ⟨k-k⟩ bei der Silbentrennung am Zeilenende vorsah *(*Bäk-ker, *Zuk-ker)*, bzw. gegenüber der ebenfalls diskutierten Variante **Bäc-ker, *Zuc-ker,* kann an dieser Stelle nicht geklärt werden.

Das silbische Prinzip regelt ebenfalls die Schreibung von zweisilbigen Wörtern, in denen in der phonologischen Form eine betonte offene und eine unbetonte nackte Silbe zusammentreffen ([ˈt͡siːən], [ˈʃuːə]. Hier wird systematisch das silbeninitiale h eingefügt. Das führt dazu, dass die zweite Silbe bedeckt ist *(ziehen, Schuhe, drohen, Ruhe, Reihe).* Auch diese Schreibung dient in erster Linie der Leseerleichterung (siehe Kap. 3.2), da so „profillose Formen" (Eisenberg 1989, S. 300) vermieden werden. In einzelnen zweisilbigen Wörtern kommt die zweite Silbe als nackte Schreibsilbe vor: *Feuer, Feier, Gräuel, Eier, Geier, brauen rauer, blauer.* Die Silbengrenze liegt dann zwischen den Silbenkernen. Das silbeninitiale h kann als Segmentierungshilfe nach dem Diphthong ⟨ei⟩ stehen *(Weihe, Reiher)*, muss aber nicht dort erscheinen *(schreien, schneien).* Nach den Schreibdiphthongen ⟨au⟩, ⟨eu⟩ und ⟨ai⟩ steht es nie und ist hier auch nicht notwendig, da es trotz des Aufeinandertreffens vieler Vokalgrapheme nicht zu fehlerhaften Segmentierungen kommen kann, denn Graphemfolgen wie diese gibt es nicht: **ka|uen, *te|uer.*

Als silbische Schreibung kann auch das sogenannte Dehnungs-h, das auf die Position vor ⟨l⟩, ⟨m⟩, ⟨n⟩ und ⟨r⟩ beschränkt ist, betrachtet werden. „Sogenannt" deshalb, weil das Dehnungs-h nicht dehnt, sondern die offene Silbe unter bestimmten Bedingungen kennzeichnet. Im Folgenden wird trotzdem dieser etablierte, wenn auch sachlogisch unzutreffende, Begriff für dieses Phänomen verwendet. Das Dehnungs-h steht ungefähr in der Hälfte der Fälle, in denen es stehen könnte: *Sohle, nehmen, wohnen, nähren;* aber: *Schule, Name, Krone, Schere.* Deshalb gehört es in den Peripheriebereich der Orthographie, der im Gegensatz zum Kernbereich nicht von großer Systematik geprägt ist. Einzelne systematische Zusammenhänge lassen sich jedoch auch für dieses Phänomen ausmachen: Zum einen zeigen sie sich in der Positionsbestimmung des Dehnungs-h. Es kommt überwiegend bei Verben vor und nur dann, wenn in der zweisilbigen Wortform die zweite Silbe mit ⟨l, m, n, r⟩ beginnt und die erste Silbe offen ist (vgl. Fuhrhop/Müller 2010a, S. 6). Das Dehnungs-h zeigt, dass der vokalische Kern der ersten Silbe gespannt und lang gesprochen werden muss und fungiert somit als Lesehilfe. Diese Markierung der offenen Silbe ist vor allem deshalb funktional, weil ⟨l, m, n, r⟩ häufig am Anfang von komplexen Silbenendrändern stehen wie in den Wortformen *Herbstes, ernster, fürchten* (vgl. Eisenberg 2016, S. 74) und damit in Wörtern mit geschlossener betonter Silbe. Das ⟨h⟩ weist den Leser darauf hin, dass er es im betreffenden Wort nicht mit einem komplexen Endrand (also: geschlossene Silbe, kurz und ungespannt zu lesender vokalischer Kern), sondern mit einer offenen Silbe und der entsprechenden Aussprache zu tun hat.

Ebenfalls zum Peripheriebereich gehört die Verdoppelung von Vokalgraphemen wie in *Aal, Saal, Schnee, Tee, See, Teer, Moor, Boot.* Im Vergleich zum Dehnungs-h tritt die Markierung der offenen Silbe durch doppelte Vokalbuchstaben fast ausschließlich bei Substantiven auf. An den aufgeführten Schreibungen, die als prototypische Beispiele für die Verdoppelung von Vokalgraphemen gelten können, fällt auf, dass sie zum einen auf die Vokalgrapheme ⟨a, e, o⟩ in Wörtern, deren Grundform einsilbig (und immer offen) ist, oder in Zweisilbern vor allem auf den vokalischen Kern vor ⟨l, r, t, s⟩ beschränkt ist *(Haare, Seele, Beere, Boote, Moose)* (vgl. Eisenberg 2013a, S. 303 f.). In beiden Fällen erfolgt die Verdoppelung aus optischen und damit leserbezogenen Gründen: Es geht um die optische Verlängerung solcher Wörter wie *Fee, See, Tee* und um die Markierung der offenen Silbe, wie ja schon bei Schreibungen mit Dehnungs-h als Leseerleichterung herausgestellt wurde. Dass ⟨i⟩ und ⟨u⟩ nicht verdoppelt werden, hat ebenfalls vorrangig graphische Gründe: Die Buchstabenfolge *⟨ii⟩ wäre z. B.

schlecht von ⟨ü⟩ zu unterscheiden. Für die Verschriftung des [iː] wird deshalb regelhaft im Kernbereich der Orthographie ⟨ie⟩ gebraucht. Umlautgrapheme werden aus Lesbarkeitsgründen ebenfalls nicht verdoppelt *(Haar – Härchen, Paar – Pärchen).*

Die Regularitäten des silbischen Prinzips für die Vokalquantität und -qualität im Kernbereich der Wortschreibung lassen sich, wie in der Tabelle dargestellt systematisieren. Der vertikale Strich zwischen den Silben zeigt die Silbengrenze zwischen beiden Schreibsilben an, nicht die mögliche Silbentrennung am Zeilenende.

	offene Silbe	**geschlossene Silbe**
unmarkiert	*Ro|se, Re|gen, U|fer, gro|ße, ra|ten, le|sen*	*brem|sen, Wel|ten, stol|ze, Hän|de, mor|gen, Res|te*
markiert	*lie|ben, Rie|se, ge|hen, Flö|he*	*bren|nen, Mut|ter, hel|le, Son|ne, Kat|ze, wec|ken*

Unterscheidung von offenen und geschlossenen Silben in zweisilbigen Wörtern (nach Hinney 2004)

Beide Prinzipien – sowohl das phonographische als auch das silbische – beschreiben die grundlegenden Zusammenhänge zwischen segmentalen Struktureinheiten im Gesprochenen und im Geschriebenen. Deshalb wird in der neueren Phonologie häufig nicht mehr zwischen diesen beiden Prinzipien unterschieden, sondern das phonographische Prinzip wird dort in mehrere Subprinzipien aufgeteilt, wozu dann auch ein silbisches Subprinzip gehört (vgl. Primus 2010, S. 19). Da die Entdeckung silbischer Regularitäten aus didaktischer Perspektive aber von entscheidender Bedeutung für die Erfassung der Wortstruktur durch Lerner ist, wurden beide Prinzipien hier als gleichrangig beschrieben.

4.3 Das morphologische Prinzip

Das *morphologische Prinzip* zeigt wohl am deutlichsten den starken Leserbezug der deutschen Orthographie und gleichzeitig die Tiefe des Schriftsystems. Ein tiefes Schriftsystem wie das Deutsche zeichnet sich dadurch aus, dass phonographische Regularitäten durch silbische und morphologische Einflüsse systematisch überformt sind (siehe Kapitel 3.1).

Morpheme sind nach gängiger Definition die kleinsten bedeutungstragenden Einheiten von Wörtern und damit wichtig für die Bedeutungserfassung beim Lesen, denn Morpheme ermöglichen einen ganzheitlichen Zugriff auf die Bedeutung und ersparen Lesern den Umweg über den Lautbezug. Das Morphem (besonders das Stammmorphem) scheint eine Struktureinheit zu sein, aus der der Leser unmittelbar und flexibel die Bedeutung konstruieren kann (vgl. Bangel/Müller 2017).

Die Grundaussage dieses Prinzips lässt sich in der Aussage „Gleiches schreibt man gleich“ zusammenfassen – und zwar auch in morphologisch komplexen Wörtern und Wortformen, das sind flektierte, abgeleitete und zusammengesetzte Wörter. Für das Deutsche können wir von ca. 10.000 morphologisch selbstständigen Wörtern (Eisenberg 2013a, S. 32) ausgehen. Das sind vorrangig Wörter, die ihre Grundform aus einem Einsilber *(Haus, Baum, Kind, Burg)* oder einem trochäischen Zweisilber *(lesen, schreiben, rechnen)* bilden. Von diesem Grundbestand aus kann der Wortschatz durch die besonderen Wortbildungspotenzen des Deutschen stark erweitert werden. In Rechtschreibwörterbüchern kommt man so auf ca. 130.000 Stichwörter (so z. B. Duden 2006). Darin enthalten sind noch nicht die vielen Zusammensetzungen, die besonders die deutsche Schriftsprache prägen und in keinem Wörterbuch enthalten sind. Das morphologische Prinzip, das sich auch als „Prinzip der Schemakonstanz“ beschreiben lässt, zeigt am besten die lesersteuernde Funktion der Schrift (siehe Kapitel 3.2). Anders als im Gesprochenen kommt es im Geschriebenen nicht zu Tilgungen (z. B. von Geminaten an der Morphemgrenze) und Reduktionen (z. B. der Schwa-Silbe). Die Form der geschriebenen Einheit ist sehr stabil, was sich z. B. auch an der Nichtberücksichtigung der Auslautverhärtung in der Schrift (*Berg* und nicht **Berk*, weil auch *Berge* und *bergig*) zeigt, aber auch in der Morphemkonstanz in flektierten Formen: *schwimmst* und nicht **schwimst*, weil auch *schwimmen*. Die silbische Information (hier: die Markierung des Silbengelenks) wird auch an morphologisch komplexe Formen „vererbt“.

Das silbeninitiale h und das Dehnungs-h in komplexen Formen werden ebenfalls vererbt: *zieht*, weil *ziehen; Fahrt*, weil *fahren*. In abgeleiteten und zusammengesetzten Formen wird die in der Standardlautung erfolgende Geminatenreduktion beim Aufeinandertreffen von zwei gleichen Phonemen an der Morphemgrenze nicht berücksichtigt: Wir schreiben *verrutschen*, und nicht **verutschen*, weil das abgeleitete Wort aus dem Präfix *ver-* und dem Stamm *rutsch* besteht. Bei *Türrahmen* behalten wir selbstverständlich die Schreibung beider Stämme bei und verdoppeln Grapheme, obwohl es dazu keinen lautlichen Bezug gibt, denn wir sprechen in beiden Fällen nur ein [ʀ]. Um visuelle Ähnlichkeit geht es auch in der Umlautschreibung: *kälter*, weil *kalt; Mäuse*, weil *Maus; hältst*, weil *halten*. Diese Konstantschreibung macht die Zusammenhänge zu anderen Wörtern aus der Wortfamilie transparent und ermöglicht so die schnelle Bedeutungszuweisung beim Lesen. Zu erkennen ist die morphologische Schreibung jeweils an einer grundlegenden Form innerhalb der Wortfamilie, das ist bei Verben normalerweise die zweisilbige Infinitivform *(halten)*, bei Substantiven die Singularform *(Wald)*, bei Adjektiven die Positivform *(alt)*.

Das morphologische Prinzip hilft auch bei der graphischen Unterscheidung von homophonen Wörtern *(Lid – Lied, Mohr – Moor, Wahl – Wal)*, auch wenn diese Unterscheidung nicht systematisch erfolgt. Das ist auch nicht nötig, da der Kontext angibt, welche Bedeutung generiert werden muss (siehe Kapitel 3.2).

Gleiches gilt für Buchstabenkombinationen und Morpheme, die gleich geschrieben werden, aber unterschiedliche Funktionen im Wort übernehmen können. Das soll knapp am Beispiel der Graphemkombination ⟨er⟩ gezeigt werden.

- In fast singulären Wörtern, also Wörtern mit sehr kleinen Wortfamilien (wie *Vater, Mutter, Tochter, Wetter, Winter, Hammer*), ist *-er* Teil des Wortstammes und tritt deshalb in allen Wortformen auf *(väterlich, mütterlich, Wetterbericht)*. Aus der Graphemkombination ⟨er⟩ lässt sich in diesen Fällen keine eindeutige Genusmarkierung ableiten.
- Als Suffix kommt *-er* sehr häufig als Wortbildungssuffix vor. Durch *-er* wird aus einem Verbalstamm ein Substantiv gebildet. Die Gruppe der so entstandenen Substantive ist meist maskulin und belebt *(Lehrer, Bäcker, Helfer)*. Die Bedeutung von Substantiven mit *-er* ist: „Person, die die durch das Verb bezeichnete Tätigkeit ausübt" (Eisenberg 2013a, S. 261). Aber auch Geräte und Dinge können durch diese Bildung bezeichnet werden: *Rasenmäher, Anspitzer, Fernseher.* Viele dieser Bildungen können sowohl belebt als auch unbelebt sein: *Öffner, Ordner.* Wenn *-er* als Wortbildungssuffix auftritt, ist die Genuszuweisung eindeutig.
- Seltener kommt *-er* als Flexionssuffix zur Markierung des Plurals vor. Es ist dann häufig mit der Umlautung des Stammvokals verbunden. Mithilfe von *-er* wird der sogenannte Artenplural gebildet: *Blätter, Hölzer, Völker, Kinder, Rinder.*
- Regelhaft erscheint *-er* als Suffix zur Kennzeichnung des Komparativs bei Adjektiven: *größer, breiter, schneller.*
- Regelhaft ist *-er* auch als grammatische Endung bei Adjektiven nach unbestimmtem Artikel zur Kennzeichnung von Genus, Kasus und Numerus: *ein neuer Gast, ein großer Raum.*

Trotz dieser Funktionsvielfalt bereitet diese Graphemkombination kaum Schwierigkeiten beim Lesen und Schreiben. Deutlich wird jedoch, wie komplex die in Wörtern eingeschriebenen Informationen sind, so dass wir uns beim Lesen über die konkrete Funktion einer bestimmten Schreibung normalerweise keine Gedanken machen müssen. Gerade erfahrene Leser nutzen zusätzlich zu implizitem grammatischem Wissen, hier in Form von morphologischem Wissen, den Kontext zur Bedeutungskonstruktion. Das müssen schwache Leser häufig erst lernen.

Im Gegensatz zu den beiden zuvor dargestellten phonologischen Prinzipien gelten die grundlegenden Regularitäten auch für die Schreibung von Fremdwörtern: *Transport, transformieren, Transplantation, Transkription* lassen alle den lateinischen Stamm *trans* erkennen.

Um Morphemkonstanz zu bewahren, nimmt man also im Deutschen graphophonische Redundanz in Kauf. Dass das nicht die einzige Möglichkeit zur Umsetzung von Schrift ist, zeigt ein Vergleich mit dem Niederländischen, das in enger Verwandtschaft zum Deutschen steht: Im Niederländischen wird auf Morphemkonstanz verzichtet und so graphophonische Redundanz vermieden:

wonen – hij woont	*wohnen – er wohnt*
zwemmen – hij zwemt	*schwimmen – er schwimmt*

Dieser Vergleich zeigt das Wirken verschiedener Prinzipien in den beiden Schriftsystemen. Das Niederländische ist stärker phonologisch orientiert, das Deutsche ist stark durch die Morphemkonstanz geprägt (vgl. Fuhrhop/Müller 2010a, S. 6).

Das morphologische Prinzip gilt aber auch im Deutschen nicht absolut. Wortformen wie *du musst, du lässt* zeigen dies. Eigentlich müssten diese Formen als **du mussst* und **du lässst* geschrieben werden, da sie aus Stamm (*muss* bzw. *lass*) + grammatischer Endung *(st)* bestehen. Die Häufung von gleichen Buchstaben wird hier jedoch vermieden (vgl. Eisenberg 2016, S. 79, Bredel 2006, S. 8).

Der abschließende Vergleich zwischen Silbe und Morphem zeigt, dass wir es in beiden Fällen mit segmentierbaren Einheiten zu tun haben, deren Grenzen jedoch häufig nicht übereinstimmen:

Wortform	**Silbische Segmentierung**	**Morphologische Segmentierung**
Wind *Winde* *windig*	*Wind* *Win|de* *win|dig*	*Wind* *Wind#e* *wind#ig*
spielen *spielst* *spielerisch*	*spie|len* *spielst* *spie|le|risch*	*spiel#en* *spiel#st* *spiel#er#isch*

Silbische und morphologische Segmentierungen (vgl. Eisenberg 2016, S. 38)

4.4 Das syntaktische Prinzip

Mit dem *syntaktischen Prinzip* verlassen wir den Bereich der Wortgrammatik und kommen zu Regularitäten auf der Ebene der Satzgrammatik. Das syntaktische (oder wortübergreifende) Prinzip erklärt, wie „weitere Mittel der Wortschreibung" (Eisenberg 2016, S. 85) wie z. B. die Großschreibung, die Getrennt- und Zusammenschreibung, aber auch die Zeichensetzung und die Schreibung von *dass – das* zur Konstitution der deutschen Orthographie beitragen.

Unter den aufgezählten Mitteln der Wortschreibung ist die satzinterne Großschreibung, die nicht auf Eigennamen beschränkt ist, wohl eines der charakteristischsten Merkmale des deutschen Schriftsystems. Die Großschreibung von Text- und Satzanfängen, Eigennamen und Anredepronomen (*Sie, Ihnen, Ihre* usw.) findet sich auch in anderen Schriftsystemen. Sie lässt sich hinsichtlich ihrer Funktion in allen Fällen auch gut begründen:

- Die *textinitiale Großschreibung* gilt für Überschriften, Titel, Anschriften, Grußformeln in Briefen usw. (vgl. AR 2006, § 53, S. 54 f.) und hat vor allem pragmatische Gründe, denn sie macht auf bestimmte Texteinheiten aufmerksam.
- Die *satzinitiale Großschreibung* markiert eine neue syntaktische Einheit, die durch ein Interpunktionszeichen (Punkt, Fragezeichen, Ausrufezeichen, Doppelpunkt) syntaktisch abgeschlossen wird – und wirkt so ebenfalls leseunterstützend.

- *Eigennamen* schreibt man ebenfalls groß. Die Klärung der Frage, was ein Eigenname ist, ist in der Sprachwissenschaft nicht unumstritten. Unter dem Aspekt der Schreibung gibt es dabei kaum Probleme: Eigennamen schreibt man in allen Bestandteilen groß, mit Ausnahme von Artikeln, Präpositionen und Konjunktionen *(Peter von der Heide)*. Um das zu können, muss man eine Vorstellung davon haben, was ein Eigenname ist. Ganz allgemein kann davon ausgegangen werden, dass Eigennamen etwas benennen: ein Lebewesen: *Karl der Große,* einen Ort: *die Sächsische Schweiz,* ein Land: *die Vereinigten Arabischen Emirate,* eine Institution: *die Deutsche Bank,* ein Ereignis: *der Weiße Sonntag* (vgl. AR 2006, § 59, S. 67). Sie verhalten sich tatsächlich häufig „eigen" und neigen u. a. wegen ihrer Funktion, Objekte innerhalb gekennzeichneter Klassen zu identifizieren (vgl. Eisenberg 2013b, S. 144), zu großer Varianz hinsichtlich der Schreibung (z. B. die niederdeutsche Variante zum weiblichen Vornamen *Maria: Maike, Meike, Meyke*). Dadurch entziehen sie sich der Zuordnung zu bestimmten Prinzipien und Regularitäten. Sie treten häufig ohne „syntaktische Umgebung" (Bredel 2006a, S. 152), also ohne Artikel, auf. Schon allein aus diesen Gründen bietet sich die Hervorhebung durch Großschreibung an. Eigennamen markieren oft inhaltlich Wichtiges im Satz, z. B. die Personen, um die es geht. Gallmann (1985, S. 33) sieht deshalb pragmatische Gründe für die Großschreibung von Eigennamen: „Der Grund scheint darin zu liegen, daß Personennamen (und Namen persönlicher Werke) als Teil der Persönlichkeit eines Menschen, geographische Namen und Namen von Institutionen als Teil der kollektiven Identität einer Gesellschaft betrachtet werden [...]" (zitiert nach Bredel 2006a, S. 152).
- *Anredepronomen* werden vor allem großgeschrieben, um den Bezug zu einem bestimmten Adressaten zu verdeutlichen und grammatische Formen unterscheidbar zu machen. Das ist vor allem für die Anredepronomen *Sie* und die entsprechenden Possessivpronomen sowie die entsprechenden deklinierten Formen (*Ihr, Ihre, Ihnen* usw.) wichtig, weil sie auch in anderen grammatischen Funktionen (als Personalpronomen *sie* in der 3. Person Singular und Plural mit den entsprechenden possessiven und deklinierten Formen *ihr, ihre*) vorkommen. Das Anredepronomen *Sie* wird kongruent zum Personalpronomen in der 3. Person Plural verwendet, auch wenn es keinen Bezug auf den Plural geben muss. Die Aufforderung *Treten Sie näher!* kann z. B. eine oder mehrere Personen meinen. Natürlich ist die Groß- bzw. Kleinschreibung in den folgenden Sätzen vom Kontext abhängig, aber die Möglichkeit, das Anredepronomen und seine Formen durch Majuskeln zu markieren, kann wiederum als Leseerleichterung betrachtet werden und trägt zur Eindeutigkeit der Aussage bei: *Hat man I/ihnen schon I/ihr Zimmer gezeigt? Haben S/sie S/sie schon gesehen*? Aus diesem Grund scheint auch die Großschreibung der Anredepronomen für Personen, die vom Sprecher/Schreiber gesiezt werden, wichtiger zu sein als die Großschreibung der entsprechenden Du- bzw. Ihr-Formen. Hier spricht sich die Neuregelung für die Kleinschreibung aus, wobei in Briefen auch Großschreibung möglich ist (vgl. AR 2006, § 66, S. 72).

- Das Besondere am deutschen Schriftsystem in Bezug auf die Markierung durch große Buchstaben ist einzig die *satzinterne Großschreibung*. Sie zeigt, wie funktional die Schreibung auch in diesem Bereich ist. Für die satzinterne Großschreibung gilt: Erweiterbare Kerne von Nominalgruppen werden großgeschrieben. Der Kern einer nominalen Gruppe befindet sich an ihrem rechten Rand. Ihm gegenüber steht der Kopf, der aus einem Artikelwort besteht. Der Kern einer Nominalgruppe unterscheidet sich von ihrem Kopf z. B. dadurch, dass er Träger von inhaltlich wichtigen Informationen ist. Es ist anzunehmen, dass das ein wichtiger Grund für die Markierung durch Großschreibung ist. Die Auszeichnung von Kernen nominaler Gruppen durch Großschreibung wird deshalb gemeinhin als verstehensunterstützend betrachtet. Ob die satzinterne Großschreibung diese Funktion tatsächlich erfüllt, konnte die aktuelle empirische Forschung bislang nicht eindeutig belegen (vgl. Nottbusch/Jonischkait 2015; Pauly/Nottbusch 2016). Sie kommt damit zu anderen Resultaten als ältere Studien (wie Bock 1989 und Gfoerer/Günther/Bock 1989).

Wortübergreifend müssen zum Teil auch die Regularitäten betrachtet werden, die Auskunft darüber geben, ob „etwas“ *zusammen- oder getrennt*geschrieben wird. Genaugenommen gehört dieser Bereich auch in den Bereich der Morphologie, denn bei Zusammenschreibung wirkt das Wortbildungsprinzip: Wörter schreibt man zusammen. Die Fälle der Getrenntschreibung werden hingegen durch das positive Wirken des Relationsprinzips „Nicht-Wörter schreibt man getrennt.“ geregelt (vgl. Fuhrhop 2015, S. 54, Fuhrhop 2006, S. 48, vgl. Kapitel 5.4).

Wortübergreifend wirken in vielen Fällen die Mittel der *Zeichensetzung*. Bredel (u. a. 2017) unterscheidet drei Gruppen von Interpunktionszeichen: die syntaktischen Zeichen <.,;:>, die kommunikativen Zeichen <?!„“()> und die defektanzeigenden Zeichen < - – ... ‘> (vgl. Bredel 2008, 2011, 2017). Leser erhalten durch die Interpunktion eindeutige Informationen über syntaktische und semantische Zusammenhänge in geschriebenen Sätzen und Texten (vgl. Kapitel 3.2).

Die syntaktischen Zeichen sind die gebräuchlichsten nichtalphabetischen Zeichen. Der *Punkt* wird gesetzt, wenn die Wortkette vor dem Punkt als syntaktisch und semantisch abgeschlossen gilt. Er markiert eine Satzgrenze. Stoßen wir beim Lesen auf den *Doppelpunkt*, so ist die vorangehende Einheit zwar syntaktisch abgeschlossen, semantisch wird sie jedoch weitergeführt, der Doppelpunkt erfüllt deshalb eine Ankündigungs- und Herausstellungsfunktion. Das *Semikolon* verhält sich spiegelbildlich dazu: Semantisch gibt es einen Abschluss; syntaktisch wird die Einheit weitergeführt, es ergibt sich eine Koordinationsstruktur. Das Komma kann alle drei Funktionen (Satzgrenze, Herausstellung, Koordination) erfüllen (vgl. u. a. Bredel 2017). Mit dieser Multifunktionalität, aber besonders mit seiner didaktischen Vermittlung, mag zusammenhängen, dass das Komma das fehleranfälligste Interpunktionszeichen ist. Das betrifft insbesondere das fehlende Satzgrenzenkomma (vgl. Pießnack/Schübel 2005). Inzwischen gibt es vielversprechende Ansätze zur Überwindung eines Kommaunterrichts, der das Komma immer wieder an Einzelfällen und isoliert vom Interpunktionssystem insgesamt betrachtet (vgl. z. B. Deutsch 5–10 Heft 31, 2012;

Praxis Deutsch. H. 254, 2015). Aus Leserperspektive ist das Komma, wie alle anderen Interpunktionszeichen, grundlegend für die Verständlichkeit von Sätzen und Texten, denn die Kommasetzung ist in deutschen Sätzen weitgehend syntaktisch motiviert. In anderen Schriftsprachen, z. B. dem Englischen, haben wir es eher mit dem „rhetorischen" Komma zu tun, das häufig *Sprechpausen anzeigt: Send me a letter, please.* Die Kommasetzung ist im Fall des rhetorischen Kommas normalerweise viel weniger geregelt als beim syntaktischen.

Die ausführliche Darstellung der grundlegenden Prinzipien des deutschen Schriftsystems sollte verdeutlichen, wie systematisch und funktional Schreibungen im Kernbereich der deutschen Orthographie sind. Damit ist eine der in Kapitel 1 formulierten Bedingungen für die *Lernbarkeit des Schriftsystems* gegeben. Aus dieser sprachwissenschaftlichen Fundierung sollen im Folgenden didaktische Konsequenzen für den Rechtschreiberwerb gezogen werden.

5 Grundlegende Lernbereiche der deutschen Rechtschreibung

Im Mittelpunkt der folgenden Ausführungen soll die Frage stehen, welche Einsichten in das Schriftsystem im Literarisierungsprozess dazu führen können, dass Lernende eine Rechtschreibsicherheit im Kernbereich ausbilden können, die sie als Grundlage für entdeckendes und eigenaktives Lernen zu nutzen vermögen. Die Ausrichtung auf spätere Lernjahre hat ausschließlich pragmatische Gründe, denn dieser Band richtet sich in erster Linie an Lehrende der Sekundarstufe. Die Entdeckung grundlegender Strukturen der Schrift kann und sollte aber bereits im Schriftspracherwerb angebahnt werden. Das erspart umständliches und frustrierendes Umlernen und Verunsicherungen bei den Lernenden. Didaktisch-methodische Konzepte und Beispiele für die Gestaltung des schriftsprachlichen Lernens durch die Orientierung am Schriftsystem gibt es bereits zu unterschiedlichen Lernbereichen (vgl. z. B. Praxis Deutsch. H. 221, 2010; Praxis Deutsch. H. 248, 2014; Deutschunterricht. H. 5, 2015; Rautenberg u. a. 2016). Auf einige dieser Veröffentlichungen wird in den folgenden Überlegungen zurückgegriffen.

In der folgenden Darstellung der grundlegenden Lernbereiche werden zunächst die notwendigen sprachwissenschaftlichen Grundlagen knapp entwickelt, um dann die sprachdidaktische Perspektive auf den jeweiligen Lernbereich aufzuzeigen.

In den didaktischen Überlegungen wird davon ausgegangen, dass die Lerner noch keine Vorerfahrungen mit dem schriftstrukturellen Ansatz haben. Viele der im Anschluss (siehe Kapitel 7) skizzierten Aufgaben lassen sich jedoch auf jüngere Lerner zuschneiden, denn sie orientieren sich zunächst am Grundlegenden, Überschaubaren und leiten dann zum Weiterführenden, Komplexen der Schrift über. Diese Lernprogression ist ausschließlich an der Systematik des Lerngegenstands ausgerichtet. Zeitliche und inhaltliche Differenzierungen beim Lernen müssen selbstverständlich in Abhängigkeit von der konkreten Lernsituation individuell gestaltet werden.

Die nachfolgende didaktische Ausrichtung der grundlegenden Lernbereiche hat die Funktion zu zeigen, dass Rechtschreibdidaktik, auch wenn sie auf notwendige Grundlagenforschung aus der Sprachwissenschaft zurückgreift, keineswegs als „Abbild- oder Umsetzungsdidaktik" einer linguistischen Theorie verstanden werden darf, sondern sich der Lerngegenstand „Schriftsprache" auch aus einer didaktischen Perspektive konstituiert. Gleichwohl muss uns immer wieder bewusst sein, dass Schrifterwerb zwar in der Schule erfolgt, Orthographie aber nicht dazu da ist, „damit sie in der Schule gelehrt wird" (Eisenberg 2017, S. 7).

Rechtschreiblernen verstehen wir unter dieser Perspektive als Teil von sprachlichen Literarisierungs- und Grammatikalisierungsprozessen, so dass immer wieder die leserbezogene Funktion von Schreibungen thematisiert wird, auf deren Basis sich im Lernprozess ein Bewusstsein für die Funktion von sprachlichen Zeichen herausbilden kann: Welche Informationen „verstecken" sich in der Schrift? Warum helfen gerade diese (z. B. die Großschreibung von Kernen von Nominalgruppen oder die Morphemkonstanz bei solchen Wörtern und Wortformen wie *sieht* oder *Kind*), Wörter,

Sätze und Texte schnell zu lesen und zu verstehen – aber auch sicher zu schreiben? Damit wird ein Konzept verfolgt, das Lesen- und Schreibenlernen aufeinander bezieht und beide Perspektiven verbindet, indem Gemeinsames und Unterschiedliches beider kommunikativer Prozesse im Lernprozess deutlich wird.

Die Darstellung der schriftgrammatischen Phänomene geht im Folgenden von kleineren selbstständigen sprachlichen Einheiten, den Wörtern, zu Wortgruppen und Sätzen über.

5.1 Die Wortstruktur

Die Schreibung von Wörtern im „Wortinneren" ist durch phonographisch-silbische und morphologische Komponenten (siehe Kapitel 4) geprägt. Gerade für die Wortschreibung im Kernbereich der Orthographie, die hier zunächst im Mittelpunkt steht, können wir auf der Grundlage der Forschungen zur Graphematik inzwischen davon ausgehen, dass wir Lernenden wirksame didaktische Strukturierungshilfen anbieten können.

Zunächst soll die phonographisch-silbische Struktur von Wörtern betrachtet werden. Phonographisch-silbische Informationen – das wurde bereits mehrfach gesagt – sind in erster Linie für den Leser da. Der Schreiber muss sie beherrschen, da sie den Leseprozess unterstützen.

Für die Lernbarkeit in diesem Bereich ist entscheidend, dass wir im Deutschen von einer prototypischen Wortstruktur ausgehen können (siehe Kapitel 4.2, 7.1). Das prototypische Wort ist im nativen Wortschatz der *trochäische Zweisilber* (im Gesprochenen: bestehend aus einer betonten Vollsilbe und einer unbetonten Reduktionssilbe; im Geschriebenen: bestehend aus einer Hauptsilbe und einer Reduktionssilbe mit dem Buchstaben e: *Töne, lesen, riechen, grünes, wetten*). Der prototypische Zweisilber eignet sich im Geschriebenen aufgrund seiner hohen Systematik hervorragend als Analyseeinheit im Lernprozess, denn er regelt die Verhältnisse „strikter" als die einsilbige Wortform (Eisenberg 2013a, S. 126). So gibt die Besetzung des Endrands im Geschriebenen Auskunft über die Qualität und Quantität des vokalischen Silbenkerns im gesprochenen zweisilbigen Wort. Außerdem informiert der Zweisilber über die morphologische Struktur des Wortes (siehe das „Haus-Modell" in diesem Kapitel, S. 60).

Der Ausgangspunkt für Entdeckungen im Lernprozess ist dabei immer die Analyse von morphologisch einfachen Formen, in diesem Fall ist das die Analyse des *richtig geschriebenen prototypischen Zweisilbers.* Eine Reihe solcher prototypischen Wortformen zum Einsatz im Unterricht findet sich in den Aufgaben in Kapitel 7.1 und auf den Wortkarten (siehe Anhang). Zunächst untersuchen wir mit den Lernenden die unmarkierten Fälle und erst später die Markierungen im Kernbereich der Wortschreibung. Erst bei ausreichender Sicherheit im Umgang mit diesen Analyseeinheiten kann sich die Untersuchung des Peripheriebereichs anschließen.

Ungefähr 90 bis 95 % der nativen Wörter bilden in der Grundform einen prototypischen Zweisilber oder lassen eine trochäische zweisilbige Form zu. Dazu gehören:

- Die Grund- oder *wir*-Form der meisten nativen Verben: *malen, schreiben, kaufen, geben, rufen, sehen, wünschen, lernen, basteln, wecken, essen, sitzen, kippeln, wippen, schwimmen, brennen.* Ausnahmen: *sein, tun, arbeiten, heiraten, gewinnen.*
- Die Grundform vieler Substantive, die auf der Grundlage ihrer Silbenstruktur Hinweise auf die Vokalquantität des betonten vokalischen Silbenkerns geben: *Hose, Blume, Lampe, Kiste, Jacke, Sonne, Wasser.* Ausnahmen sind: *Wüste, Distel, Erde.* Diese Wörter bilden zwar einen trochäischen Zweisilber, die Struktur der Schreibsilbe – die erste Silbe ist in allen drei Fällen geschlossen – lässt hier aber keinen Hinweis auf die richtige Aussprache zu, denn die betonten vokalischen Silbenkerne werden lang gesprochen.
- Die Pluralform einsilbiger Substantive: *Wege, Töne, Briefe, Hemden, Hefte, Schränke, Ringe;* Diese Formen geben die prototypische Silbenstruktur wieder. Ausnahmen wie oben: *Monde, Krebse, Kekse.*
- Viele zweisilbige Adjektive, sofern sie nicht durch Suffigierung *(freundlich)* gebildet sind: *müde, leise.* Ausnahmen: *gesund* und *kaputt* – beides sind jambische Formen.
- Die deklinierte oder komparierte Form einsilbiger Adjektive: *gutes, großes, klüger, runder, starkes, schlanker, schneller, dicker.*

Zweisilbige Formen zu einfachen Wörtern (Simplizia) sind vor allem möglich bei „Inhaltswörtern“ als Träger lexikalischer Bedeutung. Zu „kleinen“ Wörtern wie *und, ich, wir, er, sie, ob, kaum, denn* lassen sich keine zweisilbigen Formen bilden. Aber auch in diesen Fällen kann von einer hohen Regelmäßigkeit des Systems ausgegangen werden. Diese Wörter bereiten zudem beim Schreiben normalerweise keine Schwierigkeiten – mit Ausnahme von „kleinen“ Wörtern, die ähnlich geschrieben werden wie *das – dass, wen – wenn, den – denn.*

An den zweisilbigen „Schlüsselwörtern“ (Hinney 1997) können die grundlegenden phonographisch-silbischen, aber auch morphologischen Gesetzmäßigkeiten der Wortstruktur entdeckt werden. Das setzt voraus, dass die Lernenden Vokale und Konsonanten (phonologisch und graphematisch) unterscheiden können. Unterstützt werden können sie dabei durch die graphische Auszeichnung von Vokalbuchstaben in den Schlüsselwörtern. In den Wortkarten im Anhang ist dies durch die Fettschrift der Vokalbuchstaben in den Schlüsselwörtern, die für die Sprachanalyse genutzt werden können, erfolgt. Andere didaktische Ansätze schlagen eine farbliche Unterscheidung von Vokal- und Konsonantbuchstaben vor (vgl. Spiegel 2001).

Darüber hinaus sollten die Lerner eine Vorstellung von der Struktur der Silbe entwickelt haben, d. h., sie sollten Silben in Wörtern zählen und die betonte Silbe beim Sprechen ermitteln können. Damit haben sie eine gute Grundlage, um die Struktur der betonten Silbe im trochäischen Zweisilber als Schreib- und Lesehilfe nutzen zu können. Erarbeitungsvorschläge für die grundlegenden Struktureinsichten werden dafür in Kapitel 7.1 unterbreitet.

Erkenntnisse über die Silbenstruktur im Geschriebenen werden zunächst an den ungekennzeichneten Fällen (siehe die Tabelle zu offenen und geschlossenen Silben in Kapitel 4.2, S. 47) gewonnen. Dazu gehören unmarkierte offene Schreibsilben *(Rose, rasen, rufen, lesen)* und unmarkierte geschlossene Schreibsilben *(binden, rasten, Reste)*. Unmarkiert sind sie deshalb, weil es keine Informationen (außer den silbischen) in Form von zusätzlichen Graphemen oder besonderen Graphemkombinationen gibt, die Auskunft über die Aussprache der Silbenkerne geben könnten. Der Silbenaufbau allein sagt etwas über die Vokalquantität aus. Die Einsichten in die Struktur der Schreibsilbe bei diesen ungekennzeichneten Wortschreibungen bilden die Grundlage dafür, in einem nächsten Schritt die Regularitäten in gekennzeichneten Schreibungen des Kernbereichs entdecken zu können.

Zu diesen phonographisch-silbischen Gesetzmäßigkeiten, die im Ergebnis der Untersuchung von zweisilbigen Trochäen, zunächst bei *unmarkierten* Silben, aufgedeckt werden können, gehören:

- Die erste Silbe in den untersuchten Wörtern ist immer betont, die zweite Silbe unbetont.
- Jede Silbe hat einen vokalischen Kern. Als Kerne können die Vokalgrapheme ⟨a, ä, e, i, ie, o, ö, u, ü⟩ und die Schreibdiphthonge ⟨au, äu, ai, ei, eu⟩ vorkommen. Die Schreibung ⟨ie⟩ für [iː] gehört zwar zu den markierten, aber äußerst systematischen Schreibungen. Deshalb wird das Graphem ⟨ie⟩ in diese Aufzählung aufgenommen.
- Der vokalische Kern der zweiten Silbe enthält fast immer ein ⟨e⟩ (*Bote, kosten, richten, Kante;* Ausnahmen: *König, Honig, wenig, fertig*).
- Wenn es in der Wortform nur ein Konsonantgraphem zwischen den beiden Silbenkernen gibt, gehört es zur zweiten Silbe: *le-sen, le-gen, ma-ger.*
- Wenn dem betonten Silbenkern kein Konsonantgraphem im Silbenendrand folgt, ist die Silbe offen *(Hafen, hören, leben)*. Der betonte vokalische Kern wird dann lang und gespannt gesprochen.
- Wenn dem Silbenkern der Hauptsilbe ein Konsonantbuchstabe im Silbenendrand folgt, ist die Silbe geschlossen *(Pflanze, Lampe, rechnen)*. Der vokalische Kern wird dann kurz und ungespannt gesprochen (Ausnahmen: siehe S. 56).
- Dem Silbenkern können ein oder mehrere (maximal vier) Konsonantbuchstaben im Silbenanfangsrand vorangehen *(Bäche, Brüche, schützen, pflanzen, schmelzen, schneiden)*. Er kann aber auch nackt sein *(älter, Insel)*.
- Manche Silbenanfangsränder werden beim Schreiben verkürzt. Wir schreiben nicht **Schprache,* sondern *Sprache,* nicht **schtreicheln,* sondern *streicheln.* Diese Verkürzung verhindert, dass mehr als vier Konsonantbuchstaben am Anfang einer Silbe aufeinandertreffen und macht sie so lesbarer. Die Verkürzung der Silbenanfangsränder betrifft im Geschriebenen alle Wortformen, die im Silbenanfangsrand die Lautkombinationen [ʃp] und [ʃt] aufweisen.

Das sind bereits die wesentlichen Regularitäten, die die unmarkierten Schreibungen im Kernbereich der Wortschreibung bestimmen. In der Tabelle auf S. 65 gehören Wortschreibungen dieses Typs zu den Baumustern 1 und 2.

Systematisch erschließbar sind auch die *markierten* Schreibungen im Kernbereich, diese finden sich, mit Ausnahme der Schreibung von [iː] als ⟨ie⟩, in den Baumustern 3 und 4 der Tabelle auf S. 65. Das sind die Schreibung des silbeninitialen h und die Markierung des Silbengelenks. Was kann nun bei der Untersuchung dieser markierten Schreibungen gelernt werden?

- Wenn in der gesprochenen Wortform nur ein Konsonantphonem vorkommt, die erste Silbe aber geschlossen werden muss, weil der vokalische Silbenkern kurz gesprochen wird, wird beim Schreiben das entsprechende Graphem verdoppelt, sofern es nur aus einem Buchstaben besteht. Das ist die sogenannte Silbengelenkschreibung *(Risse, Matte, kommen, rennen)*. Da ⟨z⟩ und ⟨k⟩ nicht verdoppelt werden, schreiben wir ⟨tz⟩ und ⟨ck⟩. Besondere Silbengelenke bilden: ⟨ng, pf, ch, sch⟩. Sie werden beim Schreiben nicht verdoppelt: *hängen, Apfel, lachen, mischen.*
- In der zweiten Silbe ist der Silbenanfangsrand normalerweise besetzt. Wenn das nicht der Fall wäre, würden bei offenen Silben die Silbenkerne aufeinanderstoßen. So wären die Wörter schlecht zu lesen (**seen* anstelle von *sehen; zieen* anstelle von *ziehen*). Es wird in solchen Formen das silbeninitiale h in den Anfangsrand der zweiten Silbe gesetzt: *fliehen, gehen, nahe.* Das silbeninitiale h findet sich bei den Schreibdiphthongen nur bei ⟨ei⟩: *Weihe, Reihe,* bei den anderen Diphthongen ⟨ai, eu, au, äu⟩ nicht: *kauen, Feuer.*

Alle diese Schlüsselwörter, also Wörter, die die phonographisch-silbischen Informationen „aufschließen“ und sichtbarmachen (vgl. Hinney 1997, Hinney 2010), können die Grundlage für das Entdecken und Anwenden der Regelhaftigkeiten in der Wortschreibung bilden.

Erst, wenn die Lerner diese Entdeckungen im Kernbereich der Wortschreibung gemacht haben, können sie die besonderen Schreibungen von Wörtern im Peripheriebereich in ihrer Form und Funktion verstehen und nicht mehr als schwierige und unlogische Ausnahmeschreibungen betrachten lernen. Zum Peripheriebereich gehören:

- Das Dehnungs-h, das meist nur in Hauptsilben mit einfachem Anfangsrand und bei Verben vor ⟨l, m, n, r⟩ vorkommt: *lohnen, fehlen, führen.*
- Doppelvokalgrapheme, die nur in drei Fällen vorkommen: als ⟨aa, ee, oo⟩. Dieses recht seltene Phänomen finden wir entweder in einsilbigen Substantiven mit offener Silbe *(Tee, See)* oder in zweisilbigen Substantiven, wenn die zweite Silbe mit ⟨l, r, t⟩ beginnt *(Meere, Leere, Paare, Boote).*

Die Orientierung am Geschriebenen ist aus verschiedenen Gründen maßgeblich dafür, dass die aufgeführten Entdeckungen überhaupt möglich sind. Auf dieser Grundlage können Lerner den systematischen Zusammenhang zwischen dem geschriebenen und dem gesprochenen Wort erfahren: Wir schreiben in Wörtern wie *leben* und *kentern* zwar jeweils nur den Vokalbuchstaben ⟨e⟩, sprechen ihn aber in drei Varianten aus. Die Aussprache ist von der Struktur der Silbe abhängig: Steht das ⟨e⟩ in der betonten, offenen Silbe, sprechen wir es als [e], steht es in betonter, geschlossener Silbe, sprechen wir ein [ɛ]. Steht das ⟨e⟩ in unbetonter Position, hören wir es beim Sprechen kaum. Es wird, wenn überhaupt, als [ə] gesprochen.

Lerner können mit entsprechenden Analyseinstrumenten (wie Silbenbögen und Silbenhäusern) entdecken, wie grundlegend silbenstrukturelle Informationen für die deutsche Schriftsprache sind. Außerdem lernen sie, den eigenständigen Charakter von Schriftsprache zu erkunden und für die Ausbildung ihrer Vorstellungen von Schrift zu nutzen, denn

> *„wer meint, Kinder lernten in der Schule in erster Linie, eine Sprache zu schreiben, die sie bereits sprechen können, hat gute Aussichten, einen falschen und erfolglosen Sprachunterricht zu konzipieren".* (Eisenberg 2004, S. 15)

Wenn die Lerner den Unterschied zwischen offenen und geschlossenen Silben verstanden haben und auf der Grundlage der entsprechenden graphischen Silbenstruktur erklären können, fällt es ihnen häufig leichter, die entsprechenden Ausspracheregularitäten (offene Silbe: langer und gespannter Silbenkern; geschlossene Silbe: kurzer und ungespannter Silbenkern) zu beachten und aus der Schreibung abzuleiten. Das ist besonders für Kinder anderer Herkunftssprachen, in deren Erstsprachen es die Opposition von Länge und Kürze von Vokalphonemen nicht gibt (z. B. im Russischen und im Türkischen), eine wichtige Basis für den Erwerb der deutschen Standardlautung. Aber auch viele Lerner mit Deutsch als Erstsprache „hören" den quantitativen Unterschied zwischen Vokalphonemen nicht. Gerade für Lerner mit Lernschwierigkeiten „muss das Erfassen der Vokalquantität als eines der größten Probleme angesehen werden" (Hinney 1997, S. 81). Das Sichtbarmachen von Strukturen kann den lautanalytischen Lernprozess entscheidend unterstützen.

Für Lehrende ist es deshalb außerordentlich wichtig, die Perspektive der Schriftlerner einnehmen zu können und sich bei Erklärungsversuchen zu schriftsprachlichen Phänomenen nicht auf die Position des Schriftkundigen zu beziehen. Die bei Erklärungen im Unterricht häufig zu beobachtende Überbetonung der phonographischen Zusammenhänge zwischen gesprochener und geschriebener Sprache („Hör genau hin"; „Sprich deutlich") hängt mit der bereits beschriebenen Überformung unserer Vorstellungen von Sprache durch die oftmals intuitiv gewonnenen Einsichten in die Schriftstruktur zusammen. Brügelmann (1983, S. 80) formuliert diese Perspektive sehr treffend: „Wir meinen zu hören, was wir eigentlich sehen."

Insgesamt zeigt diese Aufzählung der grundlegenden Regularitäten der Wortschreibung, dass sie zwar systematisch und damit lernbar, aber gleichzeitig sehr komplex und voraussetzungsreich sind. Für den Lernprozess ist es deshalb wichtig, dass zunächst das Grundlegende erkannt werden kann, bevor die Aufmerksamkeit auf weniger häufig vorkommende bzw. sehr komplexe Schreibungen gerichtet werden kann. Aus didaktischer Sicht bietet es sich deshalb an, Überschaubarkeit des Lerngegenstandes durch eine angemessene Auswahl des Wortmaterials (Orientierung am Kernbereich), das Bereitstellen von Strukturierungshilfen und das Erlernen von systematisch aufeinander aufbauenden Analyseschritten anzustreben. Das wird an den Aufgaben in Kapitel 7.1 beispielhaft gezeigt.

Als eine gute Möglichkeit, die Struktur der Schreibsilbe visuell erfahrbar zu machen, hat sich das „Haus-Modell" von Röber-Siekmeyer (2005) erwiesen. Erfahrungen zu seinem Einsatz liegen bislang vorrangig aus der Grundschule vor, aber auch zu

Beginn der Sekundarstufe I hat es sich als Strukturierungshilfe bewährt. Hier soll die Modifikation des Modells von Bredel (2009) vorgestellt werden, denn es hilft, die phonographischen *und* morphologischen Informationen, die im prototypischen Zweisilber „stecken", offenzulegen.

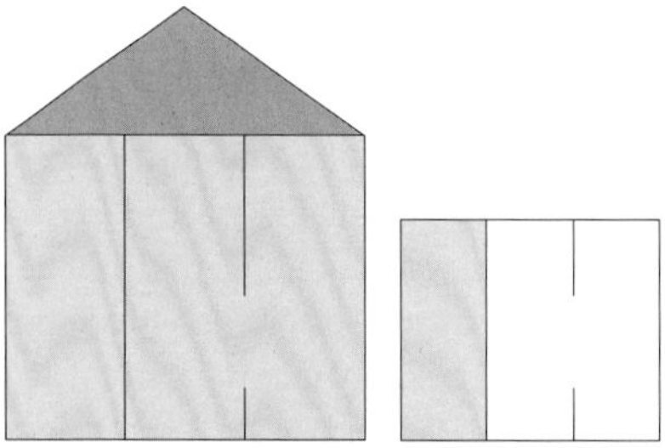

Modell Haus und Garage nach Bredel 2009, S.143

Für die Untersuchung der trochäischen Zweisilber werden die silbischen Wortbestandteile zunächst jeweils einem Zimmer zugeordnet. Die betonte Silbe gehört ins Haus, die unbetonte in den Anbau, die Garage. Das mittlere Zimmer des Hauses muss immer besetzt sein, denn es ist dem obligatorischen Silbenkern vorbehalten. Auch die mittlere Garage muss besetzt sein, dort findet sich der Kern der unbetonten Silbe. Die erste Garage muss in der Regel ebenfalls gefüllt sein, denn es gibt nur sehr wenige Wörter, deren zweite Silbe nackt beginnt. Drei „Räume" sind also regulär zu füllen, die Besetzung der anderen richtet sich nach dem Silbenanfangs- und -endrand der ersten und dem gegebenenfalls zu vervollständigenden Silbenendrand der zweiten Silbe. Für die Analysewörter *helfen* und *lesen* sehen die „Häuser mit Garage" folglich so aus:

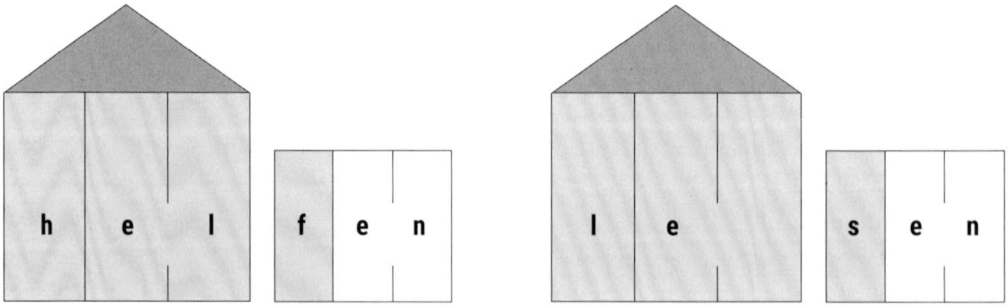

Haus mit Garage für *helfen* und *lesen*

Durch diese Analyse können Lerner entdecken, dass der Endrand in der offenen Silbe immer unbesetzt ist (das dritte „Zimmer" ist leer) und in der geschlossenen Silbe immer besetzt (das dritte „Zimmer" ist gefüllt) und welche Auswirkungen diese Struktur auf die Länge bzw. Kürze des betonten Vokals im gesprochenen Wort hat. Darüber hinaus wird schnell deutlich, dass die zweite, unbetonte Silbe immer ein ⟨e⟩ als Silbenkern enthält, das aber häufig kaum hörbar ist („Murmellaut"). Außerdem kann dieses

⟨e⟩ mit ⟨l, m, n, r⟩ verbunden sein. Die Buchstabenverbindungen mit ⟨e⟩, die im Garagenmodell durch den unterbrochenen Strich in den letzten beiden Garagendritteln visualisiert ist, zeigt zum einen, dass es nur sehr wenige Varianten in der unbetonten Silbe gibt. Zum anderen trägt sie wichtige morphologische Informationen: *-en* signalisiert in Verbformen den Infinitiv oder die 1. bzw. 3. Person Plural, *-e* in Verbformen die 1. Person Singular. Bei Substantiven markieren *-e, -en, -er* häufig Pluralformen, *-er* steht zudem oft in Substantiven für maskuline Berufsbezeichnungen.

Auch markierte Schreibungen aus dem Kernbereich (Wörter mit Silbengelenkschreibung und z. B. mit silbentrennendem h) lassen sich, wenn es eine Sicherheit bei den Lernern im Umgang mit dieser Strukturierungshilfe gibt, so untersuchen.

Wichtig bei dieser analytischen Arbeit ist es, dass zunächst wirklich von richtig geschriebenen prototypischen Zweisilbern ausgegangen wird. Es kann nämlich keineswegs vorausgesetzt werden, dass Lerner die Betonungsverhältnisse in Wörtern von sich aus aufdecken können. Das Gleiche gilt für das Entdecken der Silbengrenzen im geschriebenen Wort. Eine intuitive Kenntnis von Silbengrenzen kann nicht vorausgesetzt werden (vgl. stellvertretend Günther 2006, S. 135). Die Visualisierung in ein großes Haus für die Hauptsilbe und eine kleinere Garage für die Reduktionssilbe und die Verdeutlichung der Silbengrenze durch einen Zwischenraum zwischen beiden „Gebäudeteilen" kann den sprachlichen Lernprozess jedoch angemessen unterstützen. Das gewählte Modell zeigt sehr schön, wie die Analyse der graphischen Struktur von Wörtern ihre phonologische Realisierung unterstützen kann. Gerade Kindern anderer Herkunftssprachen und Kindern mit schwierigen Lernentwicklungen, die keinen intuitiven Zugang zu langen und kurzen bzw. gespannten und ungespannten Vokalphonemen haben, hilft die graphische Struktur bei der Aussprache: Ist das dritte Zimmer leer, kann sich der Silbenkern aus dem zweiten Zimmer ausdehnen. Ist das dritte Zimmer besetzt, ist dies nicht der Fall.

Im „Haus-Modell" von Bredel (2009) – und das ist der entscheidende Vorteil gegenüber anderen Visualisierungen der prototypischen Wortstruktur – können durch die farbliche Gestaltung außerdem morphologische und syntaktische Informationen sichtbar gemacht werden: Die hier grau unterlegten Segmente bilden jeweils den Wortstamm, der sich also aus der Hauptsilbe und dem Silbenanfangsrand der Reduktionssilbe konstituiert *(Kind#er, Weg#e, merk#en, lauf#en)*. Relativ schnell können Lerner so sehen und verstehen, dass die Segmentierung von Wörtern in Silben und in Morpheme unterschiedlich aussieht und unterschiedliche Funktionen erfüllt. Die Silbenstruktur ist in erster Linie eine Aussprachehilfe, die Morphemstruktur eine Hilfe für das schnelle Erfassen von Wortbedeutungen beim stillen Lesen.

Wenn mit diesem Modell gearbeitet wird, muss es wirklich als visuelle Unterstützung des Analyseprozesses verstanden und auch so eingesetzt werden. Mit solchen visuellen Stützen ist die Gefahr eines mechanischen Abarbeitens der Aufgabe verbunden, was dann ohne Wert für die reflexive sprachanalytische Tätigkeit der Lerner bleibt. Hinney (2010) weist zudem darauf hin, dass eine „gegenständliche Abbildung der prototypischen Schreibsilbe [...] in ihrer Statik" dem dynamischen Wortschreibungsprozess entgegenwirken könnte (ebenda, S. 81). Sobald die grundlegenden phonographisch-silbenstrukturellen und morphologischen Zusammenhänge in den Prototypen erkannt worden sind, kann man im Lernprozess auf die „Stütze" durch die Strukturierungshilfe verzichten.

Als Grundlage für das Entdecken der Wortstrukturen eignet sich in besonderem Maße die Einsicht in das zweischrittige Konstruktionsprinzip der Wortschreibung, die die Lernenden mit Hilfe der sogenannten „Silbenprobe" (vgl. Hinney 2004, S. 79 f., Hinney 2010, S. 80, siehe Kapitel 7.1) gewinnen können:

> *„Vor dem Hintergrund der lexikalischen Bedeutung können die Kinder die spezifischen phonologischen Informationen der Schreibsilbe (Schlüsselwort) und ihre morphologischen Vererbungen als informative Wisseneinheit durch die Silbenprobe operativ erschließen und anwenden. Mit diesem Wissen erhalten sie gleichzeitig das metasprachliche Handlungswissen, die eigenen Wortschreibungen zu überprüfen (kontrolliertes Schreiben)."* (Hinney 2010, S. 74)

Das zweischrittige Konstruktionsprinzip der Wortschreibung lässt sich folgendermaßen lesend erschließen und schreibend anwenden:

1. Schritt – „Silbenprobe": In diesem Analyseschritt geht es um das Aufdecken der phonographisch-silbischen Gesetzmäßigkeiten am prototypischen Zweisilber, z. B. *rufen.* Die geschriebene Wortform wird dazu rhythmisch segmentiert gelesen, um den Silbenschnitt zu ermitteln. Unter die Silben werden dazu Silbenbögen gesetzt. Der dickere Silbenbogen wird unter die betonte Silbe, die durch das rhythmische Sprechen ermittelt wird, gesetzt.

Der Silbenschnitt wird auf dieser Grundlage untersucht:

ru fen

Er verdeutlicht in diesem Fall, dass es sich bei der betonten Silbe um eine offene Silbe handelt. Der Silbenkern wird folglich lang und gespannt gelesen. Bei Wortformen, in denen die Vokalkürze markiert ist, wie z. B. in *lassen,* kann so das Silbengelenk ermittelt werden: *las|sen.*

Wenn die Lerner die Silbenprobe auf prototypische Zweisilber im Kernbereich in offenen und geschlossenen Silben anwenden können, können sie den zweiten Schritt des Konstruktionsprinzips zur Entdeckung der Regularitäten der Wortschreibung in morphologisch komplexen Wortformen kennen- und anwenden lernen. Der zweite Analyseschritt erlaubt folglich die Arbeit mit flektierten, abgeleiteten und zusammengesetzten Wortformen, so dass seine Reichweite über den prototypischen Zweisilber hinausgeht und hin zu mit ihnen verwandten Formen führt:

2. Schritt – „Wörter verlängern": Diese Probe kann helfen, die Gesetzmäßigkeiten des morphologischen Prinzips zu entdecken. Zu morphologisch komplexen Wortformen wie *rufst* wird zunächst der prototypische Zweisilber gebildet: *(wir) rufen.* Um zu zeigen, dass es sich bei der zu analysierenden Wortform um ein morphologisch komplexes Wort handelt, zu dem zunächst die zweisilbige trochäische Langform gebildet werden muss, kann mit einem Silbenbogen mit angefügtem Pfeil gearbeitet werden:

rufst

Die Langform deckt die phonographisch-silbenstrukturellen und morphologischen Gesetzmäßigkeiten auf. Auf diese Wortform ist dann wiederum die Silbenprobe anwendbar. So sind Rückschlüsse auf die Aussprache und die Schreibung der Wortfamilie möglich.

Morphologisch komplex sind auch Zusammensetzungen wie *Kennzeichen.* Um auf die richtige Schreibung ⟨nn⟩ schließen zu können, muss zunächst auf der Grundlage der lexikalischen Bedeutung der zu analysierenden Wortform ermittelt werden, dass der erste Teil des Kompositums zum Schlüsselwort *kennen* gehört. *kennen* ist der prototypische Zweisilber, an dem das Silbengelenk ⟨nn⟩ sichtbar wird, das an alle Wörter der Wortfamilie „vererbt" wird: *Kennwort, Kennzahl, du kennst, die Kenntnis, das Bekenntnis* usw.

Grundlegend für die Arbeit mit dem zweischrittigen Konstruktionsprinzip ist, dass an Wörtern gearbeitet wird, deren Bedeutung die Lerner kennen, denn das ist einerseits die Grundlage dafür, dass sie einschätzen können, ob es sich um ein „Schlüsselwort", also um einen prototypischen Zweisilber, handelt, da sie das Wort rhythmisch-silbisch sprechen müssen, oder nicht. Andererseits sollten die sprachlichen Operationen, zumindest bei der Einführung der beiden Proben, gemeinsam durchgeführt werden, denn es kann nicht vorausgesetzt werden, dass Lerner betonte und unbetonte Silben durch rhythmisch-silbisches Vorsprechen entdecken und als Entscheidungsgrundlage für das Erkennen des Silbenschnitts und der Struktur der betonten Silbe nutzen können. Vielmehr muss Lernern durch sprachanalytisches Operieren bewusst werden, was sie aus der Struktur des Wortes über seine „Lesart" erfahren können. Damit ergibt sich die Möglichkeit, über die Bedeutung des schriftstrukturellen Wissens und Könnens für das Lesen und Verstehen zu reflektieren.

Dieses Analysemodell von Hinney (2004) bildet im Aufgabenteil (siehe Kapitel 7.1) die Grundlage für die Untersuchung der Wortstruktur. Auf dieser Basis können sowohl phonographisch-silbenstrukturelle (Silbenprobe) als auch morphologische Gesetzmäßigkeiten (Wörter verlängern), wie sie sich z. B. in flektierten und einsilbigen Formen (letztere auch als Bestandteil von Komposita) offenbaren *(Rennrad, Fahrstuhl, Baumstamm, beenden, es geschah, du hältst, betäuben)*, erschlossen und schreibend angewendet werden.

Der Vorteil dieses Vorgehens liegt auf der Hand: Zunächst müssen Schriftlernende die grundlegenden Regularitäten des Schriftsystems entdecken können, um darauf aufbauend (häufig funktional bedingte) „Abweichungen" vom System (also: die

Peripherie) zu verstehen. Darüber hinaus können sie entdecken, dass morphologische Schreibungen eine hohe Schreibkonstanz aufweisen, die dabei hilft, Wörter oder Wortteile – unabhängig von Flexion und Wortbildung – beim automatisierten Lesen visuell aufzunehmen und so ihre Bedeutung zu erschließen, ohne vorher die Lautform zu ermitteln (vgl. Eisenberg 2016, S. 79). Die für das Deutsche typische Morphemkonstanz führt zu starken Abweichungen zwischen Graphie und Phonie, denn an Morphemgrenzen tilgen wir beim Sprechen häufig Laute, in der Schreibung bleiben die Grapheme jedes Morphems jedoch erhalten: *abbrechen, verrennen, Annahme.* Diese Schemakonstanz hilft uns jedoch sowohl beim schnellen Lesen als auch beim schnellen Schreiben, da die Rückbindung an die Lautstruktur nicht erfolgen muss und wir nicht immer neu über die Schreibung von Wörtern nachdenken müssen, sondern Schreibungen aufgrund der Wortverwandtschaft ableiten können (*Kind* mit ⟨d⟩, weil *Kinder*). Das Entdecken und die Anwendung des zweischrittigen Konstruktionsprinzips kann Lernern helfen, die Fähigkeiten zur Wortanalyse auszubilden und schlussfolgernde Operationen anzuwenden („Wenn *Kinder* mit ⟨d⟩, dann auch *Kind* mit ⟨d⟩.“, „Wenn *Männer* mit ⟨nn⟩, dann auch *Mann, Mannschaft* mit ⟨nn⟩.“). Die sprachanalytischen Operationen bilden die Grundlage für die Entwicklung von Sprachbewusstheit und setzen es gleichzeitig – zumindest in Ansätzen – voraus. Das wird z. B. daran deutlich, dass die Suche nach der zweisilbigen Langform nicht mechanisch erfolgen kann: *(du) kommst,* weil: *(wir) kommen;* aber: *(du) kamst,* weil: *(wir) kamen; (du) gehst,* weil: *(wir) gehen; (du) gingst,* weil: *(wir) gingen.* Noch komplexer wird es bei solchen Wortformen wie: *(du) hilfst,* weil: *(wir) helfen,* aber *(du) halfst,* weil: *(wir) halfen* oder: *(er) nahm,* weil: *(wir) nehmen;* aber: *(du) nimmst, (er hat) genommen.* Hier überlagern die phonographisch-silbischen Informationen die morphologischen. In dialogischen Lernprozessen kann hier auf die besondere Bedeutung von stark bzw. unregelmäßig konjugierten Verben verwiesen werden: Das ist eine Gruppe von Verben, die sehr häufig vorkommt und durch die unregelmäßige Bildung „auffällt“. Das kann verstehensfördernd sein. Die Beispiele zeigen, dass jeder mechanischen Anwendung des zweischrittigen Prinzips entgegengewirkt werden muss, damit es wirklich als Analyseinstrument eingesetzt werden kann.

Die folgende Tabelle in Anlehnung an Hinney (2014 und 2017) zeigt noch einmal zusammenfassend und exemplarisch, welche phonographisch-silbischen und morphologischen Regularitäten in der Wortschreibung des Deutschen zusammenwirken, auf die das zweischrittige Konstruktionsprinzip zur Herleitung der Schreibung angewendet werden kann:

	zweisilbige Wörter des Kernbereichs	**einsilbige einfache Wörter**	**komplexe Wörter (Derivate, Komposita)**
Baumuster 1 (unmarkiert; offene Silbe). Die Hauptsilbe enthält einen Vokalbuchstaben, einen Schreibdiphthong oder <ie>.	*malen* *lieben* *kauen* *weisen* *rote*	*er malt* *er liebt* *er kaut* *er weist* *rot*	*Malschule* *Liebling* *Wiederkäuer* *Hinweis* *Rotstift*
Baumuster 2 (unmarkiert; geschlossene Silbe); <r> wird vokalisiert	*Helme* *kalte* *runde* *starke* *warme*	*Helm* *Kalt* *rund* *stark* *warm*	*Helmpflicht* *Kaltspeise* *Rundweg* *Starkstrom* *Warmfront*
Baumuster 3 (markiert; geschlossene Silbe). Mit dem doppelten Konsonantbuchstaben oder <ck> und <tz> wird das Silbengelenk markiert. Mehrgraphen werden nicht verdoppelt: <ng>, <sch>, <ch>.	*Betten* *brummen* *backen* *kratzen* *Ringe* *Fische* *kochen*	*Bett,* *er brummt* *er backt* *er kratzt* *Ring* *Fisch* *kocht*	*Bettwäsche* *Brummbär* *Backstube* *Kratzbürste* *Ringfinger* *Fischsuppe* *Kochstube*
Baumuster 4 (markiert; offene Silbe): silbeninitiales h	*Rehe* *gehen* *ziehen* *frühe*	*Reh* *er geht* *es zieht* *früh*	*Rehkitz* *Gehweg* *Ziehbrücke* *Frühling*
Randbereich: Dehnungs-h	*lehren* *fahren*	*er lehrt* *er fährt*	*Lehrbuch* *Fahrrad*

Grundlegende Strukturtypen der Wortschreibung (nach Hinney 2014, S. 163 und Hinney 2017, S. 266)

Dieses sprachanalytische Vorgehen hilft außerdem, den Wortschatz zu erweitern, denn zum einen muss bei morphologisch komplexen Wörtern die Langform als Analysebasis gesucht werden, zum anderen können neue Wörter zur Wortfamilie gesucht und überprüft werden, ob auch sie die Informationen der Wortfamilie „geerbt“ haben. Diese Umgangsweisen mit Wörtern sind ebenfalls zentral für den folgenden grundlegenden Lernbereich, die Wortbildung.

5.2 Die Wortbildung

Aus mindestens zwei Gründen sollte das Thema Wortbildung ein wichtiger Lernbereich im Deutschunterricht aller Klassenstufen sein: Zum einen sind die Wortbildungsmöglichkeiten im Deutschen von einer hohen Produktivität geprägt, die ständig zu Neuschöpfungen und Bedeutungsnuancierungen und damit zu einer ständigen Erweiterung des Wortschatzes führt. Zum anderen gibt es kaum bessere Möglichkeiten, um den Formenreichtum und die Strukturen von Wörtern einer Sprache zu erforschen, über Form und Bedeutung von Wörtern nachzudenken und mit ihnen zu experimentieren. Die Einsicht in die Struktur von Wörtern hilft beim richtigen Schreiben und beim schnellen Lesen. Auch die Anwendung der Verlängerungsstrategie setzt Wortbildungskenntnisse voraus bzw. kann ihre Entwicklung unterstützen.

Die Wortbildung ist durch das morphologische Prinzip geregelt. Die wichtigsten Wortbildungstypen sind in der folgenden Übersicht dargestellt.

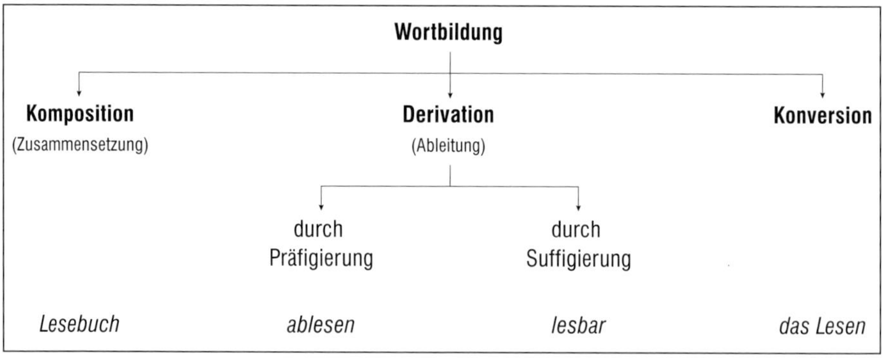

Wortbildungstypen im Deutschen

Als vierter Wortbildungstyp kann die *Kürzung* betrachtet werden. Darunter fällt die Bildung von Abkürzungen *(PC, PKW)* und Kurzwörtern (*Automobil* wird zu *Auto, Autobus* wird zu *Bus*), aber auch Wortkreuzungen wie *Bollywood* (aus *Bombay* und *Hollywood*). Dieser Wortbildungstyp spielt im Folgenden keine Rolle, da er nicht von besonderer rechtschreibdidaktischer Relevanz ist.

Die prototypische Form der *Komposition* und der verbreitetste Worttyp der deutschen Sprache überhaupt ist die Substantivkomposition, also die Zusammensetzung von (mindestens) zwei Stammformen zu einem neuen Substantiv *(Schultür, Sauerkraut, Lesesaal)*. In Formen, die aus mindestens zwei Stämmen bestehen, ist bei Substantivkompositionen der letzte Bestandteil immer ein Substantivstamm, der das Genus der Zusammensetzung bestimmt *(die Baumkrone, der Blumentopf)*. Der erste Bestandteil kann:

- substantivisch *(das Schulhaus, der Gartenzwerg, der Hausbau)*,
- adjektivisch *(die Süßkartoffel, der Edelmut, die Großnichte)*,

- verbal *(die Laufschuhe, die Schreibschrift, das Hörgerät)*,
- seltener präpositional *(der Vorgarten, der Widersacher, die Beigabe)* sein.

Die Wortbildung durch Komposition ermöglicht eine unendliche Anzahl von Kombinationen und Erweiterungen, häufig unter Zuhilfenahme von Fugenelementen wie *n (Blumentopf), s (Regierungsbezirksamtsleiter), ns (Glaubensbekenntnis), e (Lesesaal), er (Finderlohn), en (Gartenschlauch), es (Siegessäule)*. In Zusammensetzungen mit und aus Fremdwörtern können auch *ial (Differenzialrechnung)* und *o (Chemokeule)* als Fugen vorkommen. Die Mehrzahl der Substantiv- und Adjektivkomposita sind jedoch fugenlos (vgl. Eisenberg 2013a, S. 226 f.).

Als eine besondere Form der Komposition können auch Schreibungen mit Bindestrich (vgl. Buchmann 2010) betrachtet werden. Der Bindestrich bietet die Möglichkeit, unterschiedliche morphologische Strukturen der entsprechenden komplexen Wörter darzustellen. Verbindungen mit Kurzwörtern *(EU-Kommission, Musik-CD)* und mit Eigennamen *(Beethoven-Büste, Schwerin-Hörbuch)* werden so leichter strukturierbar (vgl. ebenda).

Lernende können am Beispiel der zusammengesetzten Substantive lernen, wie neue Wörter entstehen können und wie produktiv gerade die Zusammensetzung für die Wortschatzerweiterung ist. Nur sehr wenige der möglichen zusammengesetzten Wörter stehen im Wörterverzeichnis von Wörterbüchern, da ihre Bildungsmöglichkeiten unerschöpflich sind. Die Produktivität der Wortbildung durch Komposition ist eines der auffälligsten Merkmale der deutschen Sprache auf der Ebene des Wortes. Sie kann zu sehr komplexen und langen Substantiven führen.

Darüber hinaus kann man lernen, wie Wortzusammensetzungen zur Sprachökonomie beitragen, denn ein zumeist komplexer Sachverhalt wird dabei in einer Wortform zusammengefasst (vgl. Belke 2007, S. 39). Im Unterricht lässt sich das z. B. an zusammengesetzten „Alltagswörtern" erfahren, die mit Hilfe einer Definition erklärt werden sollen (siehe Kapitel 7.2). Bei den entsprechenden Erklärungen zu den zusammengesetzten Wörtern wird deutlich, wie unterschiedlich sich die Beziehungen zwischen den Bestandteilen einer Zusammensetzung gestalten können: Ein *Handtuch* ist ein Tuch, mit dem man die Hände trocknen kann. Ist ein *Taschentuch* dann ein Tuch, mit dem man Taschen trocknet? Und was ist ein *Badetuch*?

Die *Präfigierung* ist eine äußerst produktive Wortbildungsmöglichkeit, besonders für Verben. Sie ist eine Form der Ableitung, bei der ein Affix links an den Wortstamm angefügt wird. Präfigierung kann durch verbale Präfixe (morphologisierte wie: *be-, ent-, er-, ver-, zer-*; präpositionale wie: *durch-, hinter-, über-, um-, unter-*) und durch Verbpartikeln *(an-, auf-, ab-, mit-)* erfolgen. Die hier aufgezählten Präfixe sind gleichzeitig die produktiven verbalen Präfixe.

Der Unterschied zwischen verbalen Präfixen und Verbpartikeln besteht zum einen in den unterschiedlichen Betonungsverhältnissen. Verbale Präfixe sind betonungsneutral *(begreifen, erraten, vernehmen)*. Verbpartikeln hingegen ziehen den Akzent auf sich *(anfahren, abfahren, mitfahren)* und verhalten sich teilweise wie freie Wörter *(an, ab, auf, mit)*.

Unterschiede sind aber besonders bei der Verwendung der infiniten und finiten Formen zu finden: Präfixverben bilden das Partizip II ohne *ge (ich habe begriffen; er ist entlaufen)*. Auch in finiten Formen wird das Präfix nicht vom Wortstamm getrennt *(er versteht das Problem endlich; sie verrät das Rezept nicht)*. Das *zu* des Infinitivs mit zu wird vor das Verb gesetzt, die präfigierte Form wird also nicht getrennt: *Das ist schwer zu entscheiden. Sie hatten vor, pünktlich zu beginnen.*

Bei Verben mit Partikeln hingegen wird das Partizip II dadurch gebildet, dass *ge* zwischen Partikel und Stamm tritt *(er ist aufgestanden; sie hat abgewartet)*. In finiten Formen, in denen das Verb an zweiter Stelle im Satz steht, werden Partikel und Stamm ebenfalls getrennt und bilden eine Verbklammer: *Er steht auch am Wochenende sehr früh auf. Sie kommt heute trotz des schlechten Wetters mit.* Bei Formen mit Infinitiv mit *zu* tritt *zu* zwischen Partikel und Stamm: *Welpen abzugeben! Er hat keine Lust, sich anzuziehen* (vgl. Eisenberg 2013a, S. 243 ff.).

Der Unterschied zwischen durch Präfixe bzw. durch Partikeln abgeleitete Verben zeigt sich folglich vor allem in der Opposition Trennbarkeit : Untrennbarkeit vom Verbstamm in flektierten Formen (*er hat das Haus bezahlt* vs. *er hat das Haus angezahlt; sie beweist ihr Können vs. sie weist auf ihr Können hin*). Partikelverben unterscheiden sich von den Präfixverben durch die morphologische (*abgewaschen* vs. *verwaschen*) und syntaktische Trennbarkeit.

Die Unterscheidung zwischen Präfix- und Partikelverben ist aus didaktischer Perspektive vor allem für Lerner, die Deutsch als Zweitsprache lernen, von großer Bedeutung. Sie müssen den Unterschied zwischen trennbaren und untrennbaren Verben durch sprachanalytisches und experimentierendes Vorgehen entdecken, wohingegen Erstsprachensprecher hier häufig intuitiv zu der richtigen Bildung kommen (siehe Kapitel 7.2).

Als hochproduktiv kann in der deutschen Sprache der Gegenwart auch die *Suffigierung* betrachtet werden. Sie kann zu einem Wortartwechsel führen. Am häufigsten werden Suffixe mit Substantiven, Adjektiven oder Verben verbunden. Die Wortart kann sich dabei erhalten *(Hemd – Hemdchen; süß – süßlich; werken – werkeln)* oder verändern *(haften – haftbar; Riese – riesig; erlauben – Erlaubnis; jung – Jüngling)*. Durch Suffixe können also Substantive, Adjektive oder Verben entstehen. Nur mit dem Suffix *-weise* können auch Adverbien gebildet werden: *bezeichnenderweise, klugerweise, ausnahmsweise.* Die folgende Tabelle enthält gebräuchliche Suffixe für die Ableitung von Substantiven, Adjektiven und Verben.

Substantive	**Adjektive**	**Verben**
-chen, -er, -erei, -heit, -in, -keit, -lein, -ler, -ling, -ner, -nis, -schaft, -sal, -tum, -ung	*-bar, -ig, -haft, -isch, -lich, -sam, -voll, -los*	*-el, -er (selten)*

Gebräuchliche Suffixe für die Bildung von Substantiven, Adjektiven und Verben (vgl. Eisenberg 2013a, S. 257 ff.)

Auch für die Ableitung von Wörtern mit fremden Wortbestandteilen gibt es eine Reihe von Suffixen, auf die in Kapitel 5.5 genauer eingegangen wird.

Die Einsicht in die Leistungen von Suffixen hilft sowohl beim Lesen als auch beim Rechtschreiben, denn die Suffixe markieren eine bestimmte Wortart. Die nominalen Suffixe geben folglich auch einen Hinweis auf die Großschreibung, da Substantive die Kerne von Nominalgruppen bilden.

Typisch für die deutsche Wortbildung sind Wortformen, die sowohl durch Komposition als auch durch Derivation *(Hauptversammlung, Wortbildung, Zusammenfassung, Kurzbeschreibung)* entstanden sind bzw. sowohl durch Präfigierung als auch durch Suffigierung *(Verpflichtung, Ableitung, Vorsehung)* oder durch mehrere Präfixe *(abbezahlen, umbenennen)*.

Da sich Silben- und Morphemstrukturen unterscheiden, sollte im Unterricht bei der Thematisierung von Ableitungen nicht mit den traditionellen Begriffen „Vorsilbe" und „Nachsilbe" operiert werden, denn sie verwischen den ohnehin kognitiv schwer zu fassenden Unterschied zwischen Silben und Morphemen. Präfixe und Partikeln bilden zwar häufig genau eine (betonte oder unbetonte) Silbe *(Abbau, beenden)*, Suffixe jedoch nur, wenn sie konsonantisch sind und am Ende der Wortform stehen *(käuflich,* aber *käufliches)* (vgl. Eisenberg 2013a, S. 257). Als Begriffe für die Beschreibung dieser Wortbildungsphänomene bieten sich deshalb eher Präfix, Suffix, Stamm und Endung an.

Darüber hinaus kann die *Konversion* als hochproduktive Wortbildungsmöglichkeit im Deutschen betrachtet werden. Bei der Konversion erfolgt ein Wortartwechsel, ohne dass die Ausgangswörter ihre Form verändern. Man unterscheidet syntaktische und morphologische Konversionen. Zu den syntaktischen, bei denen ein Flexionselement des Ausgangswortes beibehalten wird, zählen z. B. Konversionen (vgl. Eisenberg 2013a, S. 282 ff.):
- vom Verb zum Substantiv: *singen – das Singen,*
- vom Partizip zum Adjektiv: *gestrichen – gestrichen,*
- vom Adjektiv zum Substantiv: *schön – der, die, das Schöne.*

Morphologische Konversionen sind z. B.:
- vom Verb zum Substantiv: *laufen – der Lauf,*
- vom Adjektiv zum Verb: *grün – grünen,*
- vom Substantiv zum Verb: *Gras – grasen.*

Konversionen entstehen häufig im syntaktischen Zusammenhang *(Sie trägt ein grünes Kleid. Dieses Grün steht ihr ausgezeichnet.)* und machen deshalb vor allem hinsichtlich der Groß- und Kleinschreibung Schwierigkeiten, vor allem, wenn die satzinterne Großschreibung nicht im syntaktischen Zusammenhang thematisiert wird.

Insgesamt halten wir zum Lernbereich *Wortbildung* fest: Alle drei für das Deutsche typischen Wortbildungsmöglichkeiten – Komposition, Derivation, Konversion – sind hochproduktiv und tragen zur Wortschatzerweiterung und Bedeutungsveränderung von Wörtern bei.

Gerade bei Lesern und Schreibern mit Schwierigkeiten in diesen Lernbereichen stellen wir häufig sehr geringe Wortschatzkenntnisse fest: Sie können Wörter nicht erklären bzw. durch Synonyme ersetzen, ihr produktiver Wortschatz ist gering und scheint kaum ausbaufähig zu sein. Die geringen Wortschatzkenntnisse gehen häufig einher mit fehlenden Einsichten in die Struktur von Wörtern. Leser mit schwierigen Lernentwicklungen können Wörter häufig nicht in ihre lexikalischen und grammatischen Einheiten zerlegen, was eine schnelle Sinnzuschreibung erschwert.

Lerner sollten die Wortbildungsmöglichkeiten des Deutschen deshalb vor allem im Hinblick auf die Struktur von Wörtern sowie Wortformen und in ihren Leistungen für die Erweiterung des Wortschatzes *(schreiben – umschreiben – beschreiben)* und für seine Bedeutungsnuancierung *(gelb – gelblich)* erfahren. Der Zusammenhang dieses Wissens für die Rechtschreibung liegt auf der Hand: Gerade für die richtige Schreibung von „gebildeten" Wörtern werden morphologisches Wissen und Wortbildungswissen benötigt, um das Prinzip der Morphemkonstanz in eigenen Schreibungen wahren zu können. Das Erforschen von Wortbildungen kann zugleich Sprachbewusstheit entwickeln, da in diesem Zusammenhang immer auch über die Bedeutung von Wörtern und die Zugehörigkeit zu einer Wortfamilie nachgedacht wird – und darüber, was ein „Wort" überhaupt ist.

Wenn wir besonders auf die Erwerbssituation von Kindern anderer Herkunftssprachen blicken, dann wird deutlich, dass beim Verstehen von Äußerungen vor allem die folgenden Sprachphänomene im Bereich der Wortbildung Schwierigkeiten bereiten:

- mehrteilige Zusammensetzungen *(Realschulabschluss, Straßengüterverkehr)*
- Bedeutungsveränderung durch Präfigierung (*<u>um</u>fahren oder um<u>fah</u>ren,* aber nur *<u>um</u>füllen; anziehen, einziehen, umziehen, ausziehen, beziehen, vorziehen, aufziehen* usw.)
- Nominalisierungen *(beim Verbrennen, mein besseres Ich)*

5.3 Die Groß- und Kleinschreibung

Die Kleinschreibung stellt auch für das deutsche Schriftsystem die unmarkierte Schreibung dar. Die Großschreibung als markierte Schreibung kommt nur in den im Kapitel 4.4 aus der Perspektive des syntaktischen Prinzips beschriebenen fünf Fällen vor.

Die didaktischen Überlegungen zur Großschreibung beschränken sich in diesem Band im Wesentlichen auf die *satzinterne Großschreibung,* da sie, im Gegensatz zur Schreibung von Eigennamen, Anredepronomen und Satz- und Textanfängen, an Lernende große Herausforderungen stellt.

Die satzinterne Großschreibung wird häufig an die Wortart Substantiv gebunden. Tatsächlich treffen wir an den großschreibungsrelevanten Stellen des Satzes normalerweise wirklich auf „echte" Substantive. Das Besondere an diesen prototypischen Substantiven *(Feuer, Wasser, Himmel, Sonne)* besteht darin, dass sie als einzige Wortart im Deutschen ein festes Genus haben. Außerdem können sie einen Artikel, der normalerweise als Genusmarkierung fungiert, an sich binden. Prototypische Substantive lassen sich nach Numerus und Kasus flektieren, nicht aber nach Genus. Die Möglichkeit zur Kasusbildung unterscheidet sie von Verben, das feste Genus bildet das Unterscheidungskriterium zu Adjektiven, Artikeln und Pronomen (vgl. Fuhrhop 2015, S. 43). Diese morphologischen Kriterien sind jedoch noch kein hinreichender Grund dafür, Substantiven durch die Markierung in der Schreibung einen besonderen Status zu verleihen.

Die entscheidende Besonderheit von Substantiven besteht vielmehr in ihrer syntaktischen Funktion, *Kerne von Nominalgruppen* zu bilden (vgl. Maas 1992, S. 164, Eisenberg 2013a, S. 329 ff., Günther/Nünke 2005, S. 11, Röber-Siekmeyer 1999, S. 60, Bredel/Günther 2006, S. 210, Betzel 2015, S. 41). Diese Funktion können jedoch auch andere Wörter im Satz einnehmen, und zwar immer dann, wenn sie im entsprechenden Satzkontext erweiterbar sind. Die Fähigkeit zur attributiven Erweiterung führt im Satzzusammenhang zur Großschreibung und betrifft jeweils die Kerne von Nominalgruppen. Sie werden deshalb besonders ausgezeichnet, weil sie zentrale Bedeutungsträger im Satz sind.

Die Erweiterung der normalerweise aus *Kopf* (gebildet durch ein Artikelwort) und *Kern* (gebildet durch ein Substantiv oder durch ein in gleicher Funktion gebrauchtes Wort einer anderen Wortart) bestehenden nominalen Gruppe kann durch *Attribute* erfolgen. Die Attribute modifizieren das syntaktische und semantische Zentrum der nominalen Gruppe, den Kern. Kopf und attributive Erweiterungen richten sich hinsichtlich Genus, Kasus und Numerus nach dem Kern. Bei den attributiven Erweiterungen sind Adjektivattribute *(das helle Lachen)* am häufigsten, gefolgt von Genitivattributen *(das Lachen meiner besten Freundin)*, präpositionalen Attributen in Form von Präpositionalphrasen *(das Lachen aus vollem Herzen)* und Satzattributen in Form von Relativsätzen *(das Lachen, das den ganzen Raum ausfüllte)* (vgl. Eisenberg/Feilke 2001, S. 9, Noack 2006, S. 38).

Besonders die Erweiterung und Modifikation von nominalen Kernen durch Adjektivattribute ist im Satzzusammenhang fast immer problemlos möglich: *Das Mädchen wirft den Ball zum Bruder./Das kleine Mädchen wirft den roten Ball zum großen Bruder.* Wenn die nominalen Gruppen durch Pronomen ersetzt werden, ist diese Erweiterung und Modifikation und damit die Großschreibung nicht möglich: *Es wirft ihn zu ihm.*

Schwierigkeiten bereiten Schreibern besonders die Wörter, die Kerne von Nominalgruppen bilden, ohne dass ihnen außerhalb des konkreten Satzzusammenhangs substantivische Merkmale zugeschrieben werden können: Das *Grün steht ihr besonders gut. Beim Lesen war ihm der Fehler nicht aufgefallen.* Diese werden nur im entsprechenden Kontext großgeschrieben. Die Entscheidung über die Groß- oder Kleinschreibung kann also immer nur vor dem Hintergrund der Verwendung von Wörtern im Satz getroffen werden, so dass der Weg über die Wortart – auch im rechtschriftlichen Lernprozess – entbehrlich ist. Bei Unsicherheiten und Zweifeln hilft normalerweise die Erweiterungsprobe, besonders die Erweiterung durch Adjektivattribute (siehe Kapitel 7.3).

Obwohl also nur die Großschreibung als markierte Schreibung besonders aufmerksam im Lernprozess betrachtet werden muss, wird in diesem Kapitel, wie üblich, von Groß- und Kleinschreibung gesprochen, denn aus Lernerperspektive sind beide orthographische Phänomene sehr fehlerträchtig. Fehlerstatistiken zeigen, dass ca. ein Viertel aller Rechtschreibfehler in den Bereich der Groß- und Kleinschreibung gehören (vgl. die Untersuchungen von Menzel 1985 an Texten von Zweit- bis Zehntklässlern, Karg 2008 an Schülertexten aus den Klassen 5 und 6, Steinig/Betzel/Geider/Herbold 2009 sowie Steinig/Betzel 2014 für Viertklässler). In diesem Fehlerschwerpunkt entfallen nach Menzels Untersuchung fast 64 % auf die Klein- statt Großschreibung und ca. 36 % auf die Groß- statt Kleinschreibung. Als besonders fehlerträchtig hat sich die Großschreibung der Abstrakta und der sogenannten substantivierten Verben und Adjektive erwiesen (vgl. auch Scheele 2006, S. 44 ff.). Die Ergebnisse der IGLU-Studie zur orthographischen Kompetenz bestätigen das für die untersuchten Viertklässler: Die satzinterne Großschreibung von Abstrakta und Nominalisierungen ist äußerst fehleranfällig und legt den Schluss nahe, dass „sich Viertklässler bei ihrer Entscheidung zur Kleinschreibung offensichtlich an der Wortart (Verb, Adjektiv) statt an der Funktion dieser Wörter im Satz als Kern der Nominalgruppe“ (Valtin/Badel/Löffler/Meyer-Schepers/Voss 2003, S. 240) orientieren. Der Lernweg über die semantisch-lexikalischen Kriterien (wortartbezogen) kann nicht zu Schreib- und Entscheidungssicherheit in diesem Bereich führen und den Erwerb sogar erschweren. Als entscheidendes großschreibungsrelevantes Kriterium müsste folglich im Lernprozess die syntaktische Funktion herangezogen werden, wie es für die text- und satzinitiale Großschreibung ebenfalls üblich (und nicht anders möglich) ist.

Bei der Großschreibung am Satz- und Textanfang (z. B. bei Überschriften) erschließt sich für Schriftlerner die Wirksamkeit des syntaktischen Prinzips relativ schnell und fehlerlos. Diese Schreibungen sind auf eine bestimmte Position im Text oder Satz bezogen, und zwar auf den Anfang. Bei der satzinternen Großschreibung hingegen muss die Position bzw. müssen die Positionen, an der Großschreibung erfolgt, zunächst durch unterschiedliche kognitive Operationen (z. B. Ermitteln von „Signalen“ wie Artikelwörtern, Erproben der Erweiterbarkeit) ermittelt werden. Diese Operationen sind, da sie nicht auf den Anfang einer umfangreicheren syntaktischen Einheit beschränkt sind, häufig recht kompliziert und von systembedingten Zweifelsfällen bestimmt, die nach der Rechtschreibreform eher zu- als abgenommen haben.

Um großzuschreibende Wörter sicher zu identifizieren, müssen Schreiber also lernen, den erweiterbaren Kern der Nominalgruppe zu ermitteln. Ihnen sollte bewusst sein, dass die Großschreibung in dieser Satzposition mit der Funktion dieser Kerne für das Leseverstehen zusammenhängen. Sie sind häufig „bedeutungsschwer“ („Inhaltswörter“). Ihre schnelle Erfassung kann den Leseprozess unterstützen.

Grundsätzlich können Wörter aller Wortarten die Position des erweiterbaren Kerns von Nominalgruppen einnehmen (*im Hier und Jetzt, das vertraute Du* usw.). Diese Schreibungen sind, genau wie die Großschreibung von Substantiven an dieser Stelle, systemkonform und regulär, so dass sie zum Kernbereich der Orthographie gehören und auch so im Unterricht thematisiert werden sollten.

Spätestens bei der Arbeit mit einem Wörterbuch sehen Lerner jedoch: Bestimmte Wörter, und zwar Substantive, unterscheiden sich hinsichtlich ihrer Schreibung von anderen Wortarten dadurch, dass sie immer großgeschrieben werden, eben auch in Wörterbucheinträgen. Dass Substantive auch außerhalb einer umfangreicheren syntaktischen Struktur (Wortgruppe oder Satz) großgeschrieben werden, ist gut zu erklären: Sie sind, im Gegensatz zu allen anderen Wortarten, auf die großschreibungsrelevante Position im Satz festgelegt. Das heißt, sie bilden stets den erweiterbaren Kern einer Nominalgruppe und kommen deshalb nur mit großem Anfangsbuchstaben vor.

Der syntaktische Ansatz zur Großschreibung ist für Lerner mit folgenden Grundregeln fassbar:

> *„(1) Wenn eine Nominalgruppe attributiv erweitert werden kann, dann wird ihr Kern großgeschrieben.*
> *(2) Der Kern ist dabei in der Regel das letzte Element einer Nominalgruppe."*
> (Günther/Nünke 2005, S. 11)

Das Vorhandensein eines Artikelwortes oder einer mit einem Artikel verschmolzenen Präposition sollten Lerner dabei als Indiz nutzen können, um die Attribut- bzw. Erweiterungsprobe durchzuführen.

Das Kriterium „Artikelfähigkeit" allein ist hingegen äußerst fehleranfällig und führt zu Schreibungen und falschen Schlussfolgerungen wie:

- **das Blaue fenster:* der Artikel *das* steht vor *blaue,* also groß;
- **ein schöner morgen:* der unbestimmte Artikel spielt bei der Artikelprobe im Unterricht keine Rolle und wird nicht als Kriterium für die Großschreibung herangezogen;
- **dieser tag in ihrem leben:* auch andere Artikelwörter, also Wörter, die zum Substantiv gehören, werden nicht als Kopf der nominalen Gruppe erkannt und folglich nicht für die Großschreibung des Kerns genutzt.

Didaktische Reduktion und vermeintliche Vereinfachung führen beim traditionellen wortartbezogenen Ansatz zum Erwerb der Großschreibung zu großer Verunsicherung bei den Lernern, denn Wörter werden „plötzlich" zu Substantiven, ohne dass Lernern bewusst wird, welche Funktion die Großschreibung im Satzzusammenhang hat. Günther/Nünke konstatieren dazu:

> *„Auf keinem Gebiet der deutschen Rechtschreibung ist für die Schüler die Notwendigkeit größer als hier, sich einen Gegenstand gegen diejenigen Regeln anzueignen, die ihnen in der Schule vermittelt werden."* (Günther/Nünke 2005, S. 4)

Für den Erwerb der satzinternen Großschreibung ist das wortartbezogene Kriterium „Substantivität" deshalb entbehrlich, denn es geht bei der Entscheidung, ob groß oder klein, um die Position im Satz und nicht um ein lexikalisches Kriterium. Die Attribuierbarkeit liefert hingegen neben der Artikelfähigkeit das wesentlichste (syntaktisch motivierte) Entscheidungskriterium für die Großschreibung. Ergebnisse aus ersten Untersuchungen zur Arbeit mit dem syntaxorientierten Ansatz sind vielversprechend (vgl. Günther/Nünke 2005, Wahl/Rautenberg/Helms 2017). Vor allem die Möglichkeit, die Großschreibung im Kernbereich widerspruchsfrei begründen zu können, stellt für Schüler eine große Hilfe dar. Beispielhaft soll das an einer rechtschreibschwachen Fünftklässlerin gezeigt werden, die in der Grundschule nach dem herkömmlichen Ansatz an die satzinterne Großschreibung herangeführt wurde. Zu Beginn der 5. Klasse soll sie in sechs Sätzen, in denen alles kleingeschrieben ist („Im letzten sommer waren wir oft am meer.") die großzuschreibenden Wörter markieren. Das gelingt ihr bei drei von elf Wörtern. Anschließend soll sie im Gespräch mit einer Studentin begründen, warum sie diese Wörter markiert hat, andere, auf die sie im Gespräch hingewiesen wird, nicht. Im angegebenen Beispielsatz hat die Schülerin nur *Meer* als großzuschreibend markiert. Sie begründet ihre Entscheidung so: „Meer wird großgeschrieben, weil man das Meer sehen und anfassen kann." Auf die Nachfrage, ob auch Sommer großgeschrieben werden könnte, erklärt sie: „Sommer kann man nicht sehen, aber auch nicht anfassen. Das ist ein Wiewort." Nach ca. sechs Unterrichtsstunden, in denen sie sich mit der Erweiterung durch Adjektive als Probe für die satzinterne Großschreibung beschäftigen konnte, erhielt sie wieder sechs ähnlich konstruierte Sätze, in denen die Kerne der Nominalgruppen kleingeschrieben waren. Sie kann sieben der elf großzuschreibenden Wörter markieren, in ihren Begründungen nutzt sie ausschließlich die Erweiterungsprobe (z. B. für *Ferien* in dem Satz: „In den letzten ferien war Emre oft am strand.": „Ferien groß, weil man auch ein Adjektiv davorsetzen kann. Zum Beispiel in den letzten langen Ferien."). Diese syntaktischen Begründungen halfen ihr auch, einen weiteren erweiterbaren Kern zu entdecken und ein fälschlich als großzuschreibend markiertes Wort zu korrigieren. Ob sich die Problemlösestrategie, der sich die Schülerin hier recht erfolgreich bedienen kann, auf ihre Sicherheit beim Schreiben eigener Texte positiv auswirken kann, lässt sich derzeit noch nicht sagen, da das Forschungsprojekt, in dessen Zusammenhang diese Interviews geführt wurden, noch nicht abgeschlossen ist (vgl. http://gepris.dfg.de/gepris/projekt/279112504, letzter Zugriff am 25.09.2017). Es ist aber davon auszugehen, dass dieser Zugang gerade für rechtschreibschwache und jüngere Lerner äußerst tragfähig ist und einer vermeintlich „kindorientierten", aber sehr widersprüchlichen lexikalisch-semantischen Perspektive vorzuziehen ist.

Didaktisch besteht der große Vorteil dieses Ansatzes also darin, dass die Erweiterbarkeit als das wesentliche Entscheidungskriterium durch einen hohen Anteil an eigenaktiver Sprachtätigkeit entdeckt werden kann. Das Ermitteln von Nominalgruppen durch Umstellen, wobei Zusammengehöriges erkannt werden kann und auch stilistische Varianten in der Satzgliedstellung erprobt werden, stellt einen guten Ansatz zur Entdeckung der syntaktisch motivierten Großschreibung dar. Das Schreiben von „Treppentexten" und das Erweitern von „Telegrammsätzen" (vgl. Röber-Siekmeyer 1999) sind weitere Beispiele dafür, wie die Funktion von Schreibungen von Lernern tatsächlich erforscht werden kann.

Die oben formulierten relativ abstrakten Grundregeln für die syntaxorientierte Großschreibung können mit den Lernern durch Erprobungen an Sätzen (siehe Kapitel 7.3) entdeckt werden. In diesem Lernprozess muss der Umgang mit Adjektivattributen als Erweiterungswörtern geläufig werden. Darüber hinaus müssen Lerner den Unterschied zwischen der Erweiterung durch Adjektivattribute in nominalen Gruppen und der Erweiterung von Verbalgruppen durch Adverbien entdecken und verstehen:

(1) Erweiterung von nominalen Kernen durch Adjektivattribute – also Großschreibung:
Ich habe ein Zimmer. Erweiterung: *Ich habe ein kleines Zimmer. Ich habe ein kleines, gemütliches Zimmer.*

(2) Adverbiale Erweiterung von Prädikatsteilen – also keine Großschreibung:
Mein Zimmer ist klein und gemütlich. Erweiterung: *Mein Zimmer ist sehr klein und gemütlich. Mein Zimmer ist ziemlich klein und sehr gemütlich.*

Zunächst spielen nur die Erweiterungen aus Fall (1) im Erarbeitungsprozess eine Rolle. Lerner können entdecken, dass adjektivische Erweiterungen immer bestimmte Endungen aufweisen: *-e, -en, -em, -er, -es.* In den Sätzen unter (2) ist das nicht der Fall. In den unter (3) angeführten Beispielen sehen wir hingegen, dass wir es hier zwar mit der „richtigen" Endung zu tun haben, diese aber nicht zur Großschreibung des folgenden Wortes führt:

(3) Adverbial gebrauchte Komparative – also keine Großschreibung:
Mein Zimmer ist kleiner und gemütlicher als das meines Bruders.

Wenn solche Fälle von den Lernern problematisiert bzw. die adverbialen Prädikatsteile hier als großschreibungsauslösend betrachtet werden, kann zum einen auf die Unmöglichkeit, eine sinnvolle „Treppe" zu bilden, hingewiesen werden. Zum anderen kann ein ähnlich strukturierter Satz ohne Komparativ helfen, den Unterschied bewusstzumachen: *Mein Zimmer ist genauso klein und gemütlich wie das meines Bruders.*
Auch Sätze wie unter (4) können problematisch sein:

(4) Aussparungen von Substantiven – also keine Großschreibung:
Ich habe ein kleines Zimmer, mein Bruder hat ein großes.

Hier kann durch Erweiterung gezeigt werden, dass *großes* durchaus ein großzuschreibendes Bezugswort hat, das hier aber nicht dem Attribut folgt. Das Attribut selbst wird jedoch nicht großgeschrieben. Das Substantiv kann hier u. a. aus stilistischen und ökonomischen Gründen ausgespart bleiben, es ist aber in jedem Fall sinnvoll ergänzbar.

Am Ende dieses Erarbeitungsprozesses können mit den Lernern Entscheidungshilfen in Form von Fragen formuliert werden (vgl. Günther/Nünke 2005, S. 25):

> Wenn ich mir nicht sicher bin, ob ein Wort im Satz großgeschrieben wird, so frage ich mich:
> - Kann ich vor das Wort eine Erweiterung setzen?
> - Hat die Erweiterung die richtige Endung, nämlich ein *-e, -en, -em, -er, -es*?
>
> Kann ich beide Fragen bejahen, so wird das untersuchte Wort großgeschrieben.

Die Schüler können dazu angehalten werden, als Erweiterung zunächst eine Form der Adjektive *groß* oder *schön* zu verwenden (vgl. Funke 1995, Funke 2017). Schüler, die mit diesem Ansatz arbeiten, greifen ebenfalls gern auf das semantisch unterspezifizierte

Adjektiv *cool* zurück, das sie als fast immer passend empfinden. Schwierigkeiten können auftreten, wenn es um die Überprüfung von nominalen Kernen geht, die bereits erweitert sind: *Das* lange *Warten hat bald ein Ende.* Hier muss zur Absicherung die Umstellprobe genutzt werden, damit wirklich das letzte Wort der Nominalgruppe großgeschrieben wird.

Im Kernbereich – dazu gehören, wie gezeigt, auch die traditionell als „Nominalisierungen" bezeichneten Fälle – ist die satzinterne Großschreibung gut erklärbar. Auch die unter (2) bis (4) skizzierten Fälle lassen sich gut mit dem syntaxbasierten Ansatz erfassen. Ihre Schwierigkeit ist eher darin zu sehen, dass die syntaktischen Regularitäten beim Schreiben nur unvollständig berücksichtigt werden.

Als aus anderen Gründen problematisch müssen im Zusammenhang mit dem syntaxorientierten Zugang jedoch die folgenden Konstruktionen betrachtet werden (weitere Fälle vgl. Günther/Nünke 2005, S. 49 ff.):

- Mengenangaben wie *ein Stück Schokolade, ein Liter Milch, eine Handvoll Beeren* lassen sich zwar attribuieren, aber es gibt nur wenige Adjektivattribute, die dafür infrage kommen: *ein großes Stück dunkler Schokolade, ein knapper Liter frischer Milch, eine große Handvoll süßer Beeren.*
- Vorangestellte Genitivattribute lassen sich nicht erweitern: *Vaters Bücher, Peters Fahrrad.* Vorangestellte Genitivattribute sind normalerweise Eigennamen bzw. „Ersatzwörter" für Eigennamen *(Vater, Mutter, Oma, Opa)*, die sowieso immer großgeschrieben werden.
- Substantivisch gebrauchte Adjektive und Partizipien in Wendungen wie *alles Gute, etwas Besonderes, nichts Neues* lassen sich ebenfalls nicht sinnvoll attributiv erweitern. Hier gilt das unbestimmte Zahlwort als Grund für die Großschreibung, da es in der Position eines Artikelwortes steht. Sinnvolle Attribuierungen durch Adjektive sind jedoch nicht möglich. Hier muss auf andere Erweiterungen zurückgegriffen werden, z. B. auf die Erweiterung durch Relativsätze (siehe oben): *Hier gibt es nichts Neues, was dich interessieren könnte. Etwas Schönes, das du dir schon immer gewünscht hast, habe ich schon gekauft.*
- Feste Verbindungen wie *Recht haben, Schlange stehen, in Kauf nehmen, Rad fahren:* Hier ist keine attributive Erweiterung möglich. Trotzdem erfolgt in diesen Fällen (immer noch) Großschreibung. Der Grund dafür ist, dass es sich bei den Verbergänzungen jeweils um prototypische Substantive handelt (vgl. S. 77).
- Nicht attribuierbare Verbindungen wie *im Großen und Ganzen, im Wesentlichen, die Zwei* (aber: *die beiden!*) werden seit der Neuregelung der deutschen Orthographie großgeschrieben, weil sie eine Artikelform, Kasus oder Numerus aufweisen. Bei dieser Regelung wurde der wortartbezogene Ansatz, für den die Artikelfähigkeit als großschreibungsauslösendes Kriterium gilt, so stark verallgemeinert, dass er auch in sehr zweifelhaften Fällen zur Großschreibung führt.

Die letzten beiden Typen sind erst durch die Neuregelung zu Problemen geworden, da hier die wortartorientierte Argumentation den Vorzug vor der syntaktischen erhalten hat. Günther/Gaebert (2015, S. 104) haben versucht, diese nicht über die syntaktische Funktion greifbaren Fälle ebenfalls in Form von Regelformulierungen aufzugreifen: „(1) Großgeschrieben wird der erweiterbare Kern der Nominalphrase. (2) Andere Wörter werden großgeschrieben, sofern sie im Satzkontext Eigenschaften von Substantiven (Flexion nach Kasus und Numerus und festes Genus) aufweisen. (3) Großgeschrieben werden schließlich lexikalische Substantive." Dies ändert jedoch nichts an der Problematik, die mit der aktuellen Regelung verbunden ist. Vielmehr handelt es sich bei den in (2) und (3) formulierten Fällen um Abweichungen, die durch das derzeit gültige Regelwerk erst zu Irregularitäten im System geführt haben. Älteren Schülern ist das gut zu vermitteln und kann die Aufmerksamkeit dafür schärfen, wie unnötig solcherart Eingriffe in das Schriftsystem sind, das sich von jeher im Gebrauch entwickelt hat, aus dem sich dann eine Norm mit der entsprechenden Kodifizierung ergeben konnte. Bei der „Ahndung" von Verstößen gegen solcherart wenig systemkonforme Regelungen sollten sich Lehrende – je nach Alter und rechtschriftlichem Lernstand der Lerner – tolerant zeigen. Auch in diesen Fällen gilt, dass die Sicherheit im Kernbereich Vorrang hat. Zweifelsfälle zeigen häufig auch, wie sehr Sprache von Wandlungsprozessen geprägt ist. Diese lassen sich gut zum Thema von orthographischem und grammatischem Lernen machen (vgl. Bredel 2006b, Müller/Szczepaniak 2017). Das wird im nächsten Kapitel sicher noch deutlicher.

5.4 Die Getrennt- und Zusammenschreibung

Für die Getrennt- und Zusammenschreibung kann man von folgender, relativ einfacher Grundregularität ausgehen: Bestandteile eines Wortes schreibt man zusammen, Bestandteile in Wortgruppen und Sätzen schreibt man getrennt. Die Einheit „Wort" *(Buchseite)* ist implizit gut erfassbar, aber sprachwissenschaftlich schwer zu definieren. Eine Wortgruppe (Syntagma) *(die Seite des Buches)* lässt sich als eine Gruppe von syntaktisch zusammengehörenden Wörtern erklären (Glück/Rödel 2016, S. 696).

Wer als Schreiber intuitiv weiß, was ein Wort ist, nutzt diese Regularität, zumindest für den Kernbereich der Schreibung, sicher und kann dieses implizite grammatische Wissen auch auf „gebildete" Wörter übertragen. Die Frage, ob getrennt- oder zusammenzuschreiben ist, stellt sich nur dann, „wenn zwei potentiell selbstständige Stämme nebeneinander stehen" (Fuhrhop 2010, S. 237). Nur dann muss man beim Schreiben klären, ob es sich bei diesen Wortstämmen um ein zusammengesetztes Wort oder um eine syntaktische Einheit handelt. Für den Kernbereich der Getrennt- bzw. Zusammenschreibung kann man das mit folgenden Prinzipien überprüfen:

> *„(1) Wortbildungsprinzip: ‚Verbindungen' aus zwei oder mehr Stämmen werden zusammengeschrieben, wenn sie aufgrund einer Wortbildung miteinander verbunden sind.*
> *(2) Relationsprinzip: Einheiten, die syntaktisch analysierbar sind, das heißt insbesondere, die in syntaktischer Relation zu anderen Einheiten in einem Satz stehen, sind syntaktisch selbständige Wörter. Sie werden getrennt geschrieben."* (Fuhrhop 2010, S. 237)

Wirkt das Wortbildungsprinzip, so wird zusammengeschrieben. Es handelt sich dann um ein morphologisch komplexes Wort: *Das sind schöne Mantelknöpfe* – bei *Mantelknöpfe* handelt es sich um eine Komposition aus zwei Substantivstämmen. Diese Fälle sind in diesem Band in Kapitel 5.2 zur Wortbildung dargestellt.

Wirkt das Relationsprinzip, so wird getrenntgeschrieben. Es gibt dann syntaktische Beziehungen zwischen den Wortformen: *Den Mantel knöpfe ich nie zu* – zwischen *Mantel* und *knöpfe* besteht eine Objekt-Prädikat-Struktur, die Getrenntschreibung ist also syntaktisch interpretierbar. Dieser Fall ist schon allein deshalb so unzweifelhaft, da es sich bei *knöpfe* einmal um eine substantivische Wortform, im zweiten Beispiel um eine Verbform handelt. Folglich ist sowohl die Form als auch die syntaktische Funktion dieser sprachlichen Einheiten unterschiedlich. Diese Fälle sind so eindeutig, dass sie beim Schreiben keine Schwierigkeiten bereiten – und Schreiber nicht einmal auf die Idee kämen, beim Schreiben zu zweifeln.

Anders verhält es sich jedoch mit der Peripherie. Der Peripheriebereich ist dadurch geprägt, dass keines der Prinzipien greift, weder Zusammenschreibung noch Getrenntschreibung wird also positiv festgelegt (vgl. Fuhrhop 2010). Das Nichtwirken beider Prinzipien führt dann zu den systembedingten Zweifelsfällen, von denen es im Bereich der Getrennt- und Zusammenschreibung eine große Zahl gibt.

Ein Fall, auf den beide Prinzipien nicht angewandt werden können, sind z. B. die *trennbaren Verben.* In Kapitel 5.2 wurden sie als Präfigierungen mit Partikeln betrachtet. Sie stellen jedoch einen sehr speziellen Wortbildungstyp dar, denn das Wortbildungsprinzip wirkt hier nicht so konsequent wie in anderen Fällen. Beide Teile der Wortform in präfigierten Verben sind relativ selbständig und werden in Abhängigkeit von der verwendeten Wortform zusammen- oder getrenntgeschrieben: *Susanne will den Turm nicht aufbauen. Wenn Peter ihn aufbaut, freut sich Susanne. Peter baut ihn für sie auf. Jetzt hat er ihn aufgebaut.* In Kontaktstellung stehen beide Bestandteile, wenn es sich um die infinite Form handelt oder wenn Verbletztstellung vorliegt. Diese Fälle bereiten Sprechern und Schreibern, die Deutsch als Erstsprache sprechen, keinerlei Probleme. Sie können diese Verben aufgrund der Akzentverhältnisse in der Wortform in Kontaktstellung intuitiv zur Gruppe der Verben zuordnen, die in flektierten Formen getrennt werden. Die Verbpartikel trägt in Kontaktstellung den Wortakzent: *ankommen, aufhören, zunehmen* (im Vergleich dazu die untrennbaren präfigierten Verben: *bekommen, erhören, vernehmen* – der Akzent liegt auf dem Verbstamm). Anders verhält es sich mit Lernern, die Deutsch als Zweit- oder Fremdsprache sprechen. Sie müssen den Unterschied zwischen voll morphologisierten Präfixen wie *be-, ent- ver-, zer-* und Partikeln wie *an-, auf-, durch-* kennen und die Akzentverhältnisse berücksichtigen.

Vom System her sind in diesen Fällen Zusammenschreibung in Kontaktstellung und Getrenntschreibung bzw. Auseinanderrücken der Wortbestandteile in flektierten Formen notwendig – das ist (außer für die genannten Lernergruppen) unproblematisch.

Anders verhält es sich mit systembedingten Zweifelsfällen, die schon allein deshalb in den Peripheriebereich der Schreibung gehören, weil hier, im Vergleich etwa zu den trennbaren Verben, häufig beide Schreibweisen (sowohl getrennt als auch zusammen) systemkonform sind. Das trifft z. B. auf die folgenden Beispiele zu: *schwer beschädigt – schwerbeschädigt; nicht amtlich – nichtamtlich; kennen lernen – kennenlernen; spät vollendet – spätvollendet; spät Gebärende – Spätgebärende; spazieren gehend – spazierengehend.*

Die Existenz zweier Varianten zeigt häufig, wie sehr das Schriftsystem selbst Wandlungsprozessen unterworfen ist. Besonders deutlich sieht man diese Wandlungsprozesse an den sogenannten *Univerbierungen,* also dem „Zusammenwachsen" von zwei benachbarten Wörtern. Viele Beispiele gibt es dazu in der Gruppe der Präpositionen und Adverbien: aus *an Hand* wird *anhand,* aus *in Folge infolge.* Bei einigen Formen sind sowohl Getrennt- als auch Zusammenschreibung systematisch möglich: *anstatt/an Statt, aufgrund/auf Grund; zumute/zu Mute.* Der Schreibgebrauch wird in solchen Fällen entscheiden, welche der beiden Varianten sich durchsetzen wird. Die Tendenz geht in diesen Fällen zur Bevorzugung der zusammengeschriebenen Form. Diese systemimmanenten Zweifelsfälle zeigen Entwicklungsprozesse in der Orthographie, die perspektivisch zu eindeutigen Schreibungen führen: „Nach und nach kristallisieren sich diejenigen Schreibweisen heraus, die mit den Grundprinzipien und Regularitäten des Systems am besten harmonieren" (Bredel 2006b, S. 12).

Ein weiterer Grund für die hohe Zahl an möglichen Varianten im Bereich der Getrennt- und Zusammenschreibung besteht darin, dass durch den Unterschied in der Schreibung auch Bedeutungsunterschiede vorgenommen werden. Es werden also „strukturelle Differenzen" (Bredel 2006b, S. 8) sichtbar gemacht: *Auf den Blumen wird der Händler wohl sitzenbleiben. Du kannst ruhig auf dem Platz sitzen bleiben, dort ist noch etwas frei. Die Tablette wird sicher wirken! Das ist ein sicherwirkendes Präparat.*

Die Diskussion um die Schwierigkeiten im Bereich der Getrennt- und Zusammenschreibung wird in der sprachwissenschaftlichen und sprachdidaktischen Diskussion häufig an solchen Fällen geführt, die aus einem weiteren Grund, zumindest aus didaktischer Perspektive, als peripher betrachtet werden müssen. Dazu gehören Substantiv-Verb-Verbindungen wie *danksagen/Dank sagen* und *brustschwimmen/Brust schwimmen, maßhalten/Maß halten* und Adjektiv-Verb-Verbindungen wie *weich klopfen/weichklopfen; fertig machen/fertigmachen.* Die angeführten Substantiv-Verb-Verbindungen kommen im Geschriebenen recht selten vor, so dass man hier schon allein wegen der fehlenden Schreibgeläufigkeit ins Zweifeln kommen kann. Die Adjektiv-Verb-Verbindungen drücken wieder, wie oben angeführt, einen Bedeutungsunterschied in der Schreibung aus. Ebenfalls doppeldeutig können Adjektiv-Adjektiv-Verbindungen wie *nicht öffentlich/nichtöffentlich* und Verbindungen mit Partizip wie *Bücher lesend/bücherlesend, selbst gebacken/selbstgebacken* sein (vgl. Fuhrhop 2015, S. 76 ff.). Sowohl Getrennt- als auch Zusammenschreibung sind deshalb systemkonform.

Das bisher Dargestellte soll belegen, warum es bislang angemessen und unproblematisch war, diesen Bereich relativ ungeregelt zu lassen. Erst mit der Neuregelung von 1996 wurde versucht, hier durch die Formulierung von Regeln größere Klarheit und Verbindlichkeit zu schaffen. Da dieser Normierungsversuch jedoch in vielen Fällen am aktuellen Schreibgebrauch vorbeiging und vor allem die Möglichkeit zur Bedeutungsdifferenzierung durch Schreibvarianten ausschloss *(sitzen bleiben – sitzenbleiben)*, gab es hier den größten Bedarf an Re-Reform – und gibt es bis heute die größte Verunsicherung bei den Schreibern, die vor der Neuregelung relativ selbstverständlich beide Schreibvarianten verwendeten, ohne dass es zu Verständnisproblemen kam. Durch die Normierungen in diesem Bereich und vor allem durch die erste Festlegung in der Reform von 1996, dass Getrenntschreibung als der Normalfall zu betrachten sei, scheint die Anzahl der falschen Getrenntschreibungen stark zugenommen zu haben: Schreibungen wie **voran bringen, *von einander* oder **heran ziehen* finden sich auch in Texten von Schreibexperten.

Die systembedingten Zweifelsfälle im Bereich der Getrennt- und Zusammenschreibung gehören absolut in den peripheren Bereich des deutschen Schriftsystems. Entscheidend für diese Einordnung ist, dass sie als echte Zweifelsfälle wirklich derzeit keine eindeutige Festlegung vertragen. Erst der Schreibusus wird in Fällen, in denen dies nötig und möglich ist, zu größerer Eindeutigkeit, also zur Bevorzugung einer Variante, führen.

Obwohl dieser Bereich aus der Perspektive der Normierung die größten Probleme bereitet, ist er in Fehlerstatistiken nicht besonders auffällig (vgl. Fuhrhop 2017, S. 276). Intuitiv entscheiden Schreiber also häufig richtig oder nutzen die systemkonformen Varianten angemessen. Das hängt sicher damit zusammen, dass sich der Wortbegriff im Schriftspracherwerbsprozess relativ schnell und unproblematisch ausbilden kann und das „Wortbildungsprinzip“ intuitiv verinnerlicht werden kann. Der Wortbegriff kann sich im unterrichtlich gelenkten Lernprozess durch Einblicke in die Wortbildung weiter festigen und ausdifferenzieren. Die Ausdifferenzierung bezieht sich vor allem darauf, auch komplexe Wörter, also solche, die durch Komposition oder Derivation entstanden sind, als Wort wahrzunehmen bzw. selbst neue komplexe Wörter zu bilden. Darauf kann der Unterricht zur Getrennt- und Zusammenschreibung aufbauen.

Dass der Bereich der Getrennt- und Zusammenschreibung in der Wahrnehmung vieler Schreiber aber als schwierig erscheint, liegt vor allem an der bereits erwähnten hohen Zahl von systemimmanenten Zweifelsfällen, die in erster Linie als Indiz für das Wirken von Sprachwandelprozessen bzw. als Möglichkeit zur Bedeutungsdifferenzierung betrachtet werden können. Es muss unter didaktischer Perspektive deshalb vor allem darum gehen, die hohe Sicherheit, über die Schreiber normalerweise im Kernbereich der Getrennt- und Zusammenschreibung verfügen, bewusstzumachen. Wie selbstverständlich wir im Kernbereich die Entscheidung über Getrennt- oder Zusammenschreibung treffen, ohne dass uns bewusst ist, dass es sich bei den beiden Schreibvarianten, aus denen wir auswählen, häufig nur um einen minimalen Unterschied handelt, nämlich dem Vorhandensein bzw. der Abwesenheit eines Wortzwischenraums, sollen die folgenden Beispiele zeigen (siehe Kapitel 7.4, vgl. auch: Fuhrhop 2006, Fuhrhop 2010):

- *Sie hilft heute beim Kuchenbacken. Sie will heute Kuchen backen.*
- *Diese Blume ist eine Topfpflanze. Wenn ich die Blume in einen neuen Topf pflanze ...*
- *Er schließt alle Zimmertüren. Nun haben sie im neuen Haus in jedem Zimmer Türen.*
- *Das ist ja nur Bücherwissen! Die Bücher wissen darauf auch keine Antwort.*
- *Die Polizei muss das Diebesgut noch sicherstellen. Die Polizei wird den Dieb sicher stellen.*

An solchen Gegenüberstellungen kann man lernen, dass der Kontext normalerweise entscheidet, ob getrennt- oder zusammengeschrieben wird, denn die Bedeutung des Wortes oder der Wortgruppe wird durch ihn erst geschaffen. Das betrifft eine Reihe von Wörtern bzw. Wortgruppen, die sowohl als Komposita (also dem Wortbildungsprinzip folgend) oder als Wortgruppe (also dem Relationsprinzip folgend) geschrieben werden können. Ob eine Wortbildung oder eine syntaktisch analysierbare Einheit vorliegt, lässt sich z. B. durch Umstellungen erproben, bei denen versucht werden muss, die entsprechenden Bestandteile des Wortes bzw. der Wortgruppe voneinander zu lösen:

> *Sie hilft heute beim <u>Kuchenbacken</u>. Sie will heute <u>Kuchen backen</u>.* Umstellbar zu: *Beim <u>Kuchenbacken</u> hilft sie heute. <u>Kuchen</u> will sie heute <u>backen</u>.* Möglich ist auch die Ersatzprobe: *Sie hilft heute <u>dabei</u>. Sie will <u>ihn</u> heute backen.*

Erst auf dieser Grundlage, wenn also eine große Sicherheit im Kernbereich der Getrennt- und Zusammenschreibung besteht, kann eine Auseinandersetzung mit den systembedingten Schreibvarianten erfolgen.

Die Untersuchung dieser Zweifelsfälle kann in höheren Klassen eine gute Gelegenheit zur Sprachreflexion sein. Zum einen lässt sich am Beispiel der Univerbierungen zeigen, wie und warum sich Sprachwandel vollzieht. Dazu können z. B. verschiedene Ausgaben des *Duden* verglichen werden: Seit wann gibt es die Schreibung *infrage,* seit wann darf *anstelle* geschrieben werden? Wie schreiben Schreiber anderer Generationen diese Einheiten: als Wort oder als Wortgruppe? Zum anderen ermöglicht ein Vergleich von Varianten das Nachdenken darüber, wie das Schriftsystem Bedeutungsdifferenzierungen zeigt: Gibt es z. B. einen Unterschied zwischen *vollfett* und *voll fett,* zwischen *vollschlank* und *voll schlank,* zwischen *leeressen* und *leer essen, aufwärtsgehen* und *aufwärts gehen, allgemeinbildend* und *allgemein bildend* (vgl. Fuhrhop 2010)? Wie verhält es sich jeweils mit der Betonung der Wörter? In welchen Satzkontexten kommen die entsprechenden Schreibungen vor? Die Beschäftigung mit dem Peripheriebereich sollte frühestens in der 8. oder 9. Klasse erfolgen (siehe Kapitel 7.4).

Insgesamt gilt für diesen Bereich, dass wir vermeintlichen (oder tatsächlichen) Fehlschreibungen mit einiger Toleranz begegnen. Als Fehler sollten im Wesentlichen die Verstöße gegen den Kernbereich der Getrennt- und Zusammenschreibung betrachtet werden (wie **auf stehen* oder **zu frieden*). Bei vielen anderen Schreibunsicherheiten kann die Verständlichkeit das ausschlaggebende Kriterium dafür sein, ob ein Verstoß gegen die Norm vorliegt oder nicht. Von der Möglichkeit der Variantenschreibung in den im *Amtlichen Regelwerk zur deutschen Rechtschreibung* (2006) angezeigten Fällen sollten Schreiber auf jeden Fall Gebrauch machen dürfen. Und: Sowohl die angeführte (wenn auch ältere) Fehlerstatistik als auch der Schreibgebrauch sprechen dafür, dass im Zweifel eher zusammen- als getrenntgeschrieben werden kann.

5.5 Die Fremdwortschreibung

Für den Deutschunterricht hat sich inzwischen eine synchrone Sicht auf Fremdwörter etabliert, die in Übereinstimmung mit aktuellen sprachwissenschaftlichen Veröffentlichungen davon ausgeht, dass ein Wort dann ein Fremdwort ist, „wenn es Eigenschaften hat, die es von den Wörtern des Kernwortschatzes unterscheidet" (Eisenberg 2012, S. 29). Eine einzige Eigenschaft, die „phonologischer, morphologischer oder orthographischer Natur" (ebenda, S. 27) sein kann, reicht aus, damit wir von einem Fremdwort sprechen können. Es ist nach dieser Definition also unerheblich, ob das entsprechende Wort aus einer anderen Sprache kommt oder nicht. Vielmehr ist entscheidend, ob es sich „fremd" in Relation zu einem als nativ angenommenen Kernwortschatz verhält. Danach sind voll integrierte Wörter wie *Bluse, Nase, Mauer, Tulpe* keine Fremdwörter. Auf solche Begriffe wie Lehnwort (siehe Beispiele für voll integrierte Wörter) oder Pseudofremdwort *(Handy, Oldtimer, Dressman)*, die sehr voraussetzungsreich sind, können wir unter synchroner und struktureller Perspektive somit verzichten. Für sprachreflexives Arbeiten, bei dem es nicht (nur) um Orthographie geht, ist eine diachrone Sicht äußerst interessant, denn die „Einwanderungsgeschichte" von Wörtern kann Auskunft über gesellschaftliche Entwicklungen, Erfindungen, Einflüsse geben (vgl. Eisenberg 2012, Fuhrhop/Müller 2012, S. 8, Tophinke 2012).

Von der Systematik in dieser Darstellung gehört die Fremdwortschreibung zur Wortschreibung. Unter dem Aspekt der Lernbarkeit ist sie jedoch den Bereichen zuzuordnen, die systematisch erst dann erschlossen werden sollten, wenn eine hohe Sicherheit bei der Schreibung des nativen Wortschatzes besteht. Erst auf dieser Grundlage können die Regularitäten, denen die Fremdwörter im deutschen Schriftsystem folgen, erkannt werden. Geht man von einer Unterscheidung zwischen Grundregeln, Spezialregeln und Ausnahmen aus (vgl. Primus 2010), so ist die Fremdwortschreibung durch Spezialregeln bestimmt. Die Grundregel für die Verschriftung von i:] lautet z. B.: [i:] wird durch ⟨ie⟩ wiedergegeben *(Riese, viel, liegen)*, es sei denn, es handelt sich um ein Fremdwort wie *Maschine, Vitrine, Baby. Geographie, Chemie* usw. sind ebenfalls Fremdwörter, zeigen aber bereits Angleichungstendenzen an den nativen Kernwortschatz in der Verschriftung von [i:] als ⟨ie⟩. Der erste Teil der Regel ist die Grundregel, der zweite die Spezialregel, die dann den Vorrang erhält, wenn die genannte Bedingung „Fremdwort" erfüllt ist (vgl. ebenda). Im Lernprozess kommt es darauf an, bei der Thematisierung der Fremdwortschreibung nicht, wie häufig im Rechtschreibunterricht üblich, jedes Fremdwort als Ausnahmeschreibung zu betrachten, sondern

„vorhandene Regelmäßigkeiten zu erkennen und sie auf die Regeln des nativen Wortschatzes zu beziehen“ (Eisenberg 2016, S. 90). Dazu gehört z. B., dass bei der Arbeit an Fremdwörtern folgende Aspekte besonders berücksichtigt werden (siehe unten, ausführlich). Für einen differenzierten Überblick sei auf Eisenberg (2012) verwiesen, für einen kanppen Überblick eignet sich auch: Fuhrhop/Müller 2012, S. 12 f.

Zu den Besonderheiten von Fremdwörtern gehören u. a.:

- die *Betonungsverhältnisse,* die im Allgemeinen vom nativen Wortschatz abweichen: *Bistro, Kamel, Ration, Elefant, Konfitüre, Konditor, Appell, Musik, Profit.*
- die besonderen *Phonem-Graphem-Korrespondenzen:* Es gibt bei Fremdwörtern nicht nur viel mehr Korrespondenzen zwischen Phonemen und Graphemen, sondern sie sind auch anders: So wird das Phonem [v] z. B. mit ⟨v⟩ verschriftet: *Vokal, Revolution, privat.* Andere Phoneme wie [ʒ] oder Nasale wie [õ] kommen nur in Fremdwörtern vor. Die Schreibung orientiert sich an der Schreibung der Quellsprache: *Genie, Loge, Ingenieur; Balkon, Beton, Waggon.* Auch wenn es eine entsprechende Graphem-Phonem-Korrespondenzregel für den nativen Wortschatz gibt, wird die quellsprachliche Schreibung beibehalten. So wird [ʃ] im nativen Wortschatz durch ⟨sch⟩ verschriftet. In Fremdwörtern bleibt die Schreibung ⟨ch⟩ (für französische Fremdwörter wie *Chance, Chanson, Chef, Charme*) bzw. ⟨sh⟩ (für Wörter aus dem Englischen wie *Shop, Shirt, Show*) erhalten. Die Affrikate [t͡s] wird vor dem Gleitlaut [i] regelhaft als ⟨t⟩ geschrieben: Nation, Ration, Kaution. Im Auslaut nach Sonorant wird [t͡s] hingegen wie im Kernwortschatz mit ⟨z⟩ realisiert: *Karenz, Konstanz, Distanz* (vgl. Eisenberg 2005, S. 82). Mit diesen besonderen Korrespondenzen ist auch der folgende Punkt verbunden.
- die aufwendigere *Kodierung in der Schreibung:* Mehr als die Hälfte der Phonem-Graphem-Korrespondenzen werden in Fremdwörtern durch Digraphe realisiert (vgl. Eisenberg 2013a, S. 337): ⟨ch⟩ für [k] wie in *Chaos, Chor, Chronik* oder ⟨ot⟩ für [oː] wie in *Depot, Trikot.* Darüber hinaus gibt es Trigraphen wie ⟨eau⟩ in *Niveau, Plateau.* Viele Graphemkombinationen, die für Fremdwörter typisch sind, kommen im nativen Wortschatz nicht vor: ⟨ph⟩ wie in *Physik, Phase, Phonem;* ⟨th⟩ wie in *Theater, Thema, Theologie,* ⟨ps⟩ wie in *Psalm, pseudo-, Psyche,* ⟨ea⟩ wie in *Beat, Team, Jeans,* ⟨oi⟩ wie in *Memoiren, Reservoir,* ⟨oy⟩ wie in *Boy, Boykott.* Die Zeichen ⟨c⟩ und ⟨y⟩ gibt es als Einzelzeichen im nativen Wortschatz gar nicht, in Fremdwörtern hingegen sehr häufig: *Computer, Cockpit, Cluster, Crew.* Das ⟨y⟩ kann zudem sowohl zur Verschriftung eines Konsonantphonems wie in *Yacht, Yak, Yoghurt* als auch als Vokalgraphem gebraucht werden: *Psychologie, Daktylus, Baby.*
- die *Silbenstruktur:* Im Gegensatz zum nativen Wortschatz können auch einfache Wörter aus mehr als zwei Vollsilben bestehen: *Elefant, Ananas, Orange, Dynamit, Flamingo, Disziplin.* Wie in deutschen gibt es auch in Fremdwörtern Markierungen des Silbengelenks: *jobben, Pudding, chillen, jetten, Hobby.* Neben Gelenkschreibungen wie *Mokka, Sakko* stehen Schreibungen wie *Perücke, Baracke. Pizza, Skizze* sind mögliche Gelenkschreibungen für [t͡s]. Es gibt jedoch eine Reihe von Fremdwörtern, in denen die Verdoppelung von Konsonantgraphemen keinen phono-

graphisch-silbischen Bezug hat: *Chiffre, Satellit, Attrappe, Souffleuse.* Die Silbenanfangsränder ⟨sp⟩ und ⟨st⟩ werden in nativen Wörtern [ʃp] und [ʃt] gesprochen, in Fremdwörtern nicht: *Spot, Steak, Stunt.* Angleichungstendenzen an die deutsche Aussprache wie z. B. bei Wörtern wie *Sport, Stil, Stilistik* zeigen, welchen Weg die Aussprache dieser Wörter vielleicht gehen wird.

- die vom deutschen Kernwortschatz häufig abweichende *morphologische Struktur:* Fremdwörter enthalten häufig kein eigentliches Stamm-Morphem (vgl. Eisenberg 2016, S. 90). Im nativen Wortschatz ist der Stamm meistens relativ frei, d. h., er ist in der Regel wortfähig. In den Wortformen *tier#isch, kind#isch, herr#isch* ist der erste Bestandteil jeweils ein wortfähiges Morphem, das allein ein Substantiv bildet. Bei Fremdwörtern ist das nicht der Fall: *log#isch, myst#isch, phys#isch, chem#isch.* Beide Bestandteile sind gebunden und nicht frei als Wort verfügbar. Es gibt jedoch auch vereinzelt freie Morpheme in Fremdwörtern: *Darwin#ismus, Extrem#ismus, Sold#at.* Geringere Morphemkonstanz zeigt sich an möglichen Doppelschreibungen wie *potentiell – potenziell, substantiell – substanziell,* die mit den oben angeführten unterschiedlichen Verschriftungsmöglichkeiten von [t͡s] zusammenhängen.

Hinsichtlich der Integration der Fremdwörter in die deutsche Sprache lassen sich vor allem zwei Tendenzen finden: Die erste ist die *Angleichung in der Schreibung an den Kernwortschatz.* Das ist vor allem bei solchen Fremdwörtern möglich, die gleiche Lautstruktureigenschaften aufweisen wie native Wörter und die deshalb die quellsprachliche Schreibung zugunsten der „nativeren" aufgeben: *Büro* anstelle von *bureau, Frisör* anstelle von *friseur, Likör* anstelle von *liqueur* usw. Diese Wörter sind jedoch immer noch als Fremdwörter des Deutschen erkennbar, denn ihre jambische Struktur in der Aussprache zeigt sich in der Schreibung daran, dass sie kein <e> enthalten, das die Reduktionssilbe anzeigen könnte (vgl. Kapitel 5.1). Bei anderen Wörtern ist diese Angleichung in der Schreibung bislang nicht erfolgt, obwohl dies hinsichtlich ihrer Lautstruktur möglich wäre: *Theater, Theorie, Phase, Diphtherie, Orthopädie.* Ob und wie eine Integration der Fremdwortschreibung in das deutsche Schriftsystem stattfindet, lässt sich nicht voraussagen.

Die zweite Tendenz zur Integration von Fremdwörtern in den nativen Wortschatz betrifft phonologische Regularitäten und geht damit den umgekehrten Weg: Bei Fremdwörtern, die ihre quellsprachliche Schreibung beibehalten, ist häufig zu beobachten, dass sie sich in der Aussprache an die Graphem-Phonem-Beziehungen des deutschen Sprachsystems angleichen. Man spricht dann von einer *Leseaussprache* (vgl. Eisenberg 2012, S. 192 f., Munske 1997, S. 99): *Elan* [eˈlã] wird zu [eˈlaːn], *festival* [ˈfɛstəvəl] zu [fɛstiˈval], *parfum* [parˈfœ̃] wird zu *Parfum/Parfüm* [parˈfyːm], *complice* [kɔ̃ˈplis] wird zu *Komplize* [kɔmˈpliːtsə]. Für Latinismen ist die Leseaussprache fest geregelt (Eisenberg 2012, S. 361).

Beide Prozesse wirken häufig gleichzeitig. So kommt es, dass einigen Wörtern ihre „fremde" Herkunft nicht mehr anzumerken ist: *Soße, Bluse.* Einige Wörter hingegen haben noch eine gewisse Fremdheit: *Keks* von engl. *cake* „hört" man die Entlehnung aus einer anderen Sprache noch an, denn das Wort entspricht nicht den für das native System typischen phonologisch-silbischen Regularitäten (*Kekse:* geschlossene Silbe, aber im Gesprochenen: Langvokal in der betonten Silbe). Die Angleichung an die Regularitäten im Kernwortschatz bezüglich der Groß- und Kleinschreibung hingegen erfolgt immer und sofort *(die Mail, der Computer)*.

Für die didaktische Perspektive ist vor allem Folgendes wichtig: Zum einen sollte im Lernprozess deutlich werden, dass Fremdwörter nicht nur in Fachwortschätzen vorkommen. Wörter wie *Tomate, Pizza, Salat, Marmelade, Pudding, Marzipan, T-Shirt, Pullover, Jeans, Radio, Internet, Handy, Smartphone, Etage, Auto, Party, Pirat, Regal, Alarm, twittern, skaten, joggen* usw. usf. sind selbstverständlich schon jüngeren Kindern geläufig und bereiten hinsichtlich ihrer Bedeutungserschließung keine Probleme. Zu entdecken, dass sich diese Wörter hinsichtlich Schreibung, Aussprache und/oder Flexion (z. B. hinsichtlich ihrer Pluralbildung, bei der es auch zu Varianten kommen kann, vgl. Laser/Riegler 2017) anders verhalten als die Wörter, mit denen sich die Lerner bislang im Rechtschreibunterricht beschäftigt haben, ist nicht nur für die Entwicklung der orthographischen Fähigkeiten wichtig, sondern ein wichtiger Bestandteil sprachreflexiven Lernens. Das, was über native Wörter des Kernbereichs (prototypische Zweisilbigkeit, Buchstabe e in der Reduktionssilbe usw.) gelernt wurde, kann hier aufgegriffen und vertieft werden, um die Unterschiede zu Fremdwörtern des Deutschen zu erkennen. Selbstverständlich können die Schüler erforschen, welches die Gebersprachen für einzelne Wörter ihres Alltagswortschatzes sind, um zu untersuchen, ob sie bestimmte Muster aufweisen (s. unten, ausführlich: Eisenberg 2012).

Zum anderen sind die Schreibung (und Bedeutung) von Fremdwörtern ein Thema für den Rechtschreibunterricht in Verbindung mit dem Fachunterricht: Das Sammeln und Ordnen von Fachwörtern aus dem Unterricht in Biologie, Physik, Informatik, Mathematik, Chemie und ihr Vergleich hinsichtlich Struktur und Schreibung kann ebenfalls helfen, Regularitäten zu entdecken, vor allem wiederum im Vergleich mit Wörtern des nativen Kernbereichs. Dabei geht es, wie auch beim Entdecken der Regularitäten im nativen Bereich, immer um die Orientierung am richtig geschriebenen Wort, um die graphematischen Besonderheiten und ihr Verhältnis zu den phonologischen Besonderheiten zu entdecken: „Viele Fremdwörter muss man sehen, um sie zu verstehen“ (Eisenberg 2002, S. 122).

Fremdwörter, insbesondere aus Fachwortschätzen, können, wo möglich, auch hinsichtlich ihrer Gebersprachen untersucht werden: Wörter aus dem Griechischen und Lateinischen haben einen weitgehenden Integrationsprozess hinsichtlich der Angleichung an die deutsche Aussprache und teilweise an das deutsche Schriftbild genommen, französische und englische Entlehnungen unterscheiden sich stark hinsichtlich des Grades ihrer Anpassung. Für die vier wichtigsten Gebersprachen lassen sich jedoch typische Schreibungen feststellen, die im Unterricht dann relativ systematisch betrachtet werden können: Schreibungen mit ⟨th, ph, ps, rh⟩ und Suffixen wie ⟨-ik, -ion⟩, sind z. B. typisch für Fremdwörter aus dem Griechischen. Graphemkombinationen wie ⟨sh⟩ und einsilbige Substantive wie *Job, Shop, Cut* sind typisch für das Englische usw. Auch hier können Lerner durch die Analyse von Fremdwörtern aus unterschiedlichen Quellsprachen ihre Besonderheiten größtenteils selbst entdecken und auch Erkenntnisse darüber gewinnen, ob bestimmte Fach- und Sondersprachen die Tendenz haben, aus bestimmten Sprachen ihren Fachwortschatz zu gewinnen. In der Medizin sind bis heute das Griechische und das Lateinische die wichtigsten Quellsprachen, in der Computertechnik und inzwischen auch in der Modebranche ist es das Englische (z. B. früher: *Mannequin* – heute: *Model*).

Darüber hinaus sollten sich didaktische Überlegungen auf die morphologischen Gesetzmäßigkeiten, denen Fremdwörter unterliegen, konzentrieren, denn hier ist eine größere Nähe zu den Regularitäten des heimischen Wortschatzes als bei den phonographischen und silbischen Gegebenheiten zu finden ist. Lernende sollten auch bei den Fremdwörtern wesentliche Wortbauprinzipien entdecken können. Dazu kann mit typischen Präfixen und Suffixen gearbeitet werden, die zeigen, welche Suffixe für die Bildung von Wörtern verschiedener Wortarten verwendet werden können: *Thema – thematisieren – thematisch; Funktion – funktionieren – funktional; Existenz – existieren – existent/existentiell.* Es sollte auch einsichtig werden, welche Präfixe im Zusammenhang mit Fremdwörtern vorkommen und wie sie die Bedeutung von Wörtern verändern. Fremde Präfixe (wie *anti-, contra-, ex-, hyper-, inter-, meta-, multi-, neo-, post-, prä-, super-, supra-, trans-*) verändern auch Wörter aus dem heimischen Wortschatz *(Exfreund, Supermarkt)* (vgl. Eisenberg 2013a, S. 270 ff.).

Die folgende Tabelle gibt wichtige Fremdsuffixe für die Ableitung von Substantiven, Verben und Adjektiven an, analog zu den aufgeführten nativen in Kapitel 5.2. Diese Übersicht kann im unterrichtlichen Kontext zwei Funktionen erfüllen: Lerner können diese Suffixe als Identifikationshilfe für Fremdwörter und ihre Wortartzugehörigkeit nutzen. Sie können mit ihrer Hilfe neue Wörter auf der Grundlage dieser Wortbestandteile bilden und die Schreibung und Bedeutung der neuen Wörter klären.

Substantive	Adjektive	Verben
-ie (Anarchie), *-iker (Akademiker),* *-ion (Impression),* *-ik (Mystik),* *-ismus (Impressionismus),* *-ist (Bassist),* *-at (Literat),* *-ant (Demonstrant),* *-and (Konfirmand),* *-ent (Konsument),* *-at (Diktat),* *-age (Collage),* *-ität (Spontanität),* *-um (Diktum),* *-ator (Organisator),* *-or (Direktor),* *-eur (Masseur).* *-ar (Kommissar),* *-är (Funktionär),* *-ett (Etikett),* *-ess (Hostess),* *-esse (Politesse)* *-ist* ist am produktivsten	*-al (basal),* *-ial (bronchial),* *-iv (naiv, produktiv),* *-iell (partiell),* *-ell (formell),* *-uell (aktuell),* *-iös (religiös),* *-ös (nervös),* *-bel (reparabel),* *-istisch (sozialistisch),* *-os (dubios),* *-ual (prozentual),* aber auch Verbindungen mit nativen Suffixen sind möglich: *hypochondrisch, typisch*	*-ier (plakatieren),* *-ifizier (infizieren),* *-isier (alphabetisieren)* *-ier* ist das verbreitetste Fremdsuffix in der deutschen Sprache

Gebräuchliche Suffixe in Fremdwörtern für die Bildung von Substantiven, Adjektiven und Verben (vgl. Eisenberg 2013a, S. 270 ff.)

5.6 Resümee

Auf der Grundlage des bisher Gesagten lässt sich feststellen, dass wir in der Rechtschreibdidaktik, seitdem sich die sprachwissenschaftliche Forschung systematisch mit der Schrift und ihrer Struktur beschäftigt, auf grundlegende Erkenntnisse über den Lerngegenstand Orthographie zurückgreifen können (vgl. z. B. Eisenberg 2013a, Munske 2005, Fuhrhop 2015 usw.). Dieses Wissen sollte die Grundlage für didaktisch-methodische Konzeptionen sein, die angemessene Lernwege bei der Entdeckung und Aneignung der Schriftsprache ermöglichen, auch wenn Schriftsprachdidaktik selbstverständlich kein Abbild sprachwissenschaftlicher Erkenntnisse für den Unterricht liefern soll und kann. Aber gerade dann, wenn „die Didaktik ein Konzept vom forschenden oder entdeckenden Lernen vertritt, bei dem die Lerner auf dem Weg zur

Beherrschung des Lerngegenstandes teils lediglich unterstützt, teils geführt werden, kann sie sich letztlich nur an Eigenschaften des Lerngegenstandes selbst orientieren" (vgl. Eisenberg/Fuhrhop 2005, S. 18).

Als eine wesentliche Ursache für die unzureichenden Rechtschreibleistungen wurden in Kapitel 1 fehlende Struktureinsichten bei den Lernenden ausgemacht (vgl. Löffler/Meyer-Schepers 2005, S. 102), unter anderem, weil „der Unterricht mehr auf übendes als auf verstehendes Lernen ausgerichtet" (Voss/Blatt/Kowalski 2007, S. 30) ist. In diesem Kapitel sollte gezeigt werden, welches sprachliche Strukturwissen lernwirksam gemacht werden muss, um orthographische Lernprozesse zu unterstützen. Schon Riehme stellte 1986 fest: „Viele Regeln sind ohne sichere grammatische Begriffs- und Merkmalskenntnisse nicht verständlich und damit auch nicht einsatzfähig" (Riehme 1986, S. 90).

Das gilt besonders für das Wissen Lehrender über die Schriftstruktur. Erst, wenn Lehrende auf der Grundlage des eigenen Wissens davon überzeugt sind, dass Orthographie ein zwar komplexer, aber überschaubarer Lerngegenstand ist, können sie ihren Schülern entsprechend vorstrukturierte Lernangebote zur Verfügung stellen und so ihren eigenaktiven Erkenntnisprozess unterstützen. Darüber hinaus brauchen Lehrende graphematisches Strukturwissen, um die Lernfortschritte Lernender wahrzunehmen und Fehlschreibungen auf graphematischer Basis angemessen einschätzen zu können, um so weitere Lernschritte abzuleiten.

Im Einleitungskapitel 6 des unterrichtspraktischen Teils dieses Buches soll zunächst umrissen werden, welche didaktischen Grundsätze wichtig sind, damit Strukturwissen nicht zu trägem Wissen wird. Darüber hinaus soll dort gezeigt werden, wie die verschiedenen Wissensarten zusammenspielen, damit „intelligentes" Rechtschreibwissen aufgebaut werden kann – und welche Aufgabenformen in welcher Phase des Lernprozesses wichtig sind.

Teil B:

Didaktische Überlegungen und Übungsvorschläge

6 Zur didaktischen Konzeption: Entdeckendes und experimentierendes Umgehen mit Schriftsprache

6.1 Lernchance: Schriftstrukturen entdecken

Lerner, die zu eigenständigen kognitiven Einsichten in Strukturen und Systeme fähig sind, verschaffen sich intuitiv die adäquaten Zugänge zur Orthographie. Sie bilden eigenaktiv Regeln und Vorstellungen von der Schrift und können, da die schriftsprachlichen Strukturen im Deutschen durchaus systematisch und versteh- und lernbar sind, zu einer sachadäquaten Rekonstruktion des Schriftsystems gelangen. Sie können – auch bei unangemessener Vermittlung im Unterricht – zunächst unsystematisch Erscheinendes so in Zusammenhänge bringen, dass sich Muster und Analogien mental herausbilden. Diese Lerner werden scheinbar „wie von selbst" zu guten Rechtschreibern.

Fehlende Struktureinsicht und folglich viele Fehler sind vor allem ein Problem von Lernern mit Schwierigkeiten (siehe Kapitel 1). Sie brauchen auf dem Weg zur richtigen Schreibung Unterstützung durch vorstrukturierte Lernangebote, die das Operieren mit Schriftsprache und das Analysieren ihrer grundlegenden Regularitäten erlaubt. Der Lerngegenstand Schrift muss deshalb im Unterricht so modelliert und vorstrukturiert werden, dass auch Lernende, die nicht von selbst Wege in und durch die Schrift finden und Zusammenhänge intuitiv aufdecken können, zu schrifttheoretisch angemessenen Hypothesen in Bezug auf orthographische Muster gelangen können. Die sachadäquate Modellierung des Lerngegenstands Schrift bedeutet gleichzeitig eine Orientierung am Kernbereich der Orthographie. Diese Fokussierung der Aufmerksamkeit in Lernprozessen auf eine klare, überschaubare Ordnung heißt zumindest für die meisten Lerner und die ersten Lernjahre, dass Schülerinnen und Schüler nicht mit sämtlichen Zweifelsfällen der Groß- und Kleinschreibung und insbesondere der Getrennt- und Zusammenschreibung oder mit der Schreibung von Fremdwörtern, die selten vorkommen, konfrontiert werden, sondern dass sie Grundlegendes in der Schriftsprache vor dem Hintergrund ihrer bisherigen Spracherfahrungen und -einsichten entdecken und sich aneignen. So können auch Lerner mit einem geringen kognitiven Strukturierungspotential und fehlender Abstraktionsfähigkeit Schrift als einen im Wesentlichen überschaubaren Lerngegenstand wahrnehmen lernen und so Zuversicht in die eigenen Lernmöglichkeiten entwickeln.

Die didaktisch-methodische Aufbereitung schrifttheoretischer Modelle setzt bei Lehrenden das entsprechende Wissen über Grundlegendes in der Schrift voraus. Eisenberg/Fuhrhop (2007) konstatieren jedoch:

> *„Unserer Meinung nach machen die in der Didaktik verwendeten Darstellungen noch immer zu sehr den Eindruck von angehäuften Einzelheiten, die man wissen muss, wenn man orthographisch richtig schreiben will. Wir streichen das meiste davon und versuchen, den unmarkierten und produktiven Teil des Systems in den Mittelpunkt zu stellen."* (Eisenberg/Fuhrhop 2007, S. 25)

Die Orientierung am Schriftsystem hilft darüber hinaus vielen, aber besonders den Lernern mit Schwierigkeiten, ihren Wortschatz zu erweitern, weil sie Möglichkeiten zur Wortbildung kennen- und nutzen lernen, sich über die Bedeutung von Wörtern austauschen können und die Veränderung der Bedeutung von Wörtern, z. B. durch das Anfügen von Präfixen oder durch das Verbinden von zwei Stämmen zu einem neuen Wort, erkunden können. Außerdem hilft ihnen Schriftsprache, Verwandtschaften zu entdecken, die ihnen allein über die Orientierung am Gesprochenen nicht zugänglich werden können: *ändern* und *verändern* sind mit *anders* verwandt; mit der *Gießkanne* kann man *gießen*; der *Briefträger* muss Briefe *austragen;* wer etwas *täglich* tut, macht es jeden *Tag* (siehe Kapitel 7.2).

Darüber hinaus bietet Schriftanalyse eine gute Möglichkeit, um Sprachbewusstheit zu fördern. Sprachbewusstheit bedeutet, dass Sprachbenutzern eine kognitive Orientierung beim Gebrauch von Sprache zur Verfügung steht. Sie ermöglicht es ihnen, Sprache gezielt und willentlich zum Gegenstand der Aufmerksamkeit zu machen (vgl. Andresen/Funke 2006, S. 439, 444). Im Schriftspracherwerb müssen zunächst die phonographisch-silbischen Beziehungen zwischen gesprochener und geschriebener Sprache wahrgenommen werden. Auf dieser Grundlage können morphologische und syntaktische Strukturen, die häufig vor allem visuelle Unterstützung beim Lesen bieten, analysiert und reflektiert werden. Schrift ermöglicht es so, Sprache überhaupt analysierbar zu machen, da sie dauerhaft medial fixiert ist und entsprechend zugänglich wird. Die schriftliche Fixierung erlaubt, das wurde an den Experimenten zur Sprachaufmerksamkeit von Bosch deutlich (siehe Kapitel 2.2), sich von der eigenen Sprecherposition und von der vornehmlichen Orientierung an inhaltlichen Aspekten zu distanzieren und zu abstrahieren. Auf dieser Grundlage können sprachliche Formen und ihre Funktion für die schriftsprachliche Verständigung wahrgenommen werden. Sprachbewusstheit ermöglicht Lernenden, „sowohl das eigene Sprechen und Schreiben als auch das anderer differenziert und kritisch wahrzunehmen und zu beurteilen" (Merten 2006, S. 632).

Die sachadäquate Rekonstruktion der Schriftstruktur ist aber nur eine Seite der Medaille. Die andere bildet die angemessene lerntheoretische Modellierung des Schriftspracherwerbsprozesses. Wenn Lehrende ihr Wissen über Schriftstrukturen ausschließlich lehrerzentriert vermitteln wollen, werden sie bestenfalls deklaratives Wissen (siehe Kapitel 6.2), das „träges" Wissen bleiben muss, bei den Lernenden „anhäufen".

6.2 Wissen als Grundlage für Rechtschreibkompetenz

Zentral für die Entwicklung von Sprachbewusstheit ist die Verfügbarkeit über Wissen, wobei es gerade für rechtschriftliche Lernprozesse darauf ankommt, dass die unterschiedlichen Wissensformen so miteinander interagieren, dass sich „intelligentes Wissen" (Weinert 1999, S. 33, Helmke 2009, S. 42 ff.) aufbauen kann. Intelligentes Wissen kann als „ein wohlorganisiertes, disziplinär, interdisziplinär und lebenspraktisch vernetztes System von flexibel nutzbaren Fähigkeiten, Fertigkeiten, Kenntnissen und metakognitiven Kompetenzen“ (Weinert 1996, S. 115) verstanden werden. Es zeichnet sich durch eine hohe Anwendungsbereitschaft und die Möglichkeit der Übertragung auf andere Situationen aus. Intelligentes Wissen kann als wesentliche Grundlage für die Entwicklung von Rechtschreibkompetenz verstanden werden.

Für die Entwicklung von (Rechtschreib-)Kompetenz sind, wie aus der Tabelle auf S. 93 ersichtlich, mehrere *Wissensformen* notwendig (Mandl u. a. 1986). Die Trennung in einzelne Wissensformen erfolgt hier in erster Linie aus Gründen der Überschaubarkeit, denn im eigentlichen Schreibprozess wirken sie zusammen. Wie das Zusammenspiel dieser Wissensformen am besten funktioniert, wissen wir bislang noch nicht. Die Vermittlung von deklarativem Wissen, wie es in diesem Band am Beispiel der orthographischen Prinzipien in Kapitel 4 vorgestellt wurde, reicht selbstverständlich nicht als Grundlage für Lernende, um die Rechtschreibung im Kernbereich zu beherrschen. Vielmehr muss es mit Handlungs- und Problemlösungswissen verbunden werden können, so dass es zu Rechtschreibsicherheit führt: „Wer eine Rechtschreibregel aufsagen kann, kann noch lange nicht das in der Regel Ausgesagte richtig schreiben“ (Ossner 2010, S. 168). Das bedeutet jedoch nicht, „dass die Kenntnis von Regeln gänzlich unnötig wäre, vielmehr muss man den Schluss ziehen, dass diese Kenntnis so beschaffen sein muss, dass sie in das prozedurale Wissen übergehen kann“ (ebenda). Hinney (2010, S. 56) erweitert diese Überlegungen folgendermaßen:

> *„Auch Rechtschreibkompetenz zeigt sich im Können, das zwar im Tun ausgebildet wird, aber keineswegs durch ein ‚learning by doing' allein entsteht. Heuristische Kompetenz und metasprachliches Handeln haben vermutlich einen großen Einfluss auf die Selbstorganisation des Lernens zur Kompetenzentfaltung."*

Die Entwicklung von Rechtschreibkompetenz setzt folglich Motivation, Einsicht in die Funktion und den Aufbau des Schriftsystems, Problembewusstsein und metakognitive Kontrolle durch metasprachliches Handeln voraus. Wie die Entwicklung von Rechtschreibkompetenz durch angemessene Lernangebote begleitet werden kann, soll im Folgenden skizziert werden.

6.3 Entdeckendes Lernen im Dialog

Ein wichtiger Weg zur Entwicklung von Sprachbewusstheit, zur angemessenen Rekonstruktion des Schriftsystems und somit im Idealfall zu einem anwendungsbereiten Wissen über die Verwendungsweisen schriftsprachlicher Mittel führt über entdeckendes Lernen und aktives Erforschen von Sprache zum Erkennen und Begreifen sprachlicher Strukturen. Es geht in solchen Lernszenarien um „die Gewinnung von Einsichten in die Sprach- und die Schriftstruktur sowie das kontrollierte Verfügen über formale Muster beim schriftsprachlichen Handeln“ (Bredel 2013, S. 154).

Wissensform	Beispiel: Morphemkonstanz bei der Auslautverhärtung	Beispiel: satzinterne Großschreibung
deklaratives Wissen (propositionales Wissen oder Wissen über Sachverhalte)	Wortverwandtschaften werden in der Schrift sichtbar: Gleiches schreibt man gleich.	Erweiterbare Kerne von Nominalgruppen schreibt man groß.
prozedurales Wissen (Wissen, das die Ausführung von Fertigkeiten steuert, das Können)	Schreibe *Kind* mit ⟨d⟩.	Schreibe *Kind* groß.
Wissen um Problemlösungen (Problemlösewissen und Problemlöse-fertigkeiten)	**Kint* oder *Kind*? „Verlängere das Wort, dann weißt du's sofort!"	Wenn ich mir nicht sicher bin, ob groß oder klein, dann erweitere ich das Wort mit Hilfe von Attributen: *das Kind – das kleine Kind.*
metakognitives Wissen (Wissen um die eigenen Kognitionen, Steuerung und Kontrolle des Lernens, Sprachbewusstheit)	Wenn ich einsilbige Formen schreibe, muss ich aufpassen, ob es in der zweisilbigen Form einen Konsonanten gibt, der in der einsilbigen Form anders gesprochen wird. Das betrifft folgende Paare: [t/d, k/g, p/b]. Ich muss daran denken, dass ich Gleiches gleich schreibe und als Orientierung die zweisilbige Form nehme. Das muss ich auch bei zusammengesetzten Wörtern wie *Radweg, Handschuh* beachten.	Die Großschreibung von Wörtern innerhalb von Sätzen fällt mir noch schwer, besonders beim Schreiben von längeren Texten. Häufig schreibe ich vor allem solche nominalen Kerne nicht groß, die nicht immer großgeschrieben werden *(das schnelle Laufen, mein besseres Ich).* Wenn ich einen Satz schreibe, muss ich überprüfen, ob es erweiterbare Kerne von Nominalgruppen gibt und ob ich sie großgeschrieben habe.

Wissensformen im Rechtschreiblernprozess

Um entsprechende Lernprozesse im Unterricht zu ermöglichen, eignet sich Klafkis Prinzip des exemplarischen Lehrens und Lernens als entdeckendes, genetisches Lernen in besonderem Maße. Dieses Prinzip ist eine der didaktischen Grundlagen des hier dargelegten und in den Arbeitsmaterialien (siehe Kapitel 7) konkretisierten Ansatzes für einen Rechtschreibunterricht auf der Basis der Graphematik. Solch ein Unterricht versteht sich als Sprachunterricht im umfassenden Sinne, ist also nicht nur bezogen auf den Erwerb von Rechtschreibkompetenz, sondern auch beim Schreiben und Lesen muss immer wieder gezeigt werden, wie sich die Struktur von Schrift auf die schriftliche Sprachproduktion und -rezeption auswirkt und wie sie „funktioniert".

Klafki (1996) geht im Sinne des exemplarischen Lehrens und Lernens davon aus, dass die Selbstständigkeit von Lernenden dadurch gefördert wird, dass sie sich an einer überschaubaren Zahl von ausgewählten Beispielen verallgemeinerbare Kenntnisse, Fähigkeiten und Einstellungen erarbeiten, also Wesentliches entdecken, Strukturen erfassen, Gesetzmäßigkeiten erkennen und übergreifende Zusammenhänge aufzeigen (vgl. Klafki 1996, S. 143 f.). Das exemplarische Lehren und Lernen ist an zwei Bedingungen geknüpft: Zum einen müssen der jeweilige Entwicklungsstand der Lernenden, ihre Interessen und ihre Fähigkeiten zum Umgang mit Problemstellungen verknüpft werden mit den Anforderungen und Aufgaben, denen sie sich im Unterricht stellen müssen. Das bedeutet, auch im Hinblick auf die Arbeitsmaterialien in Kapitel 7, dass Lehrende Lernangebote (Aufgaben, Materialien) unter Berücksichtigung der individuellen Lernvoraussetzungen der Lerner und den mit ihrem Einsatz verbundenen Zielen kritisch betrachten und entsprechend auswählen und modifizieren müssen.

Zum anderen, das ist die zweite Bedingung, muss gewährleistet werden können,

> *„daß der Unterricht die Gesetzmäßigkeiten, die Prinzipien, die Strukturen, die Zusammenhänge, die gelernt, besser: erarbeitet, produktiv angeeignet und dann anwendend erprobt und gefestigt werden sollen, nicht in abgeschlossener, fertiger Gestalt darbietet, [...] sondern daß er den Schülern dazu verhilft, die ‚sachlogischen' Stufen der Entwicklung solcher Gesetzmäßigkeiten, Strukturen, Zusammenhänge entweder schrittweise aufbauend nachzuvollziehen bzw. zu entdecken oder aber analytisch vom ‚fertigen' Ergebnis aus rückschreitend, zu rekonstruieren."*
>
> (Klafki 1996, S. 146 f.)

Das Entdecken der sachlogischen Struktur des Lerngegenstands Orthographie ist jedoch nur möglich, wenn die für das Lernen ausgewählten Beispiele und Materialien diese Entdeckungen überhaupt zulassen. Dafür ist die Sachkompetenz der Lehrenden gefordert, die zunächst die Schriftstruktur selbst verstanden haben müssen, um die entsprechenden vorstrukturierten Lernangebote auswählen zu können.

Das exemplarische Lehren und Lernen hängt zudem eng mit dem von Wagenschein (1982) formulierten „genetischen Prinzip" zusammen. Dabei geht es immer darum, dass Lernen und Erkenntnisgewinn dann am besten möglich sind, wenn Lernende die Struktur des Gegenstands auf der Grundlage ihres eigenen Vorwissens und Problemverständnisses selbst schrittweise entwickeln und entdecken können. Dazu gehört, dass sie nicht mit vorgefertigten Begriffen konfrontiert werden, sondern selbst Vorstellungen von der Ordnung und Struktur eines Gegenstandes entwickeln (siehe Kapitel 7).

Außerdem ist Teil des genetischen Lernens, dass Raum bleibt für Fragen danach, wie es zu bestimmten Schreibungen gekommen ist: Wieso werden gerade im Deutschen Kerne von Nominalgruppen großgeschrieben? Wieso schreibt man Eigennamen (nicht nur im Deutschen) groß? Warum ist es zweckmäßig, für [iː] ⟨ie⟩ zu schreiben?

Die Erarbeitung benötigt schon allein deshalb mehr Zeit, weil forschendes und eigenaktives Lernen auf der Grundlage von strukturierten Lernangeboten auch Umwege und ein gewisses Maß an Verunsicherung zulässt (vgl. Köller 1997, S. 30). Die so gewonnenen Erkenntnisse, so die grundlegende Annahme, sind jedoch in der Regel anwendungsbereit und übertragbar, denn Lernen wird als bewusster, hypothesengeleiteter Prozess wahrgenommen.

Zur Unterstützung der eigenaktiven Hypothesen- und Regelbildung sollte immer wieder auf dialogische und kooperative Arbeitsformen zurückgegriffen werden. Im Austausch werden Hypothesen und Vorstellungen formulierbar und können gemeinsam überprüft und revidiert werden. Erst so kann ein Erkenntnisprozess überhaupt in Bewegung gesetzt werden, denn der Austausch ermöglicht es, überhaupt Ordnungen wahrzunehmen und Selbstverständliches in Frage zu stellen. Lerner erleben, wie man so alltägliche, zunächst häufig diffus wirkende Lerngegenstände wie die Schrift erforschen und ihre „verborgene" Ordnung entdecken kann. Schon Vygotski begründete die Bedeutung kooperativer Lernformen folgendermaßen:

> *„In der Zusammenarbeit ist das Kind stärker und klüger als in der selbstständigen Arbeit. Es erreicht hinsichtlich der von ihm bewältigten intellektuellen Schwierigkeiten ein höheres Niveau, jedoch besteht immer ein bestimmter, streng gesetzmäßiger Abstand zwischen seinem Verstand bei selbstständiger Arbeit und seinem Verstand bei Zusammenarbeit."* (Vygotski 2002, S. 328 f.)

Darüber hinaus ermöglichen dialogische Lernformen, da sie auf Austausch und Verständigung ausgerichtet sind, die Entwicklung von metasprachlichen und metakognitiven Strategien, denn die „Unfähigkeit, sich des eigenen Denkens bewusst zu werden, [...] dauert bis zum Alter von 11–12 Jahren [...] an" (ebenda, S. 278).

Aber auch die Tatsache, dass in dialogischen Situationen Wörter und Sätze zwangloser vorgesprochen und vorgelesen werden können, ist für die Beschäftigung mit einem Lerngegenstand wie Schrift nicht unerheblich: Lerner können den Zusammenhang zwischen Phonie und Graphie müheloser herstellen und Beziehungen zwischen beiden Sprachformen aufdecken. Grundlage für das Vorlesen von Wörtern sollte die Explizitlautung sein, d. h. die schriftnahe Einzelwortartikulation, bei der Wörter Wort für Wort gesprochen werden, damit sie relativ unbeeinflusst von der lautlichen Umgebung wahrgenommen werden können (vgl. Eisenberg/Fuhrhop 2007, S. 21). Der damit verbundene und hier vertretene schriftbasierte Ansatz bietet zudem die Möglichkeit, dass Lerner im Dialog eine Verständigungsbasis haben, um sich die Unterschiede zwischen Gelesenem, Gehörtem und Gesprochenem zu verdeutlichen und so nicht in die Verlegenheit kommen, am eigenen Hören oder Sprechen zu zweifeln. Vielmehr können sie durch die Erprobung unterschiedlicher Aussprachevarietäten feststellen, wie die Schrift mit dem größeren Variantenreichtum in der gesprochenen Sprache umgeht, und können sich der Funktion von schriftsprachlichen Einheiten annähern. Insgesamt soll der hier vertretene Ansatz des forschenden, dialogischen Lernens erreichen, dass Lehrende und Lernende

> *„den Blick [...] weg von der Fehler- und Normorientierung des Rechtschreibunterrichts und hin auf den Vorgang und die Ordnungen des Rechtschreibens lenken".* (Eisenberg/Feilke 2001, S. 14)

Den Ausgangspunkt des Lernens bilden die (schrift-)sprachlichen Erfahrungen der Schüler, die in Verbindung mit strukturierten Sprachangeboten zu eigenaktiver Hypothesenbildung und -überprüfung führen und die Grundlage für eine sichere Rechtschreibkompetenz im Kernbereich der Orthographie bilden.

Die folgenden Arbeitsmaterialien sollen exemplarisch verdeutlichen, wie das Konzept umgesetzt werden kann. Bei der kritischen Sicht auf diese Materialien muss aber immer wieder bedacht werden, dass sie weder die individuellen Voraussetzungen und Bedingungen einer Lerngruppe berücksichtigen noch die konkreten Lernfortschritte antizipieren können. Darüber hinaus sind die Aufgabenangebote auf das Material Papier angewiesen und sollen in erster Linie Handlungsanweisungen für die Schülerinnen und Schüler bilden.

Durch Lernspiele (exemplarisch vgl. Bangel 2015 und Müller/Bangel 2014) und Gespräche (vgl. Schröder 2014) angeregte Entdeckungen, Übertragungen des Gelernten in andere Zusammenhänge (in das Schreiben im Fachunterricht, auf das Lesen im Deutschunterricht usw.) können hier also nicht ausgewiesen werden, sondern setzen pädagogische Handlungskompetenz voraus.

7 Zu den Arbeitsmaterialien

In diesem Kapitel werden, wie bereits angekündigt, exemplarisch Aufgaben und Materialien vorgestellt, die dem graphematischen Ansatz verpflichtet sind und demzufolge davon ausgehen, dass Lerner durch strukturierte Lernangebote Einsichten in das Schriftsystem gewinnen können. Diese Erkenntnisse bilden einerseits die Grundlage für eine gute Rechtschreibung und können andererseits zur Wortschatzerweiterung und zur Leseunterstützung genutzt werden. Da Struktur, Funktion und Bedeutung von Wörtern und Sätzen im Lernprozess immer wieder zum Thema werden, ist davon auszugehen, dass sich metasprachliches Wissen (siehe Kapitel 6.2) entwickeln kann. Unter lerntheoretischen Gesichtspunkten sind diese Angebote dem in Kapitel 6.3 dargelegten forschenden und dialogischen Lernen verpflichtet.

Die exemplarischen Aufgaben sind als Anregungen für den Unterricht gedacht. Sie können entsprechend den individuellen Lernbedingungen und -möglichkeiten verändert und erweitert werden. Veränderungen sind vor allem möglich

- hinsichtlich der Anzahl der Aufgaben, die im Unterricht eingesetzt werden,
- hinsichtlich des binnendifferenzierenden Vorgehens in Bezug auf den Schwierigkeitsgrad einzelner Teilaufgaben,
- hinsichtlich des Umfangs des zu bearbeitenden Wortmaterials und der auszuführenden Teilaufgaben und
- hinsichtlich der Arbeits- und Sozialformen und der Lenkung bei der Arbeit mit diesem Material.

Um die Beispielaufgaben auf die Lernbedingungen in der konkreten Lerngruppe abstimmen zu können, können die Downloadmaterialien in ihrer bearbeitbaren digitalen Form genutzt werden. Die Entscheidung über mögliche Varianten muss selbstverständlich in Abhängigkeit von den Lernvoraussetzungen und dem Leistungsstand der Lerner individuell getroffen werden. Die Lernprogression des Materials richtet sich in erster Linie an der Struktur des Lerngegenstandes „Schrift“ aus. Der Komplexitätsgrad nimmt in der Regel stetig zu, so dass sie sich im Sinne eines spiralcurricularen Aufbaus der Lerneinheiten für verschiedene Klassenstufen, angefangen in Klasse 5, teilweise auch früher, eignen.

Aufgaben zur Wortschreibung, zur Wortbildung und zur satzinternen Großschreibung aus dieser Materialsammlung bzw. in leicht abgewandelter Form sind außerdem in einem Schülerarbeitsheft für Klasse 5/6 zu finden, das zusätzlich zu diesem Buch genutzt werden kann (vgl. Bangel/Müller 2018). Die in diesem Schülerarbeitsheft abgedruckten Aufgaben sind in einer Interventionsstudie in Jahrgang 5 erprobt und evaluiert worden (vgl. http://gepris.dfg.de/gepris/projekt/279112504, letzter Zugriff am 25.09.2017). Die Aufgaben, die sich in dieser oder leicht abgewandelter Form im Schülerarbeitsheft finden, sind in den Übersichten zu den einzelnen Aufgaben mit einem Stern (*) versehen. Ihre Zählung entspricht nicht der im Schülerarbeitsheft, da sie in die ausführliche Aufgabensammlung dieses Bandes eingebunden sind.

Im Verbund mit Rechtschreibgesprächen, mit Spielen (vgl. Bangel 2014) und mit vielfältigen Übungen zur Festigung des Gelernten, die die Automatisierung der richtigen Schreibung zum Ziel haben, ist ein erfolgreiches Rechtschreiblernen, gerade schwächeren Schülerinnen und Schülern, mit diesen Materialien möglich (vgl. Bangel/Müller 2016).

Der Lernerfolg beim Einsatz der Aufgaben und Materialien ist jedoch wesentlich davon bestimmt, wie mit den Entdeckungen und Einsichten in die Struktur von Schrift weitergearbeitet wird. Das heißt, dass das Material nicht mechanisch abgearbeitet werden darf, sondern dass die Entdeckungen und die durchgeführten Operationen immer auch integrativer Bestandteil der Arbeit an eigenen Texten und an Texten im Leseunterricht sein sollten. Das betrifft auch das gesonderte Schülerarbeitsheft. Es ist nicht als „Selbstlernmaterial" für die Einzelarbeit zu Hause o. Ä. konzipiert, sondern kann sinnvoll nur in einen Rechtschreibunterricht, in dem es vorstrukturierte und von der Lehrkraft begleitete Lehr-Lern-Prozesse gibt, wirkungsvoll eingesetzt werden.

Selbstverständlich sind im Unterricht immer wieder Wiederholungs- und Vertiefungsphasen einzuplanen, die im Material selbst nicht explizit ausgewiesen sind, da sie in Abhängigkeit von den individuellen Lernbedingungen geplant werden müssen.

Integrative Ansätze ergeben sich beispielsweise folgendermaßen: Beim Textschreiben können die Lerner z. B. die Wörter, bei deren Schreibung sie sich nicht sicher sind, mit einem Punkt unter dem Wort markieren. Diese Wörter können – je nach Erkenntnisstand der Klasse – dann in Rechtschreibgesprächen (vgl. Schröder 2014) thematisiert werden. Die Lehrenden können auch individuelle Lernhilfen und Erklärungen anbieten. Darüber hinaus lassen sich Wörter aus eigenen oder fremden Texten (z. B. aus den Texten im Leseunterricht) suchen, die das im Unterricht thematisierte Schriftphänomen enthalten. Die Einsichten in die Schriftstruktur sind gleichzeitig Grundlage für das „Entschlüsseln" von Wortbedeutungen: Stämme können gefunden und ihre Bedeutung geklärt werden, bedeutungsdifferenzierende Präfixe ermittelt werden usw.

Die Aufgabenbeispiele sind in erster Linie *Lernaufgaben*. Lernaufgaben sind die Grundlage für den „Aufbau von Kompetenzen und Fertigkeiten" (Lindauer/Schneider 2007, S. 114) und lassen sich in Erarbeitungs- und Übungsaufgaben unterscheiden. *Erarbeitungsaufgaben* haben die Funktion, „die Aneignung und Ausdifferenzierung subjektiver Regelhypothesen und metasprachlicher Prüfoperationen bei den Lernenden" (Hinney u. a. 2008, S. 114) zu ermöglichen. Die Überprüfung der Hypothesen und die Anwendung der eigenaktiv gewonnenen Regeln erfolgt dann in der Vertiefungsphase mit Hilfe von *Übungs- und Anwendungsaufgaben*. Das Erarbeitete soll mit ihrer Hilfe automatisiert und auf neue, leicht variierende Situationen übertragen werden.

Lernaufgaben zeichnen sich dadurch aus, dass es einen offenen, anregenden und problemorientierten Austausch zwischen Lernenden gibt, dass Fehler und Irrwege möglich sind, dass gemeinsam nach Lösungen gesucht wird und so Wissen erworben werden kann (vgl. Abraham/Müller 2009, S. 5).

In *Leistungsaufgaben* steht hingegen die Überprüfung der Lernentwicklung im Vordergrund. Wenn in den folgenden Aufgaben Überprüfungen eingeplant sind, dann geht es in der Regel um eine Selbstüberprüfung, d. h., dass die individuellen Lösungen zunächst den Lernenden selbst zeigen sollen, was sie schon können und wo sie noch Schwierigkeiten haben. Es geht hier also nicht vorrangig um die Bewertung von Leistungen, obwohl sich einzelne Aufgaben dazu eignen, auch in benotbare Leistungsüberprüfungen umgewandelt zu werden.

Die Aufgaben sind für den Einsatz ab ca. Klasse 5 konzipiert und gehen von Lernern aus, die sich vorher in einem relativ „traditionellen“ Unterricht mit der Rechtschreibung beschäftigt haben. Der in vielen Bundesländern in Klasse 5 erfolgende Übergang zur weiterführenden Schule eignet sich für eine Neuorientierung des schriftsprachlichen Lernens besonders deshalb, weil die neue Lernsituation von den Lernenden häufig als eine Chance für einen Neuanfang begriffen wird (vgl. Wrobel 2008, S. 206). Zu bedenken ist jedoch, dass der veränderte Zugang zur Schrift Umlernen erfordert, was oft zeitaufwendiger ist als das Neulernen. Das muss Lernenden immer auch bewusstgemacht werden.

Die Aufgaben können, mit entsprechenden Veränderungen, jedoch auch schon im 3. oder 4. Schuljahr eingesetzt werden. Die Entscheidung für den Beginn in Klasse 5 ist ausschließlich aus pragmatischen Gründen getroffen worden. Das Entdecken der Schriftstrukturen kann und sollte mit dem sogenannten Anfangsunterricht einsetzen (vgl. z. B. Bangel u. a. 2017, Bredel 2015, Bredel/Fuhrhop/Noack 2017, Rautenberg u. a. 2016). In Kapitel 5 wurde auf weitere Beiträge verwiesen, in denen exemplarisch gezeigt wird, wie bereits jüngste Lerner Einblicke in die Schriftstruktur für den Schriftspracherwerb nutzen können.

Die Aufgaben sind nach dem jeweiligen rechtschriftlichen Lernbereich geordnet. Aufgaben, die inhaltlich eng zusammengehören, werden in einem kurzen Einführungstext gebündelt vorgestellt.

Es sei noch einmal darauf verwiesen, dass es sich um exemplarische Aufgaben handelt. Nach Leistungsstand und Vorwissen der Lerner muss entschieden werden, ob es zu einzelnen Bereichen weitere Aufgaben zur Vertiefung geben muss, ob stärker lehrergelenkte Lernphasen eingebaut werden müssen, wo sich spielerische Angebote eignen, wann es Wiederholungs- und Anwendungsphasen geben sollte und wie das Material in Abhängigkeit von der Leistungs- und Sprachheterogenität der Lerngruppe individuell zugeschnitten werden kann. Das betrifft ebenfalls Fragen der Illustration, der Schriftgröße, des Umfangs des Wortmaterials usw. Dies kann jeweils nur in Abhängigkeit vom Lernstand der konkreten Lerngruppe entschieden werden.

7.1 Die Entdeckung der Wortstruktur in deutschen Wörtern

Die 45 Aufgaben dieses Kapitels helfen, wesentliche Struktureinsichten in den Bau prototypischer Zweisilber zu gewinnen und wesentliche Begriffe einzuführen und zu festigen. In den Aufgaben werden konsequent die Fachtermini verwendet, die im Zusammenhang mit dem graphematischen Ansatz geprägt wurden. Als Arbeitsbegriffe für den Unterricht sollte aber, wo es sich anbietet, auf solche zurückgegriffen werden, die die Lerner in der Auseinandersetzung mit dem jeweiligen Schriftphänomen selbst geprägt haben. Das sind häufig sehr anschauliche Begriffe. So arbeiten die Klassen von Spiegel (2001) nicht mit den Termini „Konsonant" und „Vokal", sondern mit den „Roten" und den „Blauen" – in Anlehnung an die farbliche Markierung der entsprechenden Grapheme. Lerner, auf die sich Hinney (2004) bezieht, nennen Vokalgrapheme auch „Vokalkönige" und markieren sie entsprechend in ihren Beispielwörtern mit einer kleinen Krone. Auch für andere Phänomene sind Arbeitsbegriffe, die die Lerner selbst finden, möglich. Viel wichtiger als die richtige Bezeichnung ist, dass sie das mit dem Begriff verbundene Sprachphänomen verstanden haben. Entsprechend können die Arbeitsblätter mit Hilfe der digitalisierten Fassung verändert werden.

In den Aufgaben zur Entdeckung der Wortstruktur kommen folgende Fachtermini vor:

> Vokalbuchstabe, Umlautbuchstabe, Doppelvokalbuchstabe, Schreibdiphthong, Stammvokal, Konsonantbuchstabe, Silbe, Silbengrenze, Silbenbogen, Silbenkern, Silbengelenkschreibung, offene und geschlossene Silbe, betonte und unbetonte Silbe, Silbenprobe, Silbenendrand, Silbenanfangsrand, Reimwörter, zusammengesetzte Wörter, Wortstamm

Grundlegend für die Arbeit sind die didaktischen Prinzipien des exemplarischen und des dialogischen Lernens (siehe Kapitel 6.3). Das dialogische Lernen gestattet zum einen, dass viele Aufgaben zunächst im Plenum gelöst bzw. „angespielt" werden, und zum anderen, dass mit einem Partner gelernt wird. Gerade weil es um basale Struktureinsichten durch entdeckendes Lernen geht, sind der Austausch, das Vorlesen und Vorsprechen, das Erproben von Aussprachevarietäten, der Austausch über die Bedeutung von Wörtern, das Formulieren von Entdeckungen maßgeblich für den individuellen Lernerfolg.

Die Aufgaben werden im Folgenden nach thematischen Blöcken vorgestellt. Die Reihenfolge der Aufgaben entspricht im Wesentlichen der Struktur des Lerngegenstands „Wortstruktur". Sie sind für Lerner ab dem 5. Lernjahr konzipiert, die bislang nicht mit dem schriftstrukturellen Ansatz gearbeitet haben, und üben deshalb vor allem erarbeitende Funktion aus. Wenn es bereits Vorkenntnisse gibt, können einzelne Aufgaben auch als Übungs- und Anwendungsaufgaben eingesetzt werden (siehe Kapitel 7). Die Aufgaben eignen sich bereits für Lerner ab dem 3. Lernjahr. Dann sollte allerdings besonders genau beachtet werden, dass das für die Verdeutlichung der Schriftstruktur verwendete Sprachmaterial den Lernern bekannt ist. Für diese Entdeckungen ist das Sprachmaterial (Wörter, Reime, kurze Texte) so aufbereitet, dass es kognitive Zugänge zum Wortaufbau ermöglicht. Die Lernprogression richtet sich dabei an der Struktur des Lerngegenstands aus.

Als Material, auf das in einzelnen Übungen verwiesen wird, werden im Anhang Wortkarten angeboten. Die Wortkarten der Gruppe 1 enthalten Wörter aus dem Kernwortschatz, die die Entdeckung der Silbenstruktur im unmarkierten Kernbereich der

Wortschreibung unterstützen können. Gruppe 2 enthält Wörter mit regelhaft markierten geschlossenen Silben (Silbengelenkschreibung), mit besonderen Silbengelenkschreibungen und mit Schreibungen aus dem Peripheriebereich (Dehnungs-h, Doppelvokale). Die Wörter der Wortkarten 2 (und auch die damit verbundenen Aufgaben) sollten erst eingesetzt werden, wenn es eine Sicherheit beim Analysieren und Schreiben der Wörter des unmarkierten Kernbereichs gibt.

Die Kopiervorlagen für die Wortkarten (im Downloadmaterial) können auf Karton kopiert und/oder laminiert und zerschnitten werden. Die Wortkarten 1 und 2 sollten auf verschiedenfarbiges Papier kopiert werden, damit sie gut zu unterscheiden sind.

Die Wortkarten eignen sich außerdem für vielfältige Zuordnungsübungen und können helfen, die „Ordnung" der Wortschreibung bezüglich der phonographisch-silbischen Struktur im Kernbereich und später in der Peripherie zu entdecken. Die Größe der Wortkarten sollte dem Karteikartenformat DIN A8 (Größe: 5,2 × 7,4 cm) entsprechen, sodass auch eigene Wörter nach Themen- oder Fehlerschwerpunkten auf entsprechenden Karteikarten in der Klasse ergänzt werden können.

Neben den hier vorgeschlagenen Aufgaben können die Karten auch alphabetisch sortiert werden (Ziel: Wiederholung des Alphabets, z. B. für die Arbeit mit dem Wörterbuch), sie können nach dem jeweiligen Vokalbuchstaben im Wortstamm geordnet werden, nach der Wortart (Substantive, Verben, Adjektive) usw. Es ist auch möglich, sie für die Wortschatzarbeit (z. B. sinnvolle zusammengesetzte Wörter bilden) und für Schreibaufgaben zu nutzen, z. B., indem jede Schülerin und jeder Schüler sich fünf Karten zieht, deren Wörter in seiner Geschichte vorkommen müssen usw.

Silbenbögen sollten die Lerner im Zusammenhang mit der Silbenprobe (◡◡) und dem Bilden der zweisilbigen Form (◡→) als Strukturierungs- und Korrekturhilfen kennen- und verwenden lernen.

Für die sprachaufmerksame Arbeit bietet es sich ebenfalls an, die Schülerinnen und Schüler „Rechtschreibgespräche" (vgl. Schröder 2014) führen zu lassen. Dabei geht es im Sinne des exemplarischen Lernens darum, die Schreibung von einzelnen Wörtern aus dem Kernbereich zu begründen, Strukturen zu erklären, diese mit anderen Wörtern zu vergleichen, Analogien zu bilden, Verwandte zu suchen usw. Rechtschreibgespräche ermöglichen es, über Schriftstrukturen zu sprechen und Zusammenhänge zwischen gesprochenen Wörtern und ihrer Schreibung aufzuzeigen. Im Sinne des dialogischen Lernens können gerade schwache Schreiber erfahren, wie sich andere Lerner an die Systematik der Wortschreibung annähern.

Es kann in solchen Gesprächen auch thematisiert werden, was die Lernenden schon gut können und wo sie noch Schwierigkeiten haben. Die Ausbildung metakognitiver Kompetenzen kann so unterstützt werden. Rechtschreibgespräche können ebenfalls helfen, bestimmte Begriffe, die als Arbeitsgrundlage dienen, zu festigen und anzuwenden (wie z. B. „offene und geschlossene Silbe", „Vokalbuchstaben", „Konsonantbuchstaben", „Silbenprobe", „Silbengelenkschreibung" oder die entsprechenden selbstgewählten Arbeitsbegriffe). Solche Gespräche eignen sich als Einstiegsritual für Rechtschreibstunden, können aber auch in den Lese- und Schreibunterricht eingebunden werden.

Auch Wörterbücher sollten Lernern zur Verfügung stehen. Sie eignen sich gut als Grundlage für differenzierte Lernangebote (die schnelleren Schülerinnen und Schüler können weitere Beispielwörter mit gleicher Struktur suchen oder Verwandte finden usw.). Auch das Potenzial der Wörterbucharbeit für die Wortschatzerweiterung liegt auf der Hand.

Die Aufgaben zur Entdeckung und Automatisierung der Wortschreibungen werden in den Arbeitsmaterialien in diesem Band den größten Raum einnehmen, denn es gibt bislang nur wenige Aufgabenbeispiele für die Erfassung der Wortstruktur nach dem graphematischen Ansatz. Die Materialien greifen Anregungen aus einzelnen dieser Veröffentlichungen auf und führen sie weiter. Das betrifft z. B. die Arbeit mit der Silbenprobe nach Hinney seit 1997 und das Hausmodell nach Bredel (2010). Wer weitere Aufgaben mit dem entsprechenden Wortmaterial nutzen möchte, kann auf diese Datenbank zurückgreifen: http://dora.hosting.uni-hildesheim.de/, letzter Zugriff am 25.09.2017.

Aufgaben 1 bis 12: Silbenstruktur in deutschen Wörtern

In diesen Übungen geht es um die Erarbeitung der Baumuster 1 und 2 (vgl. Kapitel 5.1) und dabei um folgende Lerninhalte:

- Anzahl von Silben in Wörtern,
- Unterscheidung von Vokalbuchstaben und Konsonantbuchstaben,
- Betonungsverhältnisse im gesprochenen prototypischen Zweisilber und seine Beziehung zum geschriebenen Wort,
- Analyse von offenen und geschlossenen Schreibsilben,
- Struktur von unmarkierten Schreibsilben.

Mit diesen Übungen können die Kinder die grundlegende Struktur deutscher Wörter entdecken. Auch wenn diese Entdeckungen an einzelnen Wörtern vorgenommen werden, sollte immer bewusst sein, dass es sich dabei um das Erkennen grundlegender Zusammenhänge handelt und es nicht um die Schreibung von Einzelphänomenen geht. Die Auswahl des Sprachmaterials muss diese Entdeckungen ermöglichen.

Bei den Aufgaben handelt es sich fast durchgängig um Erarbeitungs- und Übungsaufgaben. Als Wortmaterial dienen ausschließlich einfache Wörter (Simplizia). Wenn die Lerner in den ersten Aufgaben zur Anzahl von Silben in Wörtern von sich aus zusammengesetzte oder abgeleitete Wörter anbieten, da diese noch mehr Silben als die hier vorgestellten enthalten (*Fahrkartenschalter, Spielzeuggeschäft, vorankommen* usw.), dann können auch diese zur Ermittlung der Silbenanzahl herangezogen werden. Für die Analyse der Betonungsverhältnisse und der Struktur von prototypischen Schreibsilben (ab Aufgabe 3) sollten jedoch zunächst ausschließlich unmarkierte trochäische Zweisilber genutzt werden. Das lässt sich für die Lerner gut begründen, denn diese Wörter kommen zum einen sehr häufig in der deutschen Sprache vor, zum anderen „sieht" man an ihrer Struktur viel über ihre Aussprache und auch über die Schreibung von verwandten Wörtern. Wörter wie *Flugzeug, Gefühl, kaputt, entzwei, eklig* usw. gehören in dieser Lernphase einfach nicht in den Unterricht, wenn es um das Entdecken grundlegender Strukturen geht. Die sachangemessene Auswahl des Sprachmaterials und die entsprechenden didaktisch-methodischen Überlegungen zur Gestaltung des Lernprozesses gehören unbedingt in den Aufgabenbereich der Lehrenden und setzen fachliche und fachdidaktische Expertise voraus.

In leistungsstarken Lerngruppen kann, wenn das im Unterrichtsgespräch von den Lernern selbst thematisiert wurde, dazu z. B. überprüft werden, um was für Wörter es sich bei den Wörtern aus dem Sprachmaterial, die aus mehr als zwei Silben bestehen, handelt: *Rosine, Kalender, Konfitüre, Banane* usw. sind Fremdwörter (siehe Kapitel 7.5). Sie sind leicht in Fremdwörterbüchern zu finden. Wenn es mehrsprachige Lerner gibt, kann man diese Wörter auch in andere Sprachen übersetzen und wird bei einigen feststellen, dass sie auch in anderen Sprachen so ähnlich klingen und in diese ebenfalls „eingewandert" sind. Sehr leistungsstarke Lerner können an solchen Wörtern erforschen, woher sie kommen und wann und vielleicht auch warum sie in die deutsche Sprache gekommen sind.

Entscheidend ist jedoch in dieser Lernphase, dass die Lernenden ein Gespür für „typisch" deutsche Wörter bekommen. Das sind Zweisilber, deren erste Silbe betont ist, und Einsilber, die problemlos in erstbetonte Zweisilber verwandelt werden können. Auch das kann man an dem Sprachmaterial aus dem Kasten von Aufgabe 1 und von den Wortkarten 1 überprüfen: *Tisch – Tische, Stein – Steine, fest – fester*. Sprachaufmerksame Lerngruppen werden sicher feststellen, dass die meisten Verben in der Grundform immer zweisilbig sind.

Schon in Aufgabe 2 wird als grundlegendes Analyseinstrument die Silbenprobe eingeführt. Sie unterstützt die Entdeckungen der Lerner an prototypischen Zweisilbern, da sich die beiden Bögen genau an der Silbengrenze treffen und diese damit sichtbar werden kann. Die Silbenstruktur wird durch metasprachliches Kontrolllesen erschlossen, die Silbenbögen visualisieren die grundlegenden Baumuster. In den folgenden Aufgaben helfen sie, offene und geschlossene Silben „sichtbar" zu machen.

Neben der Erkenntnis, dass alle Wörter aus Silben bestehen, ist grundlegend, dass alle Schülerinnen und Schüler entdecken, dass in jeder Silbe ein Vokalbuchstabe enthalten ist, auch wenn man ihn beim Sprechen nicht immer hört (siehe Aufgaben 3 und 4). Die Vokalbuchstaben können umkreist oder farbig gekennzeichnet werden.

Auf dieser Grundlage können die Lerner wiederum durch rhythmisch-silbisches Sprechen und die Silbenprobe zu den Wörtern aus den folgenden Aufgaben (siehe Aufgaben 7 und 8) entdecken, dass sich aus der Schreibung der Wörter die Leseregeln ableiten lassen: Endet die erste Schreibsilbe auf einen Vokalbuchstaben, so muss der Stammvokal lang und gespannt gelesen werden. Endet die erste Schreibsilbe auf einen Konsonantbuchstaben, so muss der Stammvokal kurz und ungespannt gelesen werden. Um die Struktur der Schreibsilbe weiter zu vertiefen, werden in Aufgabe 9 „Silbenhäuser" (Bredel 2010) angeboten. Die Kinder können so die Struktur der Schreibsilbe, die aus Silbenanfangsrand, (immer besetztem und immer mit Vokalbuchstaben besetztem) Silbenkern und (offenem oder geschlossenem) Silbenendrand gut nachvollziehen und entdecken, dass der Silbenanfangsrand mehr als einen Konsonantbuchstaben umfassen kann, im Silbenkern immer nur Vokalbuchstaben auftauchen und der Silbenendrand die Aussprache des Stammvokals regelt. In Abhängigkeit von der Lerngruppe kann an dieser Aufgabe, aber auch zu einem späteren Zeitpunkt, wenn die morphologische Struktur von Wörtern genauer betrachtet wird, an der Haus-Struktur gezeigt werden, wo der Morphemschnitt in Simplizia liegt: Der Stamm eines Wortes umfasst die Hauptsilbe und den Silbenanfangsrand der zweiten Silbe (vgl. Bredel 2010).

Zur Festigung der beiden Analyseinstrumente können die Schüler in Aufgabe 10 noch einmal die Silbenprobe anwenden und entdecken, dass beide Instrumente gute Hilfen für die Entdeckung der Wortstruktur in trochäischen Zweisilbern sind.

Nur bei Wörtern, die ⟨ie⟩ als Silbenkern enthalten (Aufgabe 11), gibt es eine zusätzliche Hilfe für die Aussprache: ⟨ie⟩ steht ausschließlich in Wörtern mit offener Silbe. Der Stammvokal muss also lang und gespannt gelesen werden. Wenn die Zusammenhänge zwischen Schreibung und Aussprache über die geschriebene Wortstruktur deutlich werden, bereitet die Schreibung von Wörtern mit ⟨ie⟩ keine Schwierigkeiten.

In Aufgabe 12 wenden die Lerner das bisher Entdeckte an. Hier können auch Fehler aus den Texten der Schülerinnen und Schüler der Lerngruppe verwendet werden – aber nur, wenn es sich um Fehler in prototypischen unmarkierten Wortschreibungen handelt.

Eine weitere Besonderheit, die nur in zweisilbigen Wörtern mit offener Silbe auftritt, wird in Aufgabe 13 thematisiert: das silbentrennende h (Baumuster 4, vgl. Kapitel 5.1). Das Besondere an diesen Wörtern besteht darin, dass die zweite Silbe im Gesprochenen „nackt“, also ohne Konsonantphonem, beginnt. Um die beiden Silben im Geschriebenen trotzdem unterscheidbar zu halten, wird der Anfangsrand der zweiten Silbe mit einem ⟨h⟩ geschrieben, das jedoch beim Lesen nicht hörbar ist, nur in der Überlautung. Das silbentrennende h ist bei Silbenkernen, die aus einfachen Vokalbuchstaben und ⟨ie⟩ bestehen, sehr systematisch. Bei Wörtern mit den Diphthonggraphemen ⟨au⟩ und ⟨eu⟩ tritt es hingegen nicht auf: *bauen, Trauer, sauer, Feuer, neuer, teuer*. Bei ⟨ei⟩ kann es vorkommen *(Weihe, Reihe, leihen)*, es gibt aber auch Wörter, die ohne silbentrennendes h auskommen: *Feier, Geier, Leier, freier*. Das muss gesondert thematisiert werden, wenn diese Wörter Schwierigkeiten bereiten oder die Lerner im Idealfall allein auf solche Schreibungen stoßen, die von der grundlegenden Regularität abweichen.

Arbeitsblatt -1.1.doc

Aufgabe 1*: Wie viele Silben haben Wörter? *Erarbeitung*
Entdecken, dass Wörter aus Silben bestehen, die beim Sprechen unterscheidbar sind

Aufgabe 2*: Wie viele Silben haben Wörter? Wo ist die Silbengrenze? *Übung und Erarbeitung*
Entdecken, dass Wörter aus Silben bestehen, Ermitteln der Silbengrenze, Einführen der Silbenprobe

Aufgabe 3*: Was gehört in eine Silbe? *Erarbeitung*
Ermitteln des obligatorischen Silbenkerns: Vokalbuchstaben, Umlautbuchstaben und Grapheme für Diphthonge als Silbenkerne entdecken

Aufgabe 4: Der obligatorische vokalische Silbenkern *Übung und Festigung*
Festigung der Kenntnis der Vokalbuchstaben als Silbenkerne, Unterscheidung von Konsonant- und Vokalbuchstaben

Aufgabe 5: Betonungsverhältnisse in trochäischen Zweisilbern *Erarbeitung*
Ermitteln der Betonung in zweisilbigen Wörtern

Aufgabe 6*: Vokale tauschen *Übung und Festigung*
Entdecken der bedeutungsunterscheidenden Funktion von Graphemen, Festigung der vokalischen Silbenkerne

Aufgaben 7*, 8*, 9* und 10*: Offene und geschlossene Silben *Erarbeitung, Festigung und Übung; Überprüfung des Gelernten*
Offene und geschlossene Silben unterscheiden und die Ausspracheunterschiede erkennen

Aufgaben 11* und 12: Schreibung mit i/ie *Übung und Festigung*
Obligatorische Markierung von [iː] durch ⟨ie⟩ erfassen

Aufgabe 13*: Wörter mit silbentrennendem h *Erarbeitung*
Silbentrennendes h als Möglichkeit erfassen, die zweisilbige Wortstruktur überschaubar zu halten

Lösung zu Aufgabe 8: Einer raus
Gestrichene Wörter: *die Mäuse, größer, die Feste, knistern, grüne*

Aufgaben 14 bis 19: Markierte Schreibungen mit Silbengelenk

In diesen Aufgaben geht es darum, die markierten Schreibungen mit Silbengelenk (nach der Darstellung in Kapitel 5.1: Baumuster 3) zu erfassen und die Gründe für diese Schreibungen zu verstehen: In Wörtern wie *Wetter, rennen, hoffen* usw. hört und spricht man nur einen Konsonanten. Die betonte Silbe muss aber geschlossen sein, denn sie hat einen kurz gesprochenen Silbenkern. Die zweite Silbe beginnt (wie bei fast allen Zweisilbern) mit einem Konsonanten. Um diese Silbenstruktur sichtbar zu machen, wird der Konsonantbuchstabe in der Schreibung verdoppelt.

Mit den entsprechenden Aufgaben zur Silbengelenkschreibung sollte erst gearbeitet werden, wenn die Lerner die unmarkierte Silbenstruktur in deutschen Wörtern, wie sie in den vorangegangenen Aufgaben erarbeitet und geübt wurde, verstanden haben. Die Analyse der Schreibungen mit Silbengelenk setzt nämlich voraus, dass die Silbensegmentierung sicher gelingt und die Lernenden zwischen offenen und geschlossenen Silben unterscheiden können. Dazu gehört, dass sie auf der Grundlage des Vergleichs von Schreibung und Aussprache zuverlässig lange bzw. gespannte Vokale in offenen und kurze bzw. ungespannte Vokale in geschlossenen betonten Silben differenzieren können.

Die Entdeckungen zur Silbengelenkschreibung sollten – wie in den Aufgaben zuvor – immer am richtig geschriebenen Wort vorgenommen werden.

Aufgabe 14 ermöglicht es, im direkten Vergleich mit unmarkierten geschlossenen Silben zu erkennen, dass die Silbenstruktur im geschriebenen Wort bei Wörtern mit

Silbengelenk genauso aussieht wie in den Wörtern, mit denen bislang gearbeitet wurde. Auch hier zeigt die Silbenstruktur, wie der Silbenkern gesprochen werden muss. Der Unterschied besteht lediglich darin, dass der Silbenendrand der ersten und der Silbenanfangsrand der zweiten Silbe mit dem gleichen Konsonantbuchstaben beginnen. Die Schreibung ist wichtig für den Leser, denn so kann er schnell sehen, dass der Silbenkern kurz gesprochen werden muss, weil die erste Silbe geschlossen ist.

Immer wieder können in dieser Lernphase (bis Aufgabe 17) auch einzelne Wörter an der Tafel untersucht werden, besonders solche, die die Kinder häufig verwenden. Dazu müssen sie dann ggf. in die zweisilbige Basisform gebracht werden. Der Analyse von Wörtern mit Silbengelenk sollte besondere Aufmerksamkeit gewidmet werden, denn sie sind nicht nur eine Hauptfehlerquelle, sondern es kann auch davon ausgegangen werden, dass Lerner, die Schreibungen mit Silbengelenk (auf der Basis des Verständnisses der Baumuster 1 und 2) sicher beherrschen, über elementare Wortschreibungskompetenz verfügen (vgl. Hinney 2010). Immer wieder müssen mit Hilfe der Wortkarten und anderer Wörter (die z. B. mit Hilfe des Wörterbuchs von den Lernern selbst auf Wortkarten ergänzt werden) die grundlegenden Arbeitsbegriffe und Analyseinstrumente (Silbenprobe) angewendet werden. Erst auf dieser Grundlage können Lerner sie als Basis für eigene Entdeckungen nutzen.

Wenn die Lerner das spezifische Baumuster, um das es sich bei der Silbengelenkschreibung handelt, analysieren und schreibend anwenden können, dürfen sogenannte „besondere Silbengelenke“ (Aufgabe 18) thematisiert werden. Dabei handelt es sich zum einen um Wörter mit den Silbengelenken ⟨ck, ng, tz⟩. In Aufgabe 18 kommen jedoch ausschließlich (häufig fehlerhaft geschriebene) Wörter mit ⟨ck⟩und ⟨tz⟩ (bzw. zum Vergleich solche ohne Silbengelenkschreibung, also mit ⟨k⟩ und ⟨z⟩ vor. Diese Silbengelenke sind deshalb besonders, weil der ambisilbische Konsonant durch ein Graphem, das aus zwei unterschiedlichen Buchstaben besteht, wiedergegeben wird. In Aufgabe 19 werden knapp und eher der Vollständigkeit halber Silbengelenke thematisiert, die in der Schrift nicht verdoppelt werden, also ⟨ch, sch, x⟩. Hierbei gilt: Mehrgraphen und ⟨x⟩ werden auch in Silbengelenkposition nicht verdoppelt.

Bemerkenswert für die Aussprache ist, dass es besonders mit ⟨ch⟩ eine Reihe von Wörtern gibt, in denen ⟨ch⟩ nicht als Silbengelenk fungiert, sondern Anfangsrand der zweiten Silbe ist: *suchen, riechen* usw. Die erste Silbe ist selbstverständlich offen. An solchen Beispielen können die Lerner die Silbenstruktur und die Aussprache miteinander vergleichen und so ihr bereits erworbenes Wissen anwenden. Da dies kein orthographisches Problem darstellt, gibt es dazu keine gesonderte Aufgabe. Es kann daran aber gezeigt werden, dass so Konsonantencluster *(*mischschen)* vermieden werden.

Arbeitsblatt -1.2.doc

Aufgaben 14* und 15: Schreibungen mit Silbengelenk *Erarbeitung; Übung und Festigung*

Erfassen der markierten geschlossenen Silbe (Silbengelenkschreibung)

Aufgaben 16* und 17: Fehlerhafte Schreibungen analysieren *Automatisierung*
Festigung des Wissens zum Silbengelenk, Silbenprobe als Korrekturhilfe nutzen

Aufgaben 18 und 19*: besondere Silbengelenke *Erarbeitung*
Erfassen der Schreibung bei besonderen Silbengelenken: ⟨ck, tz⟩ und bei Silbengelenken, die aus Mehrgraphen bestehen: ⟨ch, sch⟩, und bei ⟨x⟩ (Silbengelenk ohne besondere Markierung)

Lösung zu Aufgabe 14:
fassen, kennen, der Kummer

Bingo-Wörter für Aufgabe 15:
der Wille, müssen, wollen, brummen, küssen, klappern, die Kette, wissen, die Mitte, das Kissen, lassen, rennen, die Sperre, die Blätter, der Affe, die Puppe

Aufgaben 20 bis 24: Silbenanfangsränder, Selbstkontrolle

Diese Aufgaben sollen auf ein weiteres strukturelles Element in Silben aufmerksam machen: Auch die Silbenanfangsränder sind nach überschaubaren Strukturen aufgebaut. Der Silbenanfangsrand von Schreibsilben kann unbesetzt („nackt") sein oder mit ein bis maximal vier Konsonantbuchstaben „bedeckt" sein. Ob es in der jeweiligen Klasse dazu Lernbedarf gibt (wenn noch Schreibungen wie *schtreuen vorkommen) oder es zumindest interessant für die Lerngruppe sein kann, sich mit dieser strukturellen Regularität des deutschen Schriftsystems zu beschäftigen, kann nur für jede Klasse individuell entschieden werden.

Neben der Begrenzung auf vier Konsonantbuchstaben fällt auf, dass die Reihenfolge der Konsonantbuchstaben in den Silbenanfangs- und -endrändern nicht beliebig ist. Am äußersten Silbenrand stehen möglichst langköpfige Buchstaben. Zum Silbenkern hin nimmt die Länge ab (vgl. Fuhrhop/Buchmann 2009; Fuhrhop/Peters 2013, S. 216 ff.). Die Verbindung zum Gesprochenen zeigt sich darin, dass sich sonore Konsonantphoneme dichter beim Silbenkern, der die höchste Sonorität besitzt, befinden als weniger sonore.

In den Aufgaben zum Silbenanfangsrand ist vor allem wichtig, dass Lerner entdecken, dass es auch im Silbenanfangsrand grundlegende Regularitäten und Baumuster gibt und warum z. B. Schreibungen wie **schpringen* – hier würden fünf Konsonantbuchstaben aufeinandertreffen – nicht möglich sind. Es kann wiederum deutlich werden, wie sehr Schrift sich an den Leser wendet, denn ihm könnten solche komplexen und überlangen Konsonantencluster Schwierigkeiten bereiten. Gleichzeitig können mit diesen Übungen spielerisch solche rhetorischen Mittel wie die Alliteration erprobt werden, ohne dass das Phänomen benannt werden muss (siehe Aufgabe 21).

Auch die Aufgaben 22 und 23 zeigen, wie klar strukturiert Schreibsilben sind und welche Bezüge sie zu Sprechsilben aufweisen: Fast alle nativen Wörter haben in der unbetonten Sprechsilbe den Schwa- oder Murmellaut [ə], der im Silbenkern der Schreibsilbe durch ⟨e⟩ realisiert wird. ⟨e⟩ wird auch geschrieben, wenn es kaum oder gar nicht zu hören ist. Das ist eine grundlegende Erkenntnis, die wiederum durch entdeckendes Lernen von den Schülerinnen und Schülern selbst durch die Analyse des entsprechenden Wortmaterials gefunden werden kann.

In Aufgabe 24 sollen die Lerner das bisher Gelernte anwenden und sich damit selbst überprüfen. Wenn sich hier zeigt, dass es noch Schwierigkeiten in der Lerngruppe gibt, diese elementaren Baumuster zu verstehen und zu schreiben, sollten immer wieder Übungen herangezogen werden, die helfen, diese grundlegende Rechtschreibkompetenz zu sichern. Selbstverständlich bietet es sich an, nach dem Lernstand zu differenzieren. Lerner, die bereits sicher mit diesen wortstrukturellen Gegebenheiten operieren, können für die anderen Lerner Wörter mit Hilfe des Wörterbuches finden, an denen man diese grundlegenden Strukturen erkennen kann („Schlüsselwörter"). Sie können Fehler in der Wortschreibung ihrer Mitschüler berichtigen und die richtige Schreibung in Rechtschreibgesprächen begründen sowie weitere Wortkarten zum Üben gestalten.

Arbeitsblatt -1.3.doc

Aufgaben 20 und 21: Struktur von Silbenanfangsrändern *Erarbeitung; Übung und Festigung*
Entdecken des Aufbaus von Silbenanfangsrändern, die aus maximal vier Konsonantbuchstaben bestehen; Festigen des Aufbaus von Silbenanfangsrändern, Sprachdifferenzbewusstsein entwickeln

Aufgaben 22 und 23: Die unbetonte Silbe im trochäischen Zweisilber *Erarbeitung; Übung und Festigung*
Ermitteln des Schwa-Lautes in der unbetonten Silbe; Festigen des Wissens über den Bau der unbetonten Silbe

Aufgabe 24*: Anwendung der Silbenprobe *Überprüfung und Selbstkontrolle*
Das bisher Gelernte anwenden und überprüfen

Aufgaben 25 bis 30: Morphologische Konstanz entdecken, Zweisilber bilden

Die folgenden Aufgaben helfen den Lernenden, die morphologischen Strukturen in Wörtern zu erfassen und die Zusammenhänge zu den phonographisch-silbischen Schreibungen zu verstehen. Im Prinzip der Morphemkonstanz zeigt sich die Leserfreundlichkeit des deutschen Schriftsystems, vor allem mit Blick auf das stille Lesen, besonders deutlich. Darüber hinaus kann die Beschäftigung mit morphologischen Strukturen helfen, den Wortschatz der Lernenden zu erweitern, denn sie können Wortfamilien untersuchen, verwandte Wörter bilden und die entsprechenden Bedeutungsveränderungen besprechen.

Grundlage für die folgenden Aufgaben sind von Simplizia abgeleitete oder zusammengesetzte Wörter. Zu diesen flektierten oder wortbildungsmorphologisch komplexen Wörtern muss zunächst jeweils die prototypische zweisilbige Form gebildet werden. Diese zweisilbige Wortform enthält bekanntlich alle wichtigen phonographisch-silbischen Informationen, die an verwandte Wörter „vererbt" werden.

Mit Hilfe der Aufgabe 25 kann man lernen, dass man zu einsilbigen Wortformen bei Inhaltswörtern problemlos zweisilbige Formen bilden kann. Bei einsilbigen nativen Substantiven ist die Pluralform zweisilbig, bei Adjektiven der Komparativ, bei

Verben die *wir*-Form. Bei Verben muss man besonders aufpassen, denn die zweisilbige Form muss zur einsilbigen strukturell „passen“: zu *ging* gehört *wir gingen* und nicht *wir gehen*; zu *rief* gehört *wir riefen* und nicht *wir rufen*, zu *kam* gehört *wir kamen* und nicht *wir kommen* usw. Das hängt, wie diese Beispiele zeigen, mit der besonderen Bildung starker Verben zusammen und zeigt darüber hinaus, wie eng phonographisch-silbisches und morphologisches Wissen zusammengehören. Sprachaufmerksame Lerner können weitere Verben suchen, in denen sich der Stamm der Präsens- und der Präteritumsform stark unterscheiden und so die besondere Bildung der starken Verben ergründen.

Die Bildung des prototypischen Zweisilbers durch die Verlängerung einsilbiger Wörter ist eine einfach zu handhabende Operation, um sich besonders die Schreibung von Wörtern mit Silbengelenk, die Nichtberücksichtigung der Auslautverhärtung in der Schreibung oder die Schreibung von Wörtern mit silbeninitialem h herzuleiten. Das zeigt die Aufgabe 26.

In Aufgabe 28 geht es um die Struktur zusammengesetzter Wörter. Um diese zu erfassen, ist ebenfalls morphologisches Wissen erforderlich.

Aufgabe 29 hilft, metasprachliches Begründen von Schreibungen zu üben und zu zeigen, was man alles an der Schreibung von Wörtern sehen kann.

Auch Aufgabe 30 ist auf die Anwendung der bisher erlernten Strategien (Zweisilber bilden, Zweisilber untersuchen) ausgerichtet.

Arbeitsblatt -1.4.doc

Aufgabe 25: Morphologische Konstanz entdecken: Wörter verlängern *Erarbeitung und Übung*
Bilden der zweisilbigen Form üben

Aufgabe 26: Zweisilber bilden (⌣→) *Erarbeitung*
Bilden der zweisilbigen Form als Hilfe zur Überprüfung der Schreibung und Aussprache in einsilbigen Wörtern und flektierten Wortformen kennenlernen

Aufgabe 27*: Bilden von Zweisilbern (⌣→) für die Untersuchung von einsilbigen Wörtern anwenden *Übung*
Bilden des Zweisilbers als Korrekturhilfe nutzen

Aufgabe 28: Bilden des Zweisilbers für die Untersuchung von zusammengesetzten Wörtern nutzen *Erarbeitung und Übung*
Erfassen der Wortstruktur in zusammengesetzten Wörtern und Anwenden des Bildens von Zweisilbern und der Silbenprobe zur Ermittlung der Schreibungen

Aufgabe 29: Rechtschreibgespräche führen *Übung und Festigung*
Anwendung des Gelernten, Festigung der bislang verwendeten Begriffe, systematische Zusammenhänge zwischen Schreibungen thematisieren, Lernwege verdeutlichen

Aufgabe 30*: Bilden des Zweisilbers zur Ermittlung der Silbenstruktur *Übung und Festigung*
Festigen der Bildung von Zweisilbern aus einsilbigen oder komplexen Wörtern

Lösung zu Aufgabe 26:
die Hüte, wir müssen, wir hupen, die Grüße, wir kennen, wir brummen, sie reisen, die Berge, die Bäder, wir sitzen, ärger, wir kamen, die Werke, die Zwerge, die Gleise, kürzer, die Schuhe

Lösung zu Aufgabe 30: Einer raus
Gestrichene Wörter: fällt, sitzt, früh, der Ball

Aufgaben 31 bis 35: Besondere Phänomene in der Silbenstruktur: s-Schreibung, Umlautschreibung, Silbenreim

Diese Aufgaben wenden sich besonderen Phänomenen zu, die, zumindest im Falle der s-Schreibung, den Lernern häufig Schwierigkeiten bereiten. Wenn man die Verschriftung des s-Lautes jedoch systematisch auf der Grundlage des bisher Gelernten aufbaut, besteht eine gute Chance, dass die Lerner dieses Phänomen sicher erfassen und anwenden können. Gerade bei Wörtern mit s/ss/ß (siehe Aufgaben 31–33) ist es wichtig, dass immer wieder der prototypische Zweisilber zur Wortanalyse herangezogen wird, denn der Unterschied zwischen s und ß wird ja in der Schrift wegen der Morphemkonstanz auch dann gemacht, wenn er nicht hörbar ist.

Das Graphem ⟨s⟩ wird geschrieben, wenn der Anfangsrand der unbetonten Sprechsilbe mit stimmhaftem Phonem beginnt *(reisen, grasen)*, das Graphem ⟨ß⟩ dann, wenn der Anfangsrand der unbetonten Sprechsilbe stimmlos ist *(reißen, grüßen)*. Dieser Unterschied bleibt in der Schreibung auch dann erhalten, wenn der s-Laut, z. B. in der einsilbigen Form vor einem Konsonanten, stimmlos ist: *Er reist gern. Sie reißt das Blatt entzwei.* Die phonologisch-silbischen Informationen des prototypischen Zweisilbers werden auch hier an die komplexen Formen vererbt. Diese Informationen lassen sich für die Schreibung von s/ss/ß am prototypischen Zweisilber als Lernpfad so erschließen:

- offene Silbe, stimmhaftes [z] in der zweiten Silbe – schreibe s: *reisen, Mäuse, Riese, grasen*
- offene Silbe, stimmloses [s] in der zweiten Silbe – schreibe ß: *grüßen, Füße, reißen, weiße*
- geschlossene Silbe, stimmloses [s] im Silbengelenk – schreibe ss: *Risse, Küsse, müssen, essen*

Diese Informationen werden auch an die einsilbige Form vererbt: *sie reist*, weil *reisen; er lässt*, weil *lassen; er isst*, weil *essen; er gießt*, weil *gießen.*

Bei Verben fällt in der 2. Person Singular als Besonderheit auf, dass die morphologische Konstanz verletzt wird, denn das ⟨s⟩ der Endung fällt aus nachvollziehbaren Gründen weg: *reisen* – nicht: *du *reisst*, sondern *du reist; müssen* – nicht *du *mussst*, sondern *du musst; gießen* – nicht *du *gießst*, sondern *du gießt.*

In Aufgabe 31 können die Lerner an zweisilbigen Wörtern mit s/ss/ß, die mit der Silbenprobe untersucht werden, diese grundlegenden Regularitäten entdecken. Darüber hinaus wird hier eine weitere Besonderheit in der s-Schreibung thematisiert: In einigen Formen wird das Prinzip der Morphemkonstanz zugunsten der Verschriftlichung der phonographischen Informationen aufgegeben: *gießen – es hat gegossen, reißen – es ist gerissen, der Riss.*

In Aufgabe 32 kann das Wissen zur s-Schreibung vertieft werden. Die Lerner sollen das passende Graphem ergänzen und ihre Entscheidung begründen. Dabei können sie auf das in Aufgabe 31 Gelernte zurückgreifen. Bei Aufgabe 33 kommt es darauf an, die Analogien in der Bildung zu entdecken. Dazu sollen Reimwörter zusammengestellt und weitere ergänzt werden.

Für die s-Schreibung bietet es sich an, immer wieder auf Fehlschreibungen der Lerner zurückzugreifen und auf der Grundlage der Wortanalyse die richtige Schreibung herzuleiten. Das Wortmaterial aus diesen Aufgaben kann auch für Schreibaufgaben (auch mit differenzierten Angeboten) genutzt werden. Man kann einzelne Reimpaare auswählen und selbst kleine Verse schreiben, man kann 5–7 Wörter aus den Kästen als „Reizwörter" auswählen, die in einer kleinen Geschichte vorkommen müssen usw.

Aufgabe 34 zeigt, wie konsequent das morphologische Prinzip bei der Umlautschreibung wirkt: Wir schreiben *Häute* und nicht **Hoite* oder **Heute*, wenn die Pluralform von *Haut* gemeint ist. Die Umlautschreibung lässt sich so systematisch aus der einsilbigen Form erklären. Bei den Wörtern, bei denen der Umlaut immer im Paradigma auftritt, muss man sich als Merkwörter nur die mit ä einprägen (vgl. Aufgabe 34 b), denn bei anderen Wörtern wie *Öl, Übel* usw. gibt es keine Schreibalternative, wie sie bei *ä – e* wegen der lautlichen Ähnlichkeit zumindest denkbar wäre: *der *Ber, der *Kese, die *Kärze* sind durchaus Schreibungen, die bei jüngeren Lernern vorkommen.

Aufgabe 35 zeigt an lyrischen Texten und durch die Bildung eigener Reimpaare und Verse, wie sich der Silbenreim zusammensetzt, ohne dass das einer theoretischen Erläuterung bedarf.

Arbeitsblatt -1.5.doc

Aufgabe 31*: Besonderheiten der Wörter mit s/ss/ß *Erarbeitung und Übung*
Silbenprobe zur Untersuchung von Schreibungen mit s/ss/ß verwenden und als Korrekturhilfe nutzen

Aufgabe 32*: s/ss/ß ergänzen *Übung und Festigung*
Anwenden der grundlegenden Regularitäten der s-Schreibung beim Vervollständigen von Wörtern

Aufgabe 33: Reimwörter mit s/ss/ß finden *Übung und Festigung*
Entdecken von Analogien in der Schreibung von s/ss/ß durch die Zuordnung von Reimwörtern

Aufgabe 34*: Wörter mit Umlautschreibung *Erarbeitung und Übung*
Entdecken der Morphemkonstanz bei der Umlautschreibung

Aufgabe 35: Silbenreim *Erarbeitung und Übung*
Erfassen des Silbenreims und Festigung der Struktur der Wortschreibung

Aufgaben 36 bis 39: Besondere Phänomene in der Silbenstruktur der offenen Silbe: Peripherie

Erst, wenn diese grundlegenden Baumuster von den Lernenden verstanden wurden und relativ sicher verwendet werden können, sollten Schreibungen, die dem Peripheriebereich zuzuordnen sind, im Unterricht thematisiert werden. Zum Peripheriebereich werden hier zwei Phänomene gerechnet, die in der offenen Silbe vorkommen: das Dehnungs-h und Schreibungen mit Doppelvokal. Letzteres Phänomen kommt nur in wenigen Wörtern vor. Die Wörter, die die Schülerinnen und Schüler tatsächlich verwenden *(Meer, Tee, See, Paar, leer, Haar, Boot)*, müssen als Merkwörter betrachtet werden (vgl. Aufgabe 39).

Selbstverständlich verwenden die Lerner bereits vor diesem Zeitpunkt die entsprechenden Schreibungen in ihren Texten, denn z. B. Verben mit Dehnungs-h und die mit ihnen verwandten Wortformen kommen sehr häufig vor *(fahren, sehnen, zählen, lehnen, wählen, wohnen)*. Auch Substantive wie *Uhren* und *Ohren* sind sehr geläufig und verlangen selbstverständlich nach der richtigen Schreibung. Da es in diesen Fällen für die Schreibentscheidung „Mit oder ohne h?“ nur eine grundlegende Orientierung gibt, nämlich dass das Dehnungs-h in Wörtern, deren zweite Silbe mit *l, m, n, r* beginnt, stehen *kann*, müssen wichtige Wörter eingeprägt werden und diese Schreibungen als orthographische Zweifelsfälle betrachtet werden. Auf dieses Lernergebnis ist die Aufgabe 36 ausgerichtet. In Aufgabe 37 werden Wörter vorgestellt, die zwar ähnlichen Gesetzmäßigkeiten wie die aus Aufgabe 36 unterliegen, aber ohne Dehnungs-h geschrieben werden. An diesen Aufgaben soll deutlich werden, dass Zweifel bei der Schreibung solcher Wörter durchaus angebracht sind und man bei Unsicherheiten auf jeden Fall immer das Wörterbuch oder einen Schreibexperten zurate ziehen sollte. Wichtig ist, dass deutlich wird, dass die Funktion der Markierung der offenen Silbe durch Dehnungs-h oder durch Verdoppelung des Vokalbuchstabens darin besteht, Länge und Gespanntheit des Silbenkerns zu kennzeichnen. Das ⟨h⟩ dehnt nicht, sondern zeigt dem Leser, dass die Silbe offen ist. Das ist in morphologisch komplexen Wörtern *(du wohnst, Fahrrad, er zählt)* eine Leseerleichterung (siehe Kapitel 4.2).

In Aufgabe 38 müssen mit Hilfe des Analyseinstruments der Silbenprobe die Wörter ermittelt werden, in denen das ⟨h⟩ silbeninitiale bzw. silbenöffnende Funktion (wie in *drehen, gehen, Zehen, ziehen*) hat und von den Wörtern unterschieden werden, in denen das ⟨h⟩ als Dehnungs-h fungiert, also die offene Silbe markiert. Das ⟨h⟩ in silbenöffnender Funktion kommt bereits in einzelnen Wörtern in anderen Aufgaben vor, ohne dass die Schreibung thematisiert wurde. Das hat seinen Grund darin, dass es sich bei dem silbenöffnenden h um einen systematisch aus der Silbenstruktur zu erklärenden „Normalfall“ im Kernbereich der Wortschreibung handelt.

Für die Lösung der Aufgabe 38 ist es aber wichtig, dass die Lerner noch einmal sehen, welche unterschiedlichen Funktionen das ⟨h⟩ haben kann. Dass gerade das ⟨h⟩ die Funktion hat, offene Silben (entweder als Dehnungs-h oder silbenöffnend) zu markieren, kann man gut begründen: Der entsprechende Laut [h] kann in deutschen Wörtern nur im Wortanfangsrand stehen *(Hemd, Hose)*. Wenn das Graphem ⟨h⟩ in anderer Position als im Wortanfang steht, weiß der Leser aus Erfahrung, dass es sich hier um ein „stummes" Graphem handeln muss. Das ⟨h⟩ kann wegen seiner Form gut in silbenschließender oder silbeninitialer Position stehen, denn es zeigt mit seiner Länge eine Silbengrenze an (vgl. Fuhrhop/Müller 2010a, siehe Kapitel 4.2). Darüber kann in sehr sprachaufmerksamen und forschungsfreudigen Lerngruppen gesprochen werden. Wichtiger ist jedoch, dass die Lerner die Funktionsunterschiede mit Hilfe der Analyse der Silbenstruktur entdecken und die entsprechenden Wörter richtig schreiben können.

Arbeitsblatt -1.6.doc

Aufgabe 36*: Schreibungen mit Dehnungs-h in der offenen Silbe *Erarbeitung*
Erfassen der Besonderheit bei einigen Wörtern (nur vor ⟨l, m, n, r⟩ und besonders bei Verben), die offene Silbe durch ein ⟨h⟩ zu markieren

Aufgabe 37: Vergleich von Schreibungen mit und ohne Dehnungs-h *Erarbeitung*
Entdecken, dass das silbenschließende ⟨h⟩ nicht in allen möglichen Fällen steht

Aufgabe 38*: Vergleich von Schreibungen mit Dehnungs-h und mit silbeninitialem h *Übung und Festigung*
Festigung von Wörtern mit Dehnungs-h als Markierung der offenen Silbe, Erfassen des Unterschieds zum silbeninitialen h

Aufgabe 39: Markierte Schreibungen mit Doppelvokalgraphemen in der offenen Silbe *Erarbeitung*
Erfassen der Besonderheit bei einigen Wörtern (nur bei Substantiven bzw. von ihnen abgeleiteten Wortformen und beim Adjektiv leer), die offene Silbe durch Doppelvokal (⟨aa⟩, ⟨ee⟩, ⟨oo⟩) zu markieren

Lösung zu Aufgabe 38: Einer raus
Gestrichene Wörter: die Zehen, drehen, es zieht, der Gehweg

Aufgaben 40 bis 45: Festigung des Gelernten

Die letzten Aufgaben, die sich der Wortstruktur zuwenden, dienen der Überprüfung dessen, was die Lerner können und wo es noch Schwierigkeiten gibt. Im Anschluss an die Lösung dieser Aufgaben sollte immer wieder besprochen werden, was schon gut und was noch nicht sicher gelingt.

Selbstverständlich lässt sich das auch an den Fehlern der Lerner in eigenen Textproduktionen feststellen. Es muss aber bedacht werden, dass der Weg zur Automatisierung der richtigen Schreibung und damit zu einer Rechtschreibsicherheit bei vielen Lernern sehr viel Zeit in Anspruch nimmt – auch dann, wenn sie sich in der Phase des Wissenserwerbs grundlegende Handlungspläne aneignen und Entscheidungssicherheit erwerben konnten. Gerade beim Schreiben von Texten ist die kognitive Last bei jüngeren Schreibern und Lernern mit schwierigen Lernentwicklungen häufig durch die Orientierung an inhaltlichen und sprachlich-strukturellen Aspekten des Textes so groß, dass kaum Kapazität für die Beachtung der richtigen Schreibung zur Verfügung steht. Aber erst, wenn die Lernenden in verschiedenen Schreibsituationen möglichst viele Wörter schnell und richtig schreiben, kann man davon sprechen, dass sich Handlungsautomatismen ausgebildet haben und die Lernenden kompetente Rechtschreiber sind. Die Arbeit an der Wortstruktur darf deshalb nicht nach diesen Aufgaben als „Lehrgang“ abgeschlossen sein, sondern das erworbene Wissen muss immer wieder in anderen Zusammenhängen angewendet werden können, damit sich Transferprozesse überhaupt einstellen können und zu zunehmender Automatisierung des Rechtschreibkönnens beitragen.

Es bietet sich z. B. an, die Zeichen für die Silbenprobe und das Bilden des Zweisilbers als Korrekturhinweise in Schülertexten zu nutzen. Wenn Fehler in prototypischen Zweisilbern auftreten, kann mit dem Verweis am Rand auf die Silbenprobe der Hinweis gegeben werden, die Silbenstruktur zu untersuchen und darauf aufbauend auf die richtige Schreibung zu schließen. Wenn Fehler in komplexen Wortformen auftreten, kann das Zeichen für das Bilden des Zweisilbers am Rand erscheinen:

Das verrückte Auto
Ich fuhr mal mit meinem Auto durch die grosse Stadt.
Doch an diesem Tag war es so merkwürdig.
Ich wusste gar nicht warum!
Und auf einmal jaulte und brumte es ganz laut
und dann hob mein Auto auch noch ab
und stürtzte wieder runter! [...]

In den Aufgaben 40–43 geht es zunächst aber noch darum, das über die Silbenstruktur Gelernte anzuwenden. Aufgabe 40 bietet noch einmal einen systematischen Überblick über die fünf grundlegenden Wortstrukturen, die in prototypischen Zweisilbern bzw. Einsilbern, die eine zweisilbige Form bilden können, vorkommen. In Aufgabe 41 können die Schülerinnen und Schüler ihr Wissen bei der Suche und Korrektur von Fehlern nutzen. Dieses Vorgehen kann auch auf eigene fehlerhafte Texte angewendet werden. In Aufgabe 42 müssen fehlende Grapheme ergänzt werden. Beim Vergleich der Lösungen kann in Zweifelsfällen dann wieder auf die Silbenprobe zurückgegriffen werden.

In Aufgabe 43 müssen dann ganze Wörter nach Diktat durch einen Mitschüler in Texten ergänzt werden. Auch hier kann das Operieren mit den Silbenproben helfen, die richtige Schreibung zu begründen.

Bis hierher standen ausschließlich prototypische Wörter im Fokus des Lernens. Erst in den Aufgaben 44 und 45 wird der Blick erweitert und auf unableitbare einsilbige Wörter, die als Merkwörter betrachtet werden müssen, und auf die Schreibung von Fremdwörtern gerichtet. Die Schreibung von Fremdwörtern spielt noch in folgenden Schuljahren (und in diesem Band in Kapitel 7.5) eine Rolle. Auf der Basis dieser Übung geht es zunächst darum zu zeigen, dass es neben dem nativen Kernwortschatz noch weitere Wörter gibt, die anders aufgebaut und gesprochen werden als die, mit denen bislang gearbeitet wurde.

Arbeitsblatt -1.7.doc

Aufgabe 40: Markierte und unmarkierte offene und geschlossene Silben Anwenden der Silbenprobe bei unmarkierten und markierten offenen und geschlossenen Silben, also Baumuster 1 bis 4	*Übung und Festigung, Überprüfung*
Aufgabe 41: Fehler in der Wortstruktur finden und verbessern Fehler finden, verbessern und die richtige Schreibung mit Hilfe der Silbenprobe erklären	*Festigung und Anwendung*
Aufgabe 42: Wörter ergänzen und erklären Überprüfen der eigenen Rechtschreibfähigkeiten im Bereich der Wortschreibung	*Anwendung und Überprüfung*
Aufgabe 43: Wörter mit prototypischer Wortstruktur richtig schreiben Überprüfen der eigenen Rechtschreibfähigkeiten im Bereich der Wortschreibung	*Überprüfung*
Aufgabe 44: Unableitbare einsilbige Wörter Erfassen und Einprägen von einsilbigen, unableitbaren Wörtern	*Erarbeiten und Einprägen*
Aufgabe 45: Mehrsilbige Wörter und Fremdwörter Erfassen der besonderen Struktur und Schreibung von mehrsilbigen Wörtern und von Fremdwörtern	*Erarbeitung, erste Annäherung an die Schreibung von Fremdwörtern*

Lösung für Aufgabe 42:

Gro*ß*e Show mit kleinen Bildern

[...] Die meisten Besucher würden sich heute sicher lan*g*weilen, wenn sie den ersten Kinofilm der Welt aus dem Jahr 1895 angu*ck*ten:

Ein Gärtner spren*g*t den Rasen.

Da tri*tt* ein Junge auf den Wasserschlauch.

Der Gärtner stu*t*zt und schaut nach, weshalb plö*tz*lich kein Wasser mehr flie*ß*t.

In dem Moment ni*mm*t der Junge den Fu*ß* weg – und der Wasserstr*ah*l tri*ff*t den Gärtner mitten ins Gesicht.

Das Ganze dauerte nur 40 Sekunden.

Doch die Zuschauer im Pariser Grand Café bestaunten den „Kinematographen" (daraus wurde später der Begri*ff* Kino) der Brüder Lumière wie ein Wunder: ein Apparat, der bewe*g*te Lichtbilder auf einer Wand tan*z*en lie*ß* – unglaublich!

(aus: GEOlino Nr. 10, 2004, S. 42 f.)

Lösung zu einzelnen Wörtern aus Aufgabe 42:

der Job: Den Anlaut gibt es in deutschen Wörtern nicht.

der Chat: Das ⟨a⟩ wird anders als in deutschen Wörtern ausgesprochen. ⟨ch⟩ steht in deutschen Wörtern nicht am Wortanfang. Bei beiden Wörtern gibt es keine zweisilbige Pluralform.

das Bistro: Die Betonung liegt auf der zweiten Silbe. Das ist für das Deutsche untypisch. Auch ein ⟨o⟩ am Wortende kommt nicht vor.

der Globus: Der Silbenreim us kommt in deutschen Wörtern nicht vor.

das Karussell: Anzahl der Silben, Betonung und Verdoppelung des Konsonanten im Silbenendrand am Wortende sind für das Deutsche ungewöhnlich.

das Thema: Das Graphem ⟨th⟩ kommt im Deutschen ebenso wenig wie ein ⟨a⟩ am Wortende vor.

das Theater: Der Silbenanfangsrand ⟨th⟩ und die Silbenanzahl sind für das Deutsche ungewöhnlich.

die Physik: Die Betonung auf der zweiten Silbe, die Grapheme ⟨ph⟩, ⟨y⟩ und das Suffix -ik weisen auf den Fremdwortstatus hin.

1 Silben und Wörter

Aufgabe 1: Wie viele Silben haben Wörter?

Arbeitet zu zweit.

a Lest euch abwechselnd die Wörter aus dem Kasten vor. Zählt die Anzahl der Silben in jedem Wort und schreibt die Zahl unter das Wort.

b Sprecht darüber, wie man die Anzahl der Silben feststellen kann.

> Tisch, Kuchen, Zwiebel, Stufe, Buch, Rose, Kiste, Kasten, Stein, Wände, Fenster, Lampen, Banane, Spiegel, Rosine, Regen, Konfitüre, Freund, lesen, rasten, rosten, warten, ziehen, lenken, gießen, laufen, schlafen, denken, schwindeln, trocken, arm, fest, schlau, schöner, lauter, kalt, heißer, neu, rot

Arbeitet zu zweit. Ihr benötigt die Wortkarten 1.

c Lest euch abwechselnd die Wörter von den Wortkarten vor. Zählt die Silben in jedem Wort.

d Sortiert die Wörter danach, ob sie aus einer, zwei oder mehr Silben bestehen.

Aufgabe 2: Wo ist die Silbengrenze?

Übertragt zunächst die Tabelle in eure Hefte.

Diese Wörter haben

eine Silbe	zwei Silben	drei und mehr Silben

Arbeitet zu zweit (oder zunächst in der Klasse).

a Lest euch abwechselnd die Wörter aus dem Kasten vor:

> Eis, kaufen, Kiste, Reis, Rest, Esel, Most, Kalender, Marmelade, Schokolade, Tomate, Kinder, lesen, Blume, raten, bremsen, froh, lösen, Freude, Limonade, Haus, Hände, gehen, liegen, Ofen, reden, Wege, Kante, Bäume

b Zählt die Silben in jedem Wort und schreibt die Wörter untereinander in die entsprechende Spalte der Tabelle.
c Lest die Wörter in der zweiten Spalte noch einmal rhythmisch und langsam: Wo macht ihr beim Sprechen eine Pause? Das ist die Silbengrenze.
d Kennzeichnet diese Grenze zwischen den Silben in den Wörtern der zweiten Spalte so:

zei/gen *lan/den*

e Setzt unter jede Silbe in der zweiten Spalte einen Silbenbogen:

zei/gen *lan/den*

Mit Hilfe dieser Silbenbögen könnt ihr die Silben in zweisilbigen Wörtern gut unterscheiden.

Aufgabe 3: Was gehört in eine Silbe?

Vokalbuchstaben					
einfache Vokalbuchstaben:	a	e	i/ie	o	u
Umlautbuchstaben:		ä	ö	ü	
Doppelvokalbuchstaben:	ai	au	äu	ei	eu

Arbeitet zu zweit.
a Sucht in den fettgedruckten Wörtern aus dem Kasten unten jeweils die Vokalbuchstaben. Kreist sie mit Bleistift ein.
Doppelvokalbuchstaben und ie gehören zusammen und werden zusammen eingekreist.

weinen, das **Ufer, finden, loben,** die **Küste, lügen, böse,**

der **Esel, fliegen, bleiben,** die **Taube, fragen**

b Markiert in den Wörtern die Silbengrenze (*zei|gen*).
c Vergleicht die Anzahl der Silben mit der Anzahl der Kreise in den Wörtern. Überprüft, welcher Vokalbuchstabe immer in der zweiten Silbe steht.

d Was habt ihr entdeckt? Vervollständigt den Merksatz aus dem Kasten und schreibt ihn in euer Heft:

> Zu einer Silbe gehört **immer** ein ____________________
> Das ist der **Silbenkern.**

Aufgabe 4: Was ist der Silbenkern?

Arbeite allein.

a Schreibe das erweiterte Alphabet in dein Heft:

a	b	c	d	e	f	g	h	i
j	k	l	m	n	o	p	qu	r
s	t	u	v	w	x	y	z	
ä	ö	ü	ei	ie	au	äu	ai	eu

b Kreise alle Vokalbuchstaben im Alphabet ein. Die anderen Buchstaben sind die Konsonantbuchstaben.
Arbeitet nun zu zweit oder in der Klasse.

c Vergleicht, wie die Laute klingen, die für diese Buchstaben stehen. Wie klingen Vokale? Wie klingen Konsonanten?

d Einen Buchstaben gibt es in der deutschen Sprache sehr selten: das Ypsilon. „Y" steht manchmal für einen Vokal, manchmal für einen Konsonanten. Überprüft das an diesen Wörtern: Hobby, Baby, Yacht, Yak.

e Findet weitere Wörter mit „y" und unterscheidet, ob das „y" als Vokal oder als Konsonant gesprochen wird. Benutzt das Wörterbuch.

Aufgabe 5: Wie sind die Wörter betont?

Arbeitet zu zweit oder zunächst in der Klasse. Arbeitet mit den Wortkarten 1. Wenn ihr mit der ganzen Klasse arbeitet, schreibt einige der zweisilbigen Wörter von den Wortkarten an die Tafel.

a Sortiert die Wörter der Wortkarten zunächst nach der Anzahl der Silben.

b Arbeitet nur mit den zweisilbigen Wörtern weiter. Sprecht die Wörter rhythmisch. Untersucht, welche Silbe jeweils betont ist, also in welcher Silbe der Vokal besonders deutlich gesprochen wird.

c Tauscht eure Ergebnisse in der Klasse aus: Welche Silbe ist in den Wörtern immer betont?

d Schreibt acht zweisilbige Wörter von den Wortkarten in euer Heft. Markiert die Silbengrenze und unterlegt die Wörter mit Silbenbögen. Hebt die betonte Silbe dadurch hervor, dass ihr den Silbenbogen dicker zeichnet:

raten Hände liegen

Aufgabe 6: Was passiert, wenn Silbenkerne ausgetauscht werden?

Arbeitet zu zweit oder allein. Ihr benötigt die Übersicht über die Vokalbuchstaben aus Aufgabe 3.

a Kreist in der betonten Silbe der zweisilbigen Wörter aus dem Kasten den Silbenkern ein.

der Hase, die Tasche, die Rosen, die Hände, liegen, wandern, rote, tauschen, die Tonne, knarren, die Windel, die Wände, laufen, rufen

b Ersetzt den Vokalbuchstaben der ersten Silbe durch einen anderen. Wenn das neue Wort einen Sinn ergibt, schreibt es auf.

Aufgabe 7: Was sind offene und geschlossene Silben?

Arbeitet zu zweit oder zunächst in der Klasse.

a Schreibt die zweisilbigen Wörter aus dem Kasten in euer Heft oder an die Tafel.

Gruppe 1:
die Blu|men, holen, reichen, legen, sagen, die Straße, biegen, das Auge, größer, der Eimer, loben, beißen, schweigen, laufen, die Briefe, räumen

Gruppe 2:
fas|ten, die Wände, die Länder, lutschen, bremsen, die Ente, die Lampe, älter, halten, die Kiste, die Ampel, rasten, die Wolke, die Weste, kälter, gelbe

b Markiert die Silbengrenze und setzt unter jede Silbe einen Silbenbogen wie in den Beispielen.

c Untersucht, wie die erste Silbe jeweils endet:

Wie endet die erste Silbe in den Wörtern aus Gruppe 1?

____

Wie endet die erste Silbe in den Wörtern aus Gruppe 2?

____

d Sprecht die Wörter aus beiden Gruppen noch einmal. Vergleicht, wie die Vokale in der betonten Silbe in den Wörtern aus Gruppe 1 und wie sie in den Wörtern aus Gruppe 2 gesprochen werden.

e Schreibt den Merksatz zu Ende und übertragt ihn in euer Heft.

> Endet die betonte Silbe auf einen **Vokalbuchstaben,** dann wird der Vokal
> ______________________ gesprochen.
> Die Silbe ist **offen.**
> Endet die betonte Silbe auf einen **Konsonantbuchstaben,** dann wird der Vokal
> ______________________ gesprochen.
> Die Silbe ist **geschlossen.**

Aufgabe 8: Was sind offene und geschlossene Silben?
Arbeitet allein oder zu zweit.

> **Einer raus**
> die Kinder – die Kunden – die Mäuse – die Hunde – die Hefte – die Wände
> älter – größer – dichter – gelber – bunter – fester – kürzer
> laufen – die Feste – die Schule – schmaler – der Esel – kriechen
> der Kragen – heute – gießen – knistern – der Riese – die Lüge
> die Stifte – echte – grüne – die Ente – die Kräfte – die Hefte – die Küste

a Führt in jeder Wortreihe bei den Wörtern aus dem Kasten die Silbenprobe (◡◡)durch und kreist die Vokalbuchstaben in der betonten Silbe ein.

b Welches Wort aus jeder Reihe passt nicht? Streicht es und begründet die Entscheidung.

c Entwickelt selbst solche Aufgaben für eure Mitschüler. Nutzt dazu die Wortkarten 1.

Aufgabe 9: Offene und geschlossene Silben mit Silbenhäusern untersuchen
Bei der Untersuchung von Wörtern kann uns diese Struktur aus Haus und Anbau helfen.

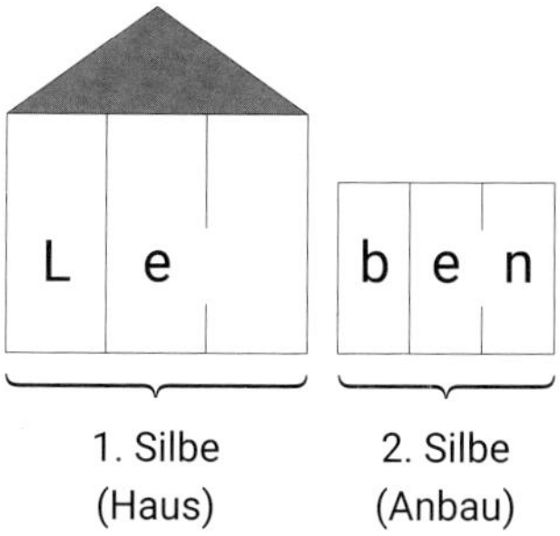

Die Vokalbuchstaben stehen **immer** im mittleren Zimmer.

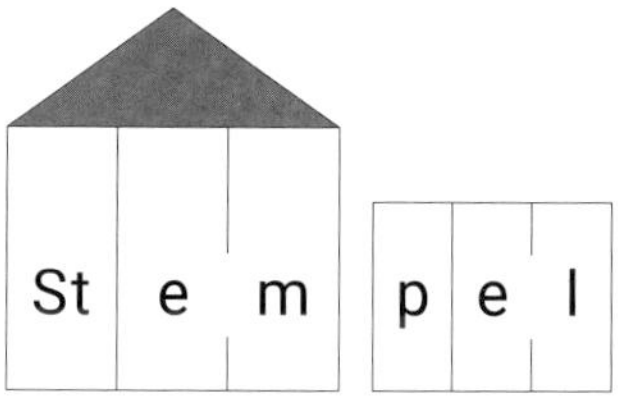

Im ersten Zimmer des Hauses können mehrere Konsonantbuchstaben stehen.

a Tragt die folgenden fettgedruckten Wörter aus Gruppe 1 und 2 in die Silbenhäuser ein. Schreibt die Vokalbuchstaben der ersten Silbe rot.

Gruppe 1: malen, die **Lupe, staunen**

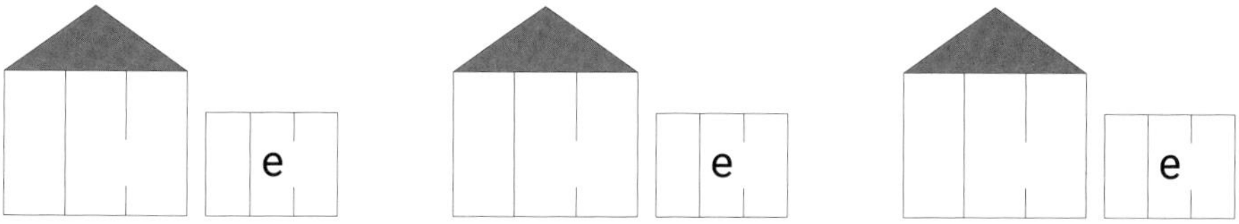

Gruppe 2: die **Kiste, tanzen,** die **Pflanze**

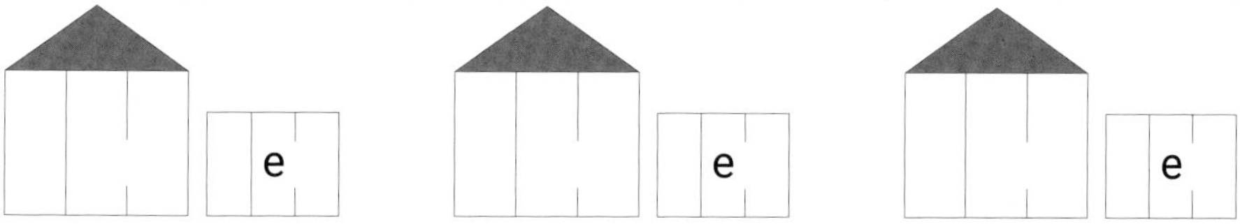

b Vergleicht die eingetragenen Wörter aus Gruppe 1 mit den Wörtern aus Gruppe 2.

Aufgabe 10: Offene und geschlossene Silben mit der Silbenprobe untersuchen

Arbeite allein.

a Kreise den Vokalbuchstaben der ersten Silbe bei den zweisilbigen Wörtern aus dem Kasten ein. Überprüfe dann mit der Silbenprobe ◡◡, ob die erste Silbe in den Wörtern offen oder geschlossen ist. Schreibe das Wort in die richtige Spalte der Tabelle unten.

der Bruder, die Schwester, die Kinder, der Vogel, die Bremse, die Feder, die Gabel, der Kater, die Schere, der Onkel, die Wege, das Fenster, die Rutsche, der Kasten

b Wenn du noch Zeit hast, kannst du eigene Wörter ergänzen.

c Vergleiche deine Lösungen anschließend in der Tischgruppe.

Offene Silbe: endet mit einem Vokalbuchstaben	**Geschlossene Silbe:** endet mit einem Konsonantbuchstaben
der Bruder	*die Schwester*

Aufgabe 11: Wann schreibt man i und wann ie?

Arbeitet zu zweit.

a Untersucht die Wörter im Kasten mit der Silbenprobe (◡◡) und kreist die Vokalbuchstaben in der ersten Silbe ein.

Gruppe 1:				
pinseln	der Winter	die Tinte	bilden	die Pilze

Gruppe 2:				
riefen	die Tiere	die Siebe	biegen	die Tiefe

b Vergleicht: Wie endet die erste Silbe der Wörter in Gruppe 1? Wie endet die erste Silbe der Wörter in Gruppe 2? Wann schreibt man i, wann ie?

c Sucht aus den zweisilbigen Wörtern der Wortkarten 1 alle Wörter mit „i" oder „ie" in der ersten Silbe heraus. Überprüft eure Entdeckung an diesen Wörtern.

d Nur ganz wenige Wörter passen nicht zu dieser Regel: Igel, Tiger, Fibel, Bibel, Liter, Titel. Schreibe diese Wörter als Merkwörter in dein Heft. Schreibe dazu, was das Besondere an der Schreibung dieser Wörter ist.

Aufgabe 12: Fehlerfuchs bei i/ie

Arbeite allein.

In den Wörtern im Kasten haben sich drei Fehler eingeschlichen.

a Untersuche die Wörter mit der Silbenprobe (◡◡).

b Streiche die Fehler an und schreibe die Wörter richtig über die falsch geschriebenen. Vergleiche die Lösungen mit einem Partner.

________	________	________	________
kriechen	die Tinte	die Kiender	der Riese
________	________	________	________
richen	bieten	wiegen	die Hielfe

Aufgabe 13: Das silbentrennende h

a Untersucht die fettgedruckten Wörter aus dem Kasten mit der Silbenprobe (◡◡). Wo würdet ihr die Silbengrenze setzen? Sprecht mit eurem Tischnachbarn darüber.

> **gehen,** die **Ruhe, fliehen,** die **Zehen, drohen, brühen,**
>
> **wehen, früher,** die **Nähe, ziehen,** die **Mühe**

b Kreist in jedem Wort die beiden Silbenkerne (Vokale) ein und überprüft anschließend, wo das **h** steht. Was fällt euch auf? Haltet eure Beobachtung in einem Satz fest.

c Überprüft eure Beobachtung, indem ihr vier Wörter aus dem Kasten in die Silbenhäuser eintragt.

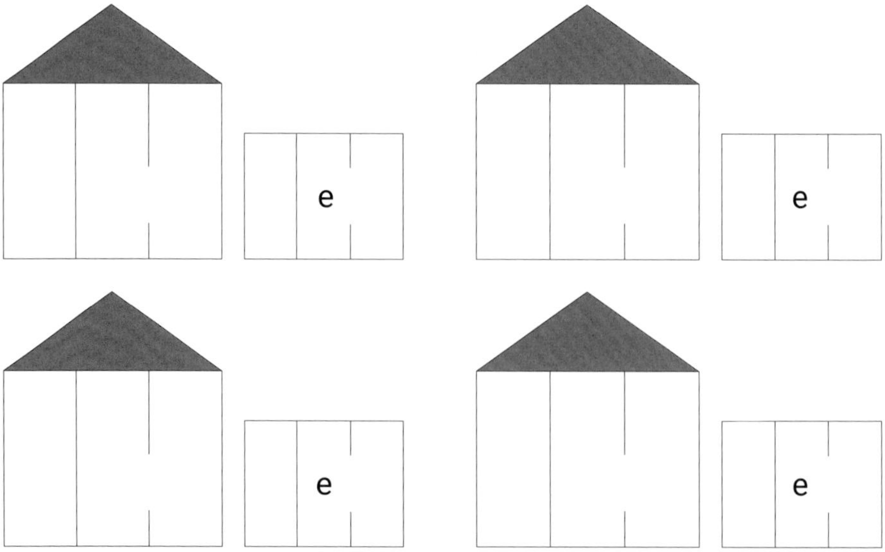

Aufgabe 14: Was ist ein Silbengelenk?

Arbeitet zu zweit.

a Führt in jeder Wortreihe bei den Wörtern aus dem Kasten die Silbenprobe (◡◡) durch.

bremsen	finden	fasten	fassen	binden
kennen	die Kante	gelbes	die Rinder	kosten
die Winde	lenken	rechte	der Kummer	die Tinte

b Welches Wort aus jeder Reihe ist anders aufgebaut als die anderen? Umkreist es und begründet eure Entscheidung mündlich. Achtet darauf, wie die erste Silbe endet und die zweite beginnt.

c Sucht aus den Wortkarten 2 alle Wörter heraus, die so aufgebaut sind wie die, die ihr im Kasten umkreist habt.

d Warum endet die erste Silbe genauso, wie die zweite beginnt? Formuliert eure Vermutung und vergleicht sie mit den Entdeckungen eurer Mitschüler und dem Merkkasten.

> In manchen Wörtern mit geschlossener Silbe hört und spricht man nur einen Konsonanten. Er gehört zu beiden Silben und bildet ein **Silbengelenk,** denn er verbindet beide Silben miteinander.
> Beim Schreiben wird dieser Konsonantbuchstabe verdoppelt: *schwimmen, kennen, raffen, küssen, der Koffer, die Karre.*

Aufgabe 15: Bingo mit Silbengelenk-Wörtern

Ihr braucht jeweils ein Bingo-Blatt (ein DIN-A4-Blatt vier Mal falten, das ergibt 16 Felder). Deine Lehrerin oder dein Lehrer diktiert 16 Wörter. Alle Wörter enthalten ein Silbengelenk. Schreibt die Wörter durcheinander in die Kästchen. Jedes Wort kommt in ein Kästchen. Anschließend schreibt deine Lehrerin oder dein Lehrer die Wörter in einer anderen Reihenfolge als beim Diktieren an die Tafel.

Du überprüfst, ob du die Wörter richtig geschrieben hast und streichst das Bingo-Feld durch, wenn das entsprechende Wort an der Tafel steht.

Wer zuerst eine Reihe waagerecht, senkrecht oder diagonal durchgestrichen hat, ruft laut „Bingo".

Ihr könnt Bingo auch in der Tischgruppe spielen. Dann muss ein Kind die Rolle des Spielleiters übernehmen.

Aufgabe 16: Wann schreibt man doppelte Konsonantbuchstaben, wann nicht?
Einige Wörter im Kasten sind falsch geschrieben. Verbessert die Schreibung. Sprecht die Wörter dazu richtig aus, schreibt sie richtig darunter und wendet zur Überprüfung die Silbenprobe (◡◡) an.

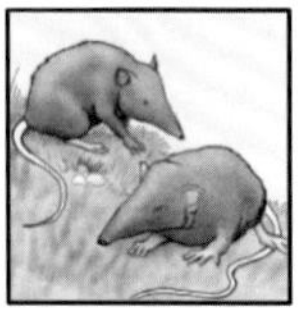
die Raten

der Beutel

hallten

die Spine

die Wollken

der Zettel

schwimen

der Koffer

die Buter

lauffen

die Schillder

der Teller

Illustrationen von Natalia Barskaya

Aufgabe 17: Wann schreibt man ein Silbengelenk, wann nicht?
Arbeitet zu zweit.

a Alle Wörter im Kasten sind falsch geschrieben. Überprüft die Schreibung, indem ihr die Wörter rhythmisch sprecht.
b Schreibt die Wörter richtig unter die falsch geschriebenen und begründet mit Hilfe der Silbenprobe ihre Schreibung.
c Vergleicht die Aussprache der richtig geschriebenen Wörter mit der Aussprache der Wörter, wenn ihr sie so vorlest, wie sie im Kasten stehen.

das Meser	die Wollke	hollen	die Käme
______	______	______	______
der Haffen	der Bessen	die Biete	renen
______	______	______	______

Aufgabe 18: Was sind besondere Silbengelenke?

Manche Silbengelenke bestehen aus zwei unterschiedlichen Buchstaben. Die Buchstaben **t** und **z** werden zum Beispiel nicht verdoppelt: ba**ck**en, Ta**tz**e.

a Überprüft das zu zweit an den Wörtern im Kasten, indem ihr die Silbenprobe () zur Hilfe nehmt und die Wörter rhythmisch sprecht.

kitzeln	die Pfütze	die Katze	kratzen
die Fetzen	ritzen	petzen	schmatzen
der Bäcker	die Säcke	pflücken	schmücken
recken	rücken	schmecken	die Flecke

b Sucht aus den Wortkarten 2 weitere Wörter mit diesen besonderen Silbengelenken und schreibt sie auf.

c **z** oder **tz**? Entscheidet das in den folgenden Wörtern. Führt die Silbenprobe durch:

schü ____ en die Pflan ____ e die Mü ____ e hei ____ zen

die Mün ____ e die Schnau ____ e schwi ____ en

d **k** oder **ck**? Entscheidet das in den folgenden Wörtern. Führt die Silbenprobe durch.

der Ho ____ er der Fun ____ e die Lü ____ e mer ____ en

me ____ ern die Pau ____ e win ____ en blin ____ en

Aufgabe 19: Was sind besondere Silbengelenke?
Lest euch folgenden Merksatz durch.

> Manche Silbengelenke werden nicht verdoppelt. Wir schreiben deshalb:
> *machen* und nicht: *machchen*
> *die Sachen* und nicht: *die Sachchen*
> *mischen* und nicht: *mischschen*
> *wischen* und nicht: *wischschen*

a Sucht nach einer Begründung, warum diese Silbengelenke nicht verdoppelt werden. Findet weitere Beispiele, in denen ch oder sch als Silbengelenk vorkommen.
b Das x wird als Silbengelenk ebenfalls nicht verdoppelt. Schreibt Wörter mit x auf:
die Hexe, faxen, ...
Die Schreibung dieser Wörter müsst ihr euch merken.

Aufgabe 20: Wie sind Silbenanfangsränder aufgebaut?
Bislang habt ihr immer den Silbenkern und den Silbenendrand in der betonten Silbe untersucht. In der folgenden Aufgabe geht es um den Silbenanfangsrand.

a Sortiert die Wörter im Kasten nach ihrem Silbenanfangsrand. Ergänzt dazu die Übersicht.

> wachsen, bringen, schreiben, die Runde, das Auge, die Pflaume, essen, schlafen, feiern, schöner, öfter, die Blätter, knurren, die Pflanze, schneiden, das Ende, unten

1. Die Schreibsilbe beginnt mit dem Silbenkern (Vokalbuchstaben). Der Silbenanfangsrand ist nicht besetzt:

   der Esel, die Insel, ____________________

2. Der Silbenanfangsrand besteht aus einem Konsonantbuchstaben:

   laufen, die Küche, ____________________

3. Der Silbenanfangsrand besteht aus zwei Konsonantbuchstaben:

   glauben, brennen, ____________________

4. Der Silbenanfangsrand besteht aus drei Konsonantbuchstaben:

   pflegen, das Pflaster, ______________________

5. Der Silbenanfangsrand besteht aus vier Konsonantbuchstaben:

   schneien, schlagen, ______________________

b In solchen Wörtern wie **sp**ringen, **sp**rechen, **st**reichen, **st**ellen sprechen wir am Anfang „sch", wir schreiben aber nicht schpringen oder schtreichen.
Schreibt weitere Wörter auf, die am Anfang mit „sp" oder „st" geschrieben, aber mit „schp" oder „scht" gesprochen werden. Nutzt das Wörterbuch.
Wörter mit „sp":

____

____

Wörter mit „st":

____

____

Aufgabe 21: Wie sind Silbenanfangsränder aufgebaut?
Arbeitet zu zweit.

a Lest die Unsinnssätze im Kasten und unterstreicht, welche Silbenanfangsränder jeweils drei Mal vorkommen.

Braune Brause brauche ich nicht. Grüne Grütze gruselt mich. Schlabberige Schlangen schlage ich nicht. Blaue Blumen blühen für dich.

b Findet weitere Wörter mit diesen Anfangsrändern. Benutzt dazu auch das Wörterbuch.

c Schreibt möglichst viele Wörter mit folgenden Anfangsrändern auf:

dr: ______________________________

____

fr: ______________________________

____

kr: ______________________________

____

tr: ______________________________

____

d Versucht, daraus selbst Unsinnssätze zu formulieren.
e Sucht im Wörterbuch nach weiteren möglichen Anfangsrändern und schreibt sie mit einem Beispiel auf:

b: der Bär, ______________________________

____

bl: blau, ______________________________

____

Aufgabe 22: Der Bau der unbetonten Silbe

Wir betrachten jetzt die unbetonte Silbe in zweisilbigen Wörtern.

a Schreibt zehn zweisilbige Wörter von den Wortkarten 1 und 2 ins Heft.
b Führt die Silbenprobe durch. Untersucht, welcher Vokalbuchstabe in der zweiten Silbe steht.
c Lest euch die Wörter gegenseitig vor. Achtet darauf, wie ihr den Vokalbuchstaben in der unbetonten (zweiten) Silbe sprecht.
d Untersucht, welche Konsonantbuchstaben nach dem Vokalbuchstaben in der zweiten Silbe stehen können.
e Ordnet eure Wörter in die Übersicht ein. Wenn eine Zeile frei bleibt, sucht Wörter, die dort hineinpassen. Manchmal müsst ihr sie dazu etwas verändern.

Die unbetonte Silbe endet auf:

-e: Silbe, ______________________

-en: kennen, ______________________

-er: Hammer, ______________________

-em: weichem, ______________________

-es: weiches, ______________________

-el: Pinsel, ______________________

Aufgabe 23: Der Bau der unbetonten Silbe

Arbeitet zu zweit oder in der Gruppe.

a Verlängert die einsilbigen Wörter der Wortkarten 1 zu Zweisilbern, indem ihr die Pluralform bildet (Kind – Kinder) oder sie steigert (schön – schöner).

b Schreibt die zweisilbige Form auf und untersucht den Vokalbuchstaben in der zweiten Silbe. Formuliert ein Untersuchungsergebnis.

Aufgabe 24: Die Silbenprobe anwenden

Arbeitet zu zweit.

a Übertragt die Tabelle ins Heft.

offene Silbe:	geschlossene Silbe:	geschlossene Silbe mit Silbengelenkschreibung:

b Diktiert euch die Wörter im Kasten gegenseitig: Tragt sie in die Tabelle ein.

Partner A:

schwimmen, kleckern, die Miete, fallen, kosten, binden, ziehen, suchen, die Mücke, die Pforte, die Sprosse, die Knospe, die Wälder, schöpfen, baden, rauschen

▶

Partner B:
rennen, die Wolle, die Wiese, brüten, die Schlösser, der Kunde, kriechen, necken, die Witze, die Scherze, fliehen, die Kälte, der Krümel, die Bänke, tauschen

c Überprüft anschließend, ob ihr alle Wörter richtig geschrieben und richtig eingeordnet habt.

Aufgabe 25: Wörter kann man verlängern

Ihr habt gelernt, dass in der deutschen Sprache die Grundform vieler Wörter aus zwei Silben besteht. An der Schreibung dieser zweisilbigen Wörter kann man gut sehen, wie sie gesprochen werden:

offene Silbe = langer, gespannter Stammvokal;
geschlossene Silbe = kurzer, ungespannter Stammvokal.

Bei einsilbigen Wörtern kann man die Aussprache und die Schreibung dadurch ermitteln, dass man eine zweisilbige Form bildet.

a Verlängert die einsilbigen Wörter im Kasten unten zu zweisilbigen. Schreibt dazu beide Formen nebeneinander so in euer Heft:

Substantive: *die Tür – die Türen, ...*
Adjektive: *nass – nasser, ...*
Verben: *du rennst – rennen, ...*

Substantive: der Ton, der Ruf, das Rad, das Blech, die Spur, die Burg

Adjektive: kalt, schön, arm, alt, jung, weiß

Verben: er muss, du kommst, er läuft, sie schreibt, du liest, er isst

b Überprüft, wie ihr für jede Wortart das zweisilbige Wort gebildet habt.
c Überprüft, ob die erste Silbe in diesen Zweisilbern offen oder geschlossen ist. Führt dazu die Silbenprobe (◡◡) durch.

Aufgabe 26: Zu einsilbigen Wörtern den Zweisilber bilden

Das Bilden der zweisilbigen Form zu Einsilbern (◡→) hilft, wenn man sich nicht sicher ist, wie das Wort geschrieben wird.

Arbeitet zunächst in der Klasse, dann zu zweit.

a Bildet zu den Wörtern im Kasten die zweisilbige Form.
Schreibt sie dazu untereinander:

der Hund die Hunde

du rennst rennen

der Hut, du musst, es hupt, der Gruß, er kennt, es brummt, sie reist, der Berg, das Bad, du sitzt, arg, er kam, das Werk, der Zwerg, das Gleis, kurz, der Schuh

b Überprüft dann die Schreibung mit der Silbenprobe (◡◡) und formuliert das Ergebnis: Wie muss das Wort geschrieben werden?

Beispiel:

der Hund die Hunde Ergebnis: d am Ende

du rennst rennen Ergebnis: Silbengelenk, also: nn

Aufgabe 27: Fehlerfuchs – Bilden von Zweisilbern zu Einsilbern

Arbeitet zunächst in der Klasse, dann zu zweit.

In den einsilbigen Wörtern im Kasten sind Fehler. Findet die Fehler, indem ihr Zweisilber bildet und diese mit der Silbenprobe untersucht.

Arbeitet wie in diesen Beispielen:

der Brant – die Brände – also auch: der Brand

Ergebnis: d auch am Wortende

er läufft – laufen – also auch: er läuft

Ergebnis: nur ein f, da die Silbe offen ist

sie hept, es ziet, der Walt, der Zuk, sie schreipt, das Loß, der Gruss, er ließt, es past, er schliest, du kanst, das Stük, der Wek, die Wellt, schnel, der Hud

Aufgabe 28: Zusammengesetzte Wörter untersuchen

Die Wörter im Kasten sind zusammengesetzt, das heißt, sie sind aus zwei Wortstämmen gebildet. Schreibt die Wörter untereinander ab und schreibt daneben die beiden zweisilbigen Wörter, die zu den Wortstämmen gehören. Beispiel:

die Schultür: die Schule, die Türen
das Schreibheft: schreiben, die Hefte

die Schultür, das Schreibheft, die Vollglatze, der Ziehbrunnen, der Brummbär, die Backstube, der Stammbaum, wollweiß, die Bettwäsche, der Stellplatz

b Untersucht den ersten Teil der Wörter im Kasten mit Hilfe der Silbenproben.

Beispiele:

die Schultür – die Schule

Ergebnis: offene Silbe, nur ein l

das Schreibheft – schreiben

Ergebnis: „schreiben" mit b, also auch „schreib" mit b

Aufgabe 29: Rechtschreibgespräche führen

a Führt in der Klasse oder in der Gruppe Rechtschreibgespräche zu den folgenden Wörtern:

die Räder, die Sonne, schreiben, das Wasser, hoffen, die Reste

Schreibt jedes Wort dazu an die Tafel. Äußert euch dazu, warum es gerade so und nicht anders geschrieben wird. Sprecht darüber, wo man beim Schreiben besonders aufpassen muss. Was fällt euch noch an dem Wort auf und zu dem Wort ein?

Beispiel:
„Räder" schreibt man mit „ä", weil es mit „Rad" verwandt ist. Auch „Rad" muss man mit „d" schreiben. Die betonte Silbe in „Räder" ist offen. Deshalb wird das „ä" lang gesprochen. „Räder" steckt auch in „Fahrräder", „Autoräder". Es ist auch mit „Radfahrer", „Radweg" verwandt. „Räder" schreibt man immer groß, denn es ist ein Substantiv.

b Führt Rechtschreibgespräche zu solchen Wörtern, die ihr noch häufig falsch schreibt. Schreibt sie dazu richtig an die Tafel.

Aufgabe 30: Die Silbenstruktur finden
Arbeitet zu zweit.
a Verlängert die Wörter im Kasten und schreibt das zweisilbige Wort darunter. Streicht dann das Wort, welches nicht in die Reihe passt.
b Begründet eure Entscheidung. Verwendet dazu die Silbenprobe.

Einer raus:
dreht – geht – fällt – weht – flieht

zielt – wiegt – biegt – siegt – sitzt

alt – kalt – welk – früh – warm

der Ball – die Welt – der Ast – das Bild – die Wand

Aufgabe 31: Wörter mit s/ss/ß
Arbeitet zunächst in der Klasse. Ihr braucht die Wörter aus dem Kasten.
a Überprüft die Schreibung des s-Lautes im ersten Wort in jeder Reihe mit Hilfe der Silbenprobe (◡◡). Formuliert eure Erkenntnis: Wann schreibt man „s", wann „ss", wann „ß"?
b In einigen Wortfamilien tanzt ein Wort aus der Reihe, das heißt, der s-Laut wird anders geschrieben als in den verwandten Wörtern. Unterstreicht diese Wörter und erklärt die Andersschreibung.

c Ergänzt weitere Wörter aus der Wortfamilie. Schreibt sie neben die anderen.

müssen	gemusst	ich muss	______
wissen	gewusst	du weißt	______
grüßen	grüßte	die Grüße	______
lesen	du liest	lesbar	______
gießen	du gießt	die Gießkanne	______
reißen	es reißt	gerissen	______
reisen	er reist	die Reise	______
größer	groß	die Großmutter	______
rasen	er rast	die Raserei	______

Aufgabe 32: Wörter mit s/ss/ß

Arbeite allein.

a Füge in die Wortlücken bei den Wörtern im Kasten s/ss/ß ein.
b Begründe die Schreibung der Wörter mit Hilfe der Silbenprobe (◡◡).
c Schreibe weitere Wörter aus den entsprechenden Wortfamilien auf.
d Überprüfe, ob in allen Wörtern der Wortfamilie der s-Laut gleich geschrieben wird.

la_ss_en	du lässt, lässig, verlassen
hei ___ en	______
drau ___ en	______
kü ___ en	______
der Rie ___ e	______

na ____ e ______________________________

fa ____ en ______________________________

schie ____ en ______________________________

die Ri ____ e ______________________________

bei ____ en ______________________________

flie ____ en ______________________________

nie ____ en ______________________________

sü ____ e ______________________________

me ____ en ______________________________

die Nü ____ e ______________________________

fa ____ en ______________________________

wie ____ en ______________________________

die Fü ____ e ______________________________

das Wa ____ er ______________________________

schlie ____ en ______________________________

Aufgabe 33: Wörter mit s/ss/ß

Arbeite allein. Du brauchst die Wörter aus den Kästen aus den Aufgaben 31 und 32.

a Sortiere die Wörter nach Wörtern, die sich reimen, und schreibe sie nebeneinander auf.
Du kannst auch Wörter ergänzen, zum Beispiel:
wissen, das Kissen, vermissen, gerissen
der Kuss, der Schuss, der Schluss, das Muss

b Unterstreiche in allen Wörtern s/ss/ß.

Aufgabe 34: Wörter mit Umlautschreibung

a Verlängert die folgenden Wörter und schreibt sie so auf:
das Bad – die Bäder

das Haus, die Maus, der Ton, das Wort, das Tuch, der Fuß, der Gast, der Spaß, das Glas, das Schloss, der Kuss

b Vergleicht die Vokalbuchstaben in beiden Wörtern.

c Sucht zu den folgenden Wörtern jeweils ein verwandtes Wort, das ohne Umlautmarkierung geschrieben wird.
der Läufer – laufen

der Räuber, träumerisch, der Säuger, rötlich, die Sätze, tödlich, der Gärtner, ändern, ängstlich, käuflich, bläulich, köstlich, der Wärter, die Ränder

d Manche Wörter werden immer mit Umlautbuchstaben geschrieben:
der Bär, der Käse, der Käfig, der Käfer, die Lärche, der März, der Säbel, die Säge, prägen, sägen
Schreibe die Wörter untereinander in dein Heft. Ergänze jeweils mindestens ein verwandtes Wort. Merke dir die Schreibung dieser Wörter.

Aufgabe 35: Was reimt sich?

Arbeitet zu zweit.

a Lest euch die beiden Gedichte gegenseitig vor.

Gerald Jatzek: Die Zeit

Man kann sie nicht riechen,
man kann sie nicht schmecken,
man kann sie einfach
nirgends entdecken.

Man kann sie vergeuden,
man kann sie vergessen.
Doch was man versäumt hat,
kann man nicht messen.

Man kann sie nicht kaufen,
man kann sie nicht borgen.
Man sucht das Gestern,
schon ist es morgen.

Man kann sie gut nutzen
Und jemandem schenken,
und wenn man Zeit hat,
an sie denken.

Ernst Jandl: ein schulmädchen

die ferien sind alle
die schule ist die falle
ich bin die kleine maus
der lehrer sieht wie käse aus

b Unterstreicht in den Reimwörtern genau die Buchstaben, die sich reimen.
c Bildet selbst Reimwörter. Versucht daraus kleine Verse zu schreiben:
z. B. schneller – heller: *Die Tage werden heller – die Zeit vergeht immer schneller.*

Alles klar? – Aufgaben zu weiteren Rechtschreibfällen
Wenn ihr die Aufgaben bis hierher sicher gelöst habt, könnt ihr euch mit den besonderen Schreibungen bei den Wörtern beschäftigen, wie sie in den folgenden Aufgaben vorgestellt werden.

Bisher habt ihr gelernt:

> Die Länge oder Kürze des Vokals in der betonten Silbe erkennt man im zweisilbigen Schlüsselwort daran, ob die Silbe offen (die betonte Silbe endet auf einen Vokalbuchstaben) oder geschlossen (die betonte Silbe endet auf einen Konsonantbuchstaben) ist. Wenn in der geschlossenen Silbe nur ein Konsonant gesprochen wird, wird der entsprechende Buchstabe beim Schreiben verdoppelt (Silbengelenk).

In den folgenden Aufgaben werden zweisilbige Wörter vorgestellt, bei denen es zusätzliche Hinweise gibt, dass die betonte Silbe offen ist und der Vokal deshalb lang gesprochen wird. Das hilft uns, die Wörter beim Lesen schnell zu erfassen.

Aufgabe 36: Wörter mit Dehnungs-h
Arbeitet zunächst in der Klasse und dann mit einem Partner.

a Führt bei den Wörtern im Kasten die Silbenprobe durch.
  Kreist den Vokalbuchstaben in der betonten Silbe ein.

> nehmen, wohnen, nähren, fahren, gähnen, fühlen, zählen, wählen, kühlen, mahlen, stehlen, bohren, die Uhren, die Ohren, die Mühle, die Sahne, der Fehler, die Strahlen, die Kähne, die Hähne, die Jahre, die Zähne, die Höhle, die Bühne, die Sohle, kahler, die Kehle, die Wahlen, die Stühle, ohne, ihnen, ihre

b Überprüft, wie die erste Silbe jeweils endet. Formuliert eure Beobachtung.

c Überprüft, mit welchen Konsonantbuchstaben die zweite Silbe jeweils beginnt.
  Formuliert eure Beobachtung.

d Schreibt den Merksatz in euer Heft:

> In manchen Wörtern wird ein **„h" zur Markierung der offenen Silbe** verwendet. Das **h** steht nur vor **l, m, n** oder **r,** aber nicht in allen Wörtern, in denen ein **l, m, n** oder **r** auftritt. Die Wörter, in denen die offene Silbe mit **h** endet, muss man sich merken.

e Sucht euch aus dem Kasten fünf Wörter heraus und schreibt verwandte Wörter dazu auf. Unterstreicht jeweils das h in der ersten Silbe. Zu welchem Wort habt ihr die meisten Verwandten gefunden?

Beispiel:
wohnen: die Wohnung, bewohnbar, der Bewohner, das Wohnzimmer, wohnlich

Aufgabe 37: Wörter, die ohne h auskommen

a Vergleicht die Schreibung und die Aussprache der Wörter im Kasten aus Aufgabe 36 mit diesen:

malen, hören, die Schwäne, klarer, die Schule, die Krone, sparen, die Schwere, schwören, der Name, die Wale, quälen, schöner

b Formuliert eure Entdeckung.
c Findet weitere Wörter, die zu den Wörtern im Kasten passen.

Aufgabe 38: Wo steht das h? Warum steht es da?

Arbeitet zu zweit.

a Welches Wort aus jeder Reihe im Kasten passt nicht? Streicht es.

Einer raus
der Fehler – die Kühle – die Zehen – die Fähre – die Bühne
zählen – wählen – drehen – fühlen – kühlen
es zieht – er bohrt – es kühlt – er stiehlt – er fährt
die Wohnung – der Zähler – der Strahl – der Gehweg – die Hühnersuppe

b Begründet eure Entscheidung mit Hilfe der Silbenproben.
c Vergleicht die Stellung des h bei den „Ausreißerwörtern" mit seiner Stellung in den anderen Wörtern mit h.

Aufgabe 39: Ach nee – Doppelvokale

Arbeitet zu zweit.

a Lest die Wörter aus dem Kasten und unterstreicht ihre Besonderheit.

der Saal, der Schnee, der Tee, die Fee, der See, der Teer, das Moor, das Meer, das Paar, das Haar, die Leere, die Beere, die Boote, die Seele

b Findet weitere Wörter, in denen die Länge des Silbenkerns durch Doppelvokalbuchstaben gekennzeichnet wird.

c Merkt euch die Schreibung dieser Wörter.

Aufgabe 40: Offen oder geschlossen? Wörter ordnen

Arbeitet mit den Wortkarten 1 und 2 und mit dem Arbeitsblatt. Sortiert zunächst die dreisilbigen Wörter aus.

a Verteilt die Wörter der Wortkarten richtig auf die vier Felder des Arbeitsblattes.

b Überprüft eure Lösung jeweils mit der Silbenprobe.

c Legt die Wörter, bei denen ihr euch nicht sicher seid, zur Seite. Besprecht diese Wörter anschließend in der Klasse.

Wörter mit offener Silbe	Wörter mit geschlossener Silbe
Wörter mit silbentrennendem h	Wörter mit Silbengelenkschreibung
Wörter mit Dehnungs-h oder doppelten Vokalbuchstaben	

Aufgabe 41: Fehlerfuchs – Fehler finden und verbessern

Arbeite zunächst allein.

Im Kasten stehen Fragen, die ein Kind zum Afrika-Projekt der Klasse formuliert hat.

a Überprüfe, ob es alles richtig geschrieben hat. Wenn du einen Fehler findest, unterstreiche ihn und schreibe das richtige Wort neben den Satz.

Fragen zum Afrika-Projekt:
Wie heis kann es in Afrika werden?
Wie kald kann es dort werden?
Was benuzen die Menschen als Teller?
Wieso haben sie keine Wasserhäne?
Wie ist das Weter dort?
Wie verdinen die Menschen auf dem Land ihr Gelt?
Was tun sie, wenn kein Wasser mehr im Brunen ist?
Wo spilen die Kinder in Afrika Fussball?

b Vergleiche deine Verbesserungen mit einem Partner. Begründet die richtigen Schreibungen mit Hilfe der Silbenprobe.

Aufgabe 42: Buchstaben in Wörtern ergänzen

Arbeite zunächst allein.

a Ergänze die fehlenden Buchstaben in den Wörtern im Text. Vergleiche deine Lösungen mit denen in deiner Gruppe.

Gro ____ e Show mit kleinen Bildern

Die mei ____ ten Besucher würden sich heute sicher lan ____ weilen, wenn sie den ersten Kinofilm der Wel ____ aus dem Jahr 1895 angu ____ ten:

Ein Gärtner spren ____ t den Ra ____ en.

Da tri ____ ein Junge auf den Wa ____ erschlauch.

Der Gärtner stu ____ t und schaut nach, weshalb plö ____ lich kein Wa ____ er mehr flie ____ t.

In dem Moment ni ____ t der Junge den Fu ____ weg – und der Wa ____ er-stra ____ l tri ____ t den Gärtner mitten ins Gesicht.

Das Gan ____ e dauerte nur 40 Sekunden.

Doch die Zuschauer im Pariser Grand Café bestaunten den „Kinematographen" (daraus wurde später der Begri ____ Kino) der Brüder Lumière wie ein Wunder: ein Apparat, der bewe ____ te Lichtbilder auf einer Wand tan ____ en l ____ ß – unglaublich!

Quelle: Julia Nolte: „Große Show mit kleinen Bildern", In: *GEOlino* 10/2004 (Auszug)

Aufgabe 43: Wörter in Texten ergänzen

Arbeitet zu zweit. Einer von euch ist Lernpartner A, der andere Lernpartner B.

a Diktiert euch gegenseitig die Texte aus den Kasten unten. Ergänzt jeweils die fehlenden Wörter. Bei der Groß- und Kleinschreibung könnt ihr euch von eurem Lernpartner helfen lassen.

Partner A: Diktiere deinem Partner
Ständig auf dem Sprung

Mittagszeit im Inneren Australiens. Die Sonne brennt auf eine verdorrte Landschaft: Ausgetrocknete Flüsse – die sogenannten Creeks –, bis zum Horizont roter Sand und bloß hier und dort ein Baum, der kargen Schatten spendet. Unter einem von ihnen hockt ein Rotes Riesenkänguru. Beinahe reglos, denn in dieser Gluthitze von 40 Grad und mehr will das Tier jede unnötige Bewegung vermeiden. Das Einzige, was es tut: Es leckt sich die Pfoten.

Partner A: Schreibe nach dem Diktat deines Partners

__________ komisch, ist aber sinnvoll. Die Vorderläufe der __________

__________ sind dicht unter der Haut von besonders vielen feinen Blutgefäßen

durchzogen. Wenn der Speichel in der __________ verdampft,

entsteht Verdunstungskälte. Die Temperatur des Blutes __________ ein

wenig – es entsteht zumindest ein Hauch von Abkühlung.

Erst gegen Abend, wenn die Temperatur langsam __________,

__________ das Tier seinen __________.

Mit bis zu zehn __________ __________ es

dann los auf der Suche nach __________

und __________. Bei diesen Ausflügen __________ die Tiere schon mal bis zu 300 Kilometer zurück. Kein

__________, doch ein Rotes Riesenkänguru

__________ bis zu fünf Tage ohne Wasser aus.

Partner B: Diktiere deinem Partner

Klingt komisch, ist aber sinnvoll. Die Vorderläufe der Hüpfer sind dicht unter der Haut von besonders vielen feinen Blutgefäßen durchzogen. Wenn der Speichel in der Sonne verdampft, entsteht Verdunstungskälte. Die Temperatur des Blutes sinkt ein wenig – es entsteht zumindest ein Hauch von Abkühlung.

Erst gegen Abend, wenn die Temperatur langsam fällt, verlässt das Tier seinen Schattenplatz. Mit bis zu zehn Artgenossen hüpft es dann los auf der Suche nach Wasserstellen und Weideplätzen. Bei diesen Ausflügen legen die Tiere schon mal bis zu 300 Kilometer zurück. Kein Zuckerschlecken, doch ein Rotes Riesenkänguru kommt bis zu fünf Tage ohne Wasser aus.

Quelle: Midia Nuri, „Ständig auf dem Sprung", *GEOlino* 8/2004 (Auszug)

Partner B: Schreibe nach dem Diktat deines Partners

Ständig auf dem ____________

____________ im ____________ Australiens.

Die Sonne ____________ auf eine verdorrte Landschaft: Aus-

getrocknete ____________ – die sogenannten Creeks –, bis zum

Horizont roter ____________ und bloß hier und dort ein Baum, der

____________ ____________ spendet. Unter einem

von ihnen ____________ ein Rotes Riesenkänguru. Beinahe reg-

los, denn in dieser ____________ von 40 Grad und mehr will das

____________ jede unnötige Bewegung ____________.

Das Einzige, was es tut: Es ____________ sich die

____________.

b Überprüft anschließend eure Lösungen und tauscht euch darüber aus, was ihr schon gut könnt und was ihr noch lernen müsst.

Aufgabe 44: Wörter ohne Verwandte

Einige Wörter, die nur aus einer Silbe bestehen, lassen sich nicht verlängern. Das sind solche kleinen Wörter wie:

> ab, bei, bis, da, in, mit, ob, weil, um, zu, und, dort, kaum, her, hier, falls, der, die, das, dass, man

Es handelt sich um Wörter, die keine Verwandten haben und nur in dieser Form vorkommen. Die Schreibung dieser Wörter muss man sich merken.

a Schreibe die Wörter als Merkwörter in dein Heft.

b Finde weitere einsilbige Wörter, die sich nicht verlängern lassen.

Aufgabe 45: Wörter aus anderen Sprachen

Auf den Wortkarten 1 gibt es einige Wörter, die aus mehr als zwei Silben bestehen. Mit diesen Wörtern habt ihr bislang kaum gearbeitet.

a Sucht die mehrsilbigen Wörter aus den Wortkarten 1 heraus.

b Überprüft, was sie von den Wörtern, mit denen ihr bisher gearbeitet habt, unterscheidet. Sprecht sie dazu rhythmisch: Wie sind die betont? Gibt es Laute, die „fremd" klingen?

c Viele dieser Wörter sind Fremdwörter, denn sie sind aus anderen Sprachen in die deutsche Sprache gekommen. Man sieht und hört ihnen das noch an.
Überprüft das an den Wörtern im Kasten: Was unterscheidet sie von den Wörtern aus dem heimischen Wortschatz, mit denen ihr bisher gearbeitet habt? Achtet auf die Schreibung, auf die Betonung und auf die Aussprache.

> der Job, der Chat, das Bistro, der Globus, das Karussell, das Thema, das Theater, die Physik, die Mathematik, das Café, die Flatrate, die Polizei, das Chamäleon, das Plenum, das Quadrat, der Chip, die Musik, das Baguette, die Station, das Experiment, das Cover

d Findet im Wörterbuch oder in euren Schulbüchern weitere Wörter, die aus anderen Sprachen kommen.

e Überprüft, ob diese Wörter wirklich aus anderen Sprachen kommen. Nutzt dazu das Wörterbuch oder das Fremdwörterbuch. Häufig findet ihr dort einen Hinweis darauf, aus welcher Sprache die Wörter kommen.

7.2 Die Wortbildungsmöglichkeiten in der deutschen Sprache

In den folgenden Aufgaben stehen zusammengesetzte und abgeleitete Wörter im Mittelpunkt. Es geht bei der Beschäftigung mit den Wortbildungsmöglichkeiten in der deutschen Sprache zum einen darum, dass die Lernenden die produktiven Möglichkeiten der Wortbildung im Deutschen für die Erweiterung des Gesamtwortschatzes und die Veränderung von Wortbedeutungen erforschen und ihr Wissen für die eigene Wortschatzerweiterung nutzen. Die Untersuchung der morphologischen Struktur und der Bedeutung von komplexen Wörtern kann besonders Lernern, die Deutsch als Zweitsprache lernen, aber auch jüngeren Schülerinnen und Schülern und solchen mit einem eingeschränkten schriftsprachlichen Wortschatz helfen, ihre lexikalischen Lücken selbstständig zu schließen. Dass das eine wichtige Lernaufgabe über alle Schuljahre hinweg ist, belegen Zahlen aus der DESI-Studie, wonach 38 % der Lerner im neunten Schuljahr noch nicht über einen sicheren Basiswortschatz verfügen (vgl. Willenberg 2007, 2008).

Zum anderen wird durch die Beschäftigung mit den Wortbildungsmöglichkeiten im Deutschen die Bedeutung des morphologischen Prinzips, das schon im vorhergehenden Teilkapitel eine Rolle spielte, vertieft: Gleiches schreibt man auch in verwandten (komplexen) Formen gleich, damit man es sicher schreiben und gut lesen kann. Wer komplexe Wörter schnell und sicher in sinnvolle Einheiten zerlegen kann, hat Vorteile bei der Worterkennung und bei der Erschließung der Wortbedeutung beim Lesen (vgl. Bangel 2017). Deshalb ist es wichtig, dass das Thema Wortbildung einerseits, wie in den folgenden Aufgaben dargestellt, als eine relativ geschlossene Lerneinheit im Unterricht vorkommt und Lerner sich die Rechtschreibung und die Bedeutung von komplexen Wörtern über die Einsicht in ihre Struktur erschließen können. Aber andererseits sollte die Bildung von Wörtern integrativ beim Lesen thematisiert werden.

Der Schwerpunkt der folgenden Aufgaben liegt in der Untersuchung der Struktur von komplexen Wörtern und in der Erkenntnis, wie Wörter durch Wortfamilien morphologisch und semantisch miteinander verbunden sind, denn es geht in erster Linie um die Rechtschreibung und ihre Bedeutung für das schnelle Lesen und die sichere Bedeutungszuweisung. Nichtsdestotrotz sollten die Lerner im Sinne integrativer Lernangebote immer wieder auch zur Bildung von Wortfeldern, z. B. im Zusammenhang mit eigenen Textproduktionen, angehalten werden und so zu variablem und differenziertem Wortgebrauch geführt werden.

Die Spracharbeit in den folgenden Aufgaben ist vorrangig darauf ausgerichtet, den engen Zusammenhang zwischen Form, Funktion und Bedeutung von Wörtern und Wortformen erfahrbar zu machen. Gerade für den Bereich der Wortbildung bieten sich experimentierendes und spielerisches Operieren mit Wörtern und forschendes Lernen an: Es lassen sich Wortneuschöpfungen bilden, einzelne Bestandteile von Wörtern in Texten verändern und untersuchen, was mit der Bedeutung des Wortes im Textkontext passiert, komplexe Wörter ab- und aufbauen, um ihre Struktur entdecken zu können. Die Arbeit an der Wortstruktur ist immer verknüpft mit der Erfassung der Bedeutung und Funktion bestimmter Bildungen. Zentral sind in den Materialien Aufgaben zur Komposition (Zusammensetzung aus mindestens zwei Stammformen, vgl. Aufgaben 2–10), zur Präfigierung und Suffigierung (Aufgaben 11–22) und zu „Mischformen“ aus diesen Wortbildungstypen (ab Aufgabe 23). Die Aufgabenbeispiele sind also am produktiven Kernbereich ausgerichtet. Kurzwörter und Konversionen werden hier nicht thematisiert, können aber, besonders in höheren Klassenstufen, eine Rolle spielen. Die Reihenfolge der Aufgaben lässt eine Lernprogression erkennen. Selbstverständlich können sie durch andere ergänzt werden. Es kann natürlich auf einzelne Aufgaben verzichtet werden, wenn die Lerner über ein gutes Vorwissen verfügen. Noch stärker sprachspielerische Angebote bieten sich ebenfalls an, z. B. in Bezug auf Neuschöpfungen oder kreative Erklärungen für bekannte Wörter: Ein *Tafelschwamm* kann auch eine besondere Pilzart sein, die nur Schultafeln befällt. Oder eine Tierart, die nur in Tafelwasser überleben kann. Solche Aufgaben können als Differenzierungsangebote für sehr sprachaufmerksame Lerner dienen. Sie weisen, zumindest in diesem Fall, auf die Mehrdeutigkeit von Wörtern hin.

Die Unterscheidung von Wortbestandteilen mit grammatischer und mit lexikalischer Bedeutung wird in den Materialien nicht thematisiert, sollte aber im Unterricht eine Rolle spielen. Hier bietet sich eine Verknüpfung zu anderen grammatischen Bereichen (z. B. *ge-* und *-t* als Flexionsmorpheme zur Bildung des Partizips II erfassen, Flexionsendungen und Pluralformen untersuchen) an. Immer wieder soll natürlich auch deutlich werden: Gleiches schreibt man gleich, so dass die Wortbildung zur Automatisierung beim Rechtschreiben beitragen kann.

An die bislang eingeführten Arbeitsformen (Strukturen und Zusammenhänge selbst und im Dialog entdecken, Rechtschreibgespräche) wird bei den Aufgaben zur Wortbildung angeknüpft. Die Aufgaben eignen sich für die 5. bis 8. Klasse, können – je nach Leistungsstand der Klasse – teilweise auch schon früher eingesetzt werden. Dann sollte jedoch genau geprüft werden, auf welche Teilaufgaben verzichtet werden sollte bzw. wie einzelne Aufgaben hinsichtlich der Aufgabenformulierung und des Wortmaterials variiert werden können. Das gilt besonders für die Aufgaben ab Aufgabe 21. Die Wortbildung ist erfreulicherweise auch immer ein Thema in den Lehrbüchern und Arbeitsmaterialien der Grundschule. Auf dieses Wissen sollte selbstverständlich aufgebaut werden. Häufig werden in der Grundschule bereits Phänomene wie die Bildung von komplexen Substantiven („Namenwörter“) durch Komposition und der Wortartwechsel durch Suffigierung angesprochen und eingeübt. Wie schon in Kapitel 7.1 sind Aufgaben, die in der hier vorgeschlagenen oder ähnlichen Form ebenfalls im Schülerarbeitsheft abgedruckt sind, mit einem Stern (*) gekennzeichnet.

Aufgaben 1 bis 10: Die Komposition als der produktivste Wortbildungstyp bei Substantiven

Zusammengesetzte Substantive sind der verbreitetste und produktivste Worttyp der deutschen Sprache. Sie kommen als Komposition aus zwei und mehr Stämmen vor und haben häufig Fugenelemente, die nicht systematisch erklärbar sind (vgl. Kapitel 5.2).

Den Zusammensetzungen sind die Aufgaben 2 bis 10 gewidmet. In Aufgabe 1 geht es um die Einführung bzw. Wiederholung des Begriffs „Wortfamilie", denn das Wissen über Wortfamilien kann zum einen beim Rechtschreiben, aber auch bei der Bedeutungszuweisung von Wörtern und bei der Wortschatzerweiterung helfen.

In den Aufgaben 2 bis 5 können die Schülerinnen und Schüler lernen und wiederholen, wie zusammengesetzte Substantive im Deutschen „funktionieren": Sie werden aus Stämmen gebildet, die relativ variabel in ihrer Stellung sind *(Kochtopf – Topfpflanze)*. Ihr großer Vorteil ist, dass sie es ermöglichen, einen komplexen Sachverhalt in einem Wort zu erfassen. Das kann an den Aufgaben 2 bis 5 erarbeitet werden, denn hier sollen nicht nur Wörter gebildet, sondern auch erklärt werden. Gerade für Lerner, die Deutsch als Zweitsprache lernen, ist die Entdeckung, dass die Beziehungen zwischen Bestimmungs- und Grundwort sehr unterschiedlich sein können (vgl. Aufgabe 3), wichtig für das Verständnis der Wortbildungsstrukturen im Deutschen. Die Übertragung von zusammengesetzten Wörtern in andere Sprachen, selbstverständlich vorrangig in die, die auch in der Klasse vorkommen, macht deutlich, dass es sich bei Zusammensetzungen um ein Phänomen handelt, das besonders die deutsche Sprache prägt.

Die Bearbeitung der Aufgabe 8 verlangt, dass die Schülerinnen und Schüler schon sehr sicher in der Identifizierung von Wortstämmen sind, denn neben zusammengesetzten Substantiven kommen auch solche mit Suffixen *(Möglichkeit, Bequemlichkeit)* und mit Präfixen *(Versteck)* vor. Um diese Wortbildungstypen geht es ab Aufgabe 11.

Das Ziel von Aufgabe 9 besteht vor allem darin, dass die Lernenden sicherer im Umgang mit dem Wörterbuch werden: Viele zusammengesetzte Substantive finden sich nicht im Wörterbuch, so dass die Bestandteile einzeln nachgeschlagen werden müssen, wenn z. B. die Schreibung eines Wortes geklärt werden soll. Dass sie nicht im Wörterbuch auftauchen, liegt an der Produktivität dieses Wortbildungstyps, denn täglich können neue Wörter hinzukommen. Das können die Schülerinnen und Schüler selbst ausprobieren, indem sie nach neuen Bezeichnungen für Alltagsgegenstände suchen – oder neue Dinge erfinden, erklären und ihnen einen „Namen" geben.

Immer wieder soll natürlich auch deutlich werden: Gleiches schreibt man gleich, so dass die Wortbildung zur Automatisierung beim Rechtschreiben beitragen kann.

Arbeitsblatt -2.1.doc

Aufgabe 1*: Wortfamilien bilden *Erarbeitung und Übung*
Einführung bzw. Wiederholung des Begriffs „Wortfamilie" und Untersuchung von komplexen Wortformen hinsichtlich ihrer vergleichbaren Bestandteile (Wortstämme)

Aufgabe 2*: Zusammengesetzte Wörter bilden *Erarbeitung und Übung*
Die Komposition als die produktivste Wortbildungsmöglichkeit bei Substantiven erfassen

Aufgabe 3: Zusammengesetzte Wörter erklären *Erarbeitung und Übung*
Die Funktion von Grund- und Bestimmungswörtern untersuchen

Aufgabe 4: Zusammengesetzte Wörter bilden und die Variabilität der Bildungen entdecken *Erarbeitung und Übung*
Entdecken, dass Stammformen sowohl als Grund- als auch als Bestimmungswort vorkommen können, Bilden von zusammengesetzten Substantiven

Aufgabe 5: Komplexe zusammengesetzte Wörter *Übung*
Zusammensetzungen mit möglichst vielen Stammformen bilden

Aufgabe 6: Fugenelemente und ihre Funktion entdecken *Erarbeitung und Übung*
Fugenelemente wie *n (Blumentopf), s (Verbandskasten), ns (Glaubensbekenntnis), e (Lesesaal), er (Finderlohn), en (Heldentat), ens (Herzenswunsch), es (Siegessäule)* identifizieren und Wörter mit Fugen bilden

Aufgabe 7: Vergleich der Wortbildung im Deutschen mit anderen Sprachen *Erarbeitung*
Entdecken, dass mehrteilige Zusammensetzungen besonders typisch für die Wortbildung im Deutschen sind

Aufgabe 8: Zusammengesetzte Substantive und Adjektive *Übung und Festigung*
Zusammensetzungen in Texten identifizieren, zusammengesetzte Adjektive bilden

Aufgabe 9: Produktivität der Komposition *Übung und Festigung*
Entdecken der relativ unbegrenzten Wortbildungsmöglichkeiten bei Substantiven durch Komposition, sprachspielerisches Umgehen mit diesem Wortbildungstyp

Aufgabe 10: Produktivität der Komposition *Übung, Festigung und Überprüfung*
Zusammensetzungen spielerisch bilden

Aufgaben 11 bis 22: Präfigierung und Suffigierung

In diesen Aufgaben werden immer die Begriffe „Präfix“ und „Suffix“ verwendet oder es wird von „Wortbestandteilen“ gesprochen. Die häufig gebrauchten Begriffe „Vorsilbe“ und „Nachsilbe“ sollten nicht genutzt werden, damit der Unterschied zur phonographisch-silbischen Struktur von Wörtern, wie sie in den Aufgaben in Kapitel 7.1 thematisiert wird, auch begrifflich deutlich ist. Wenn es um Wortbildung geht, handelt es sich in erster Linie um morphologische Phänomene.

Mit Hilfe von Aufgabe 11 können Lerner erkennen, wie sich die Bedeutung von Verben verändert, wenn sie mit einem Präfix verbunden werden. Als Differenzierungsangebote für sprachbewusste Lerner sind die Teilaufgaben gedacht, in denen es um die Bedeutungsklärung von Wörtern geht (2. Teil von a und d und e).

Aufgabe 12 zeigt den Unterschied in der Struktur von trennbaren und untrennbaren Verben. Diese Unterscheidung ist vor allem für Lerner mit Deutsch als Zweitsprache wichtig. Erstsprachensprecher erwerben den Unterschied eher intuitiv. Man kann an dieser Aufgabe lernen, dass die trennbaren Präfixverben in konjugierten Formen die Verbklammer bilden können und in infiniten Formen (Infinitiv mit *zu* und Partizip II) zumindest zwischen Präfix und Verb *zu* bzw. *ge* gesetzt wird. Das ist gleichzeitig das, was in Aufgabe 12 b erarbeitet werden kann. Bei den Verben, deren Präfix nicht vom Verb getrennt wird, gibt es kein *ge* in der Partizipform *(Er hat es begriffen; er hat es abgegeben.).* Auch in finiten Formen bleiben beide Bestandteile zusammen. Auf die begriffliche Unterscheidung zwischen Präfix und Partikel, wie sie in Kapitel 5.2 vorgenommen wurde, kann im Unterricht verzichtet werden. Die Aufgabe 12 d eignet sich wieder zur Differenzierung. Sprachaufmerksame Lerner werden die Betonung als Möglichkeit nutzen können, um so ein weiteres Unterscheidungskriterium zu haben. Dass der Satz *Du wirst den Polizisten doch nicht umfahren!* zweideutig ist, kann durchaus mit sehr sprachbewussten Lernern besprochen werden.

Aufgabe 14 zielt auf das Verständnis der morphologischen Konstanz beim Schreiben. Obwohl in den Beispielwörtern an der Wortfuge nur ein Phonem zu hören ist, werden zwei gleiche Grapheme geschrieben, da nach Möglichkeit immer alle Bestandteile vollständig geschrieben werden. Hier haben wir es wiederum mit einer leserfreundlichen Regelung zu tun, die es aber auch dem Schreiber ermöglicht, sich an den Morphemen zu orientieren und nicht den Umweg über die Lautung beim Schreiben wählen zu müssen.

In Aufgabe 16 steht das Zerlegen morphologisch komplexer Wörter mit Präfixen im Mittelpunkt. Dazu lernen die Schülerinnen und Schüler die Strategie, Wörter zunächst in Bausteine zu zerlegen, kennen. Als Symbol kann eingeführt werden: 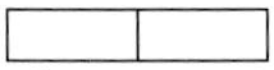

An Aufgabe 17 wird noch einmal die Morphemkonstanz deutlich. Auch wenn Präfixe nicht am Wortanfang stehen, kann man sie aufgrund ihrer Schreibung schnell in Wörtern entdecken. Die Strategie „Zerlegen“ wird hier außerdem gefestigt.

Ab Aufgabe 18 geht es um Suffigierungen. Als wesentliche Funktion von Suffixen kann der mögliche Wortartwechsel betrachtet werden. Das ist auch das Thema von Aufgabe 18. Ausgespart bleibt in der Tabelle das Suffix *-er,* das zwar sehr gebräuchlich ist, z. B. für männliche Berufsbezeichnungen *(Lehrer, Dreher),* aber sehr unterschiedliche Funktionen (als grammatische Endung bei Adjektiven z. B., vgl. Kapitel 4.3) haben kann. Das kann die Lösung zusätzlich erschweren. Vorstellbar ist jedoch, dass es eine weitere Aufgabe gibt, in der gezielt mögliche Stämme mit *-er* verbunden werden, um so männliche Berufsbezeichnung oder Werkzeuge *(der Halter)* zu bilden. Auch Aufgabe 19 e geht auf diese Mehrdeutigkeit dieser Graphemkombination ein.

Aufgabe 19 zeigt, dass bestimmte Nominalsuffixe immer mit einem bestimmten Artikel verbunden werden. Das ist für Lerner, die Deutsch als Zweitsprache lernen, eine gute Orientierung. Aufgabe 20 macht auf die orthographische Besonderheit in der Pluralbildung bei Wörtern mit den Sufixen *-nis* und *-in* aufmerksam. Häufig wird die Konsonantenverdoppelung bei *-nis* auf die Singularform übertragen *(das *Ereigniss, das *Versäumniss).* Darauf kann hier eingegangen werden.

In Aufgabe 21 geht es vorrangig um sprachspielerisches Lernen. Die Schülerinnen und Schüler untersuchen Wörter mit dem Suffix *-ling* und finden selbst welche. Ein sprachkritischer Aspekt kann zur Differenzierung in leistungsstarken Lerngruppen berücksichtigt werden: Zum Wort des Jahres 2015 wurde von der Jury der Gesellschaft für deutsche Sprache (GfdS) das Wort *Flüchtlinge* gewählt. Diese Entscheidung wurde damit begründet, dass das Wort nicht nur für das beherrschende Thema des Jahres 2015 stehe, sondern auch sprachlich interessant sei: „Gebildet aus dem Verb flüchten und dem Ableitungssuffix *-ling* (›Person, die durch eine Eigenschaft oder ein Merkmal charakterisiert ist‹), klingt *Flüchtling* für sprachsensible Ohren tendenziell abschätzig: Analoge Bildungen wie *Eindringling, Emporkömmling* oder *Schreiberling* sind negativ konnotiert, andere wie *Prüfling, Lehrling, Findling, Sträfling* oder *Schützling* haben eine deutlich passive Komponente" (http://gfds.de/wort-des-jahres-2015/, letzter Zugriff am 25.09.2017). Mit dieser Jurybegründung können sich ältere Schülerinnen und Schüler kritisch auseinandersetzen, indem sie weitere Wörter (neben den in der Begründung genannten und den Wörtern des Gedichts) suchen und, wie im Fall des Wortes *Flüchtlinge* geschehen, Synonyme suchen *(Geflüchtete)*. Sie können untersuchen, ob die gefundenen Wörter mit dem Suffix *-ling* tatsächlich abschätzig „klingen" und ob die gefundenen Synonyme besser geeignet sind als die bereits existierenden Wörter.

In Aufgabe 22 werden Wörter mit den Adjektivsuffixen *-lich* und *-ig* gebildet und ihre Schreibung geübt, beides stellt für jüngere Lerner ein Problem dar. Aufgabe 22 b geht dann bereits auf die Bildung von Wörtern ein, die mehrere Suffixe enthalten können. Gerade für das Dekodieren, aber auch für das orthographisch richtige Schreiben, ist es wichtig, die einzelnen Wortbildungselemente sicher segmentieren zu können. Das soll hier geübt werden.

Arbeitsblatt -2.2.doc

Aufgabe 11*: Präfixverben — *Erarbeitung und Übung*
Präfigierung als produktive Wortbildungsmöglichkeit für Verben kennenlernen und ihre Potenzen für die Bedeutungsveränderung erfahren

Aufgabe 12: Trennbare und untrennbare Verben — *Erarbeitung und Übung*
Unterschiede zwischen Präfix- und Partikelverben bewusstmachen

Aufgabe 13: Trennbare und untrennbare Verben — *Übung*
Unterschiede zwischen Präfix- und Partikelverben vertiefen

Aufgabe 14*: Morphologische Konstanz — *Erarbeitung und Übung*
Entdecken der morphologischen Konstanz bei präfigierten Verben

Aufgabe 15: Präfigierte Verben in Texten ergänzen — *Überprüfung*
Präfigierte Verben verwenden

Aufgabe 16*: Wörter mit Präfixen untersuchen — *Erarbeitung*
Morphologische Struktur von präfigierten Wörtern untersuchen und eine neue Strategie kennenlernen

Aufgabe 17*: Versteckte Präfixe — *Festigung*
Präfixe in komplexen Wörtern aufgrund ihrer Affixkonstanz auffinden

Aufgabe 18*: Suffigierungen — *Erarbeitung*
Wichtige Suffixe für die Bildung von Substantiven, Adjektiven und Verben kennenlernen; Wortartwechsel durch Suffigierung entdecken

Aufgabe 19: Suffigierungen *Erarbeitung*
Genusgebundenheit bestimmter Suffixe *(-ei, -heit, -keit, -schaft, -ung, -er, -ling, -chen, -lein)* kennenlernen

Aufgabe 20: Besonderheiten bei der Pluralbildung bei Substantiven mit den Suffixen *-nis* und *-in* *Erarbeitung und Übung*
Gemination von ⟨s⟩ bzw. ⟨n⟩ bei der Pluralbildung von Substantiven auf *-nis* und *-in* einprägen

Aufgabe 21: Suffigierungen mit *-ling* *Übung*
Sprachspielerisch mit dem Suffix *-ling* umgehen

Aufgabe 22*: Wörter mit verschiedenen Suffixen bilden *Erarbeitung und Übung*
Schreibung der Suffixe *-lich* und *-ig* festigen, Wortartwechsel durch Suffigierung nachvollziehen, komplexe Wörter mit mehr als einem Suffix bilden und schreiben

Lösung zu Aufgabe 19: Der in Teil c geforderte Merksatz kann so lauten:
Substantive auf *-erei, -in, -heit, -keit, -ung* und *-schaft* brauchen immer den Artikel *die.*
Substantive auf *-ling* und *-er* brauchen immer den Artikel *der.*
Substantive auf *-chen* und *-lein* brauchen immer den Artikel *das.*

Aufgaben 23 bis 27: Wörter, die verschiedene Wortbildungselemente enthalten

Komplexe Wörter, die durch verschiedene Wortbildungsmechanismen entstanden sind, kommen im Deutschen sehr häufig vor. Sie bereiten beim Lesen und Schreiben besondere Schwierigkeiten, da sie anspruchsvolle Prozesse der Wortanalyse verlangen. Die komplexe Wortstruktur muss beim Schreiben dekomponiert werden. Die Grundlage dafür kann eine sichere Vorstellung von Wortbestandteilen (Stämme, Präfixe, Suffixe, Endungen) sein, wie sie in den vorangegangenen Aufgaben angebahnt wurde. In den folgenden Übungen geht es darum, die morphologische Struktur der Wörter zu nutzen, um sie richtig zu schreiben und zu verstehen.

In Aufgabe 23 kann man an dem Wort *Höflichkeit*, das gemeinsam mit der ganzen Klasse bearbeitet werden sollte, sehen, wie weit sich der heutige Bedeutungsinhalt vom ursprünglichen entfernt hat. Zunächst sollte das Suffix *-keit*, das am äußeren rechten Rand steht, abgetrennt werden. Es sorgt dafür, dass aus dem Adjektiv *höflich* ein Substantiv wird und steht für die Bezeichnung von etwas gedanklich Vorstellbarem (einem Abstraktum). Das Adjektiv *höflich* ist durch das Suffix *-lich* entstanden, das an den Wortstamm *hof* angefügt wurde, wobei sich, wie im Deutschen häufig, auch der Stammvokal durch Umlautbildung verändert hat. Was das Wort *Höflichkeit* mit *Hof* zu tun hat, erschließt sich den Lernern sicher nicht sofort. Ursprünglich ist damit das Verhalten am adligen Hofe gemeint, heute steht es für ein angemessenes Verhalten insgesamt. Ob man so intensiv auch an der Bedeutung der Wörter arbeiten kann, wenn man ihre Bestandteile ermittelt hat, kommt natürlich auf die Lerngruppe an. Wenn das (vielleicht auch als Differenzierungsangebot für starke Lerner) möglich sein sollte, müssten die Schülerinnen und Schüler auf Wörterbücher oder Worterklärungen im Internet zurückgreifen können.

Selbstverständlich kann das zu analysierende Sprachmaterial auch ersetzt werden, und zwar durch komplexe Wörter, die die Lerner häufig gebrauchen, z. B. im Fachunterricht. Dann kann das Wort *Höflichkeit* auch durch z. B. *Häufigkeit* ersetzt werden. Die Erfahrungen zeigen, dass die Schülerinnen und Schüler großes Interesse daran haben, „hinter“ die Wörter zu schauen.

Ebenfalls auf forschendes Lernen ist Aufgabe 24 ausgerichtet. Bei der Suche nach kreativen Wortneuschöpfungen können Lerner ihre Wortbildungskenntnisse anwenden und entdecken, dass manche Wörter zwar grammatisch relativ korrekt gebildet sind (wie *unkaputtbar; relativ korrekt deshalb, weil das Suffix -bar ein transitives Verb als Basis benötigt*), aber eigentlich nicht verwendet werden, denn es gibt bereits ein entsprechendes Wort (nämlich *unzerstörbar*). Die Bildung eines neuen Wortes ist folglich blockiert. Gerade die Werbesprache, aber auch die Jugendsprache, nutzt solche Neubildungen aus verschiedenen Gründen.

In Aufgabe 25 soll der Unterschied zwischen der Silben- und der Morphemstruktur bewusstgemacht werden. Dazu sollen Wörter gemeinsam analysiert werden. Wenn die Lerner in den Aufgaben zur Erfassung der Silbenstruktur bereits mit dem Haus-Modell von Bredel (2009, 2010b) in Kontakt gekommen sind (vgl. Kapitel 5.1), dann sind hier bereits Grundkenntnisse zum Unterschied zwischen morphologischer und silbischer Struktur am Beispiel prototypischer Zweisilber angebahnt. Darauf kann bei der entsprechenden Analyse von komplexen Wörtern aufgebaut werden.

In der Aufgabe werden zur Abtrennung von Morphemen Sterne „*“ verwendet, zur Abtrennung von Silben Trennstriche „-“, wie sie bei der Silbentrennung am Zeilenende verwendet werden. Der für die Analyse von prototypischen Zweisilbern verwendete Längsstrich „|“ sollte wirklich der Analyse der Zweisilber vorbehalten bleiben.

Aufgabe 26 dient der Vertiefung der Wortanalyse als Grundlage für die richtige Segmentierung und Schreibung von komplexen Wörtern. Die bereits eingeführten Strategien *Zerlegen, Bilden des Zweisilbers, Untersuchen mit der Silbenprobe* werden ergänzt durch das *Ableiten* ϟ, das besonders bei der Entscheidung, ob *ä* oder *e* bzw. *äu* oder *eu* geschrieben werden muss, helfen kann.

Aufgabe 27 ist als Überprüfung in Partnerarbeit angelegt. Die Lerner können selbst feststellen, was sie schon können und wofür sie weitere Aufgaben benötigen. Gerade die hier noch einmal in 27 d eingeforderten Rechtschreibgespräche können auch in anderen unterrichtlichen Zusammenhängen immer wieder geführt werden und helfen, das deklarative und metasprachliche Wissen der Lerner zu stärken.

Arbeitsblatt -2.3.doc

Aufgabe 23*: Komplexe Wörter mit verschiedenen Wortbildungselementen *Erarbeitung und Übung*
Erfassen der Morphemkonstanz bei Wörtern mit verschiedenen Wortbildungselementen

Aufgabe 24: Wortbildungsmechanismen anwenden *Anwendung*
Wortbildungsmöglichkeiten im Deutschen erforschen und Gründe für die Blockierung von Neubildungen finden

Aufgabe 25: Unterschiede in Morphem- und Silbenstruktur *Erarbeitung*
Vergleichen der Morphem- und Silbenstruktur in morphologisch komplexen Wörtern und Entdecken der Unterschiede

Aufgabe 26*: Analyse von komplexen Wörtern üben *Anwendung*
An wortbildungsmorphologisch komplexen Wörtern werden die bekannten Strategien zur Erschließung der richtigen Schreibung angewendet und die Ableitungsstrategie eingeführt.

Aufgabe 27*: Wortbildungskenntnisse anwenden *Überprüfung*
Festigen des Gelernten, Selbstkontrolle

Lösungen zu Aufgabe 27:

Text 1:

Astrid Lindgren wurde 1907 auf einem kleinen Hof in Südschweden geboren. Sie *verlebte* eine sehr *glückliche Kindheit*, die ihr als *Hintergrund* für ihre Bücher diente. Als 1941 ihre *zehnjährige* Tochter lange krank war und sich *langweilte*, *erzählte* die Mutter ihr Geschichten von einem *Mädchen*, das Pippi Langstrumpf hieß. Erst drei Jahre später, als Astrid Lindgren mit einem gebrochenen Bein zu Hause lag, schrieb sie diese Geschichten auf und schickte sie zu einem *Verlag*. Der *lehnte* den Text aber *ab*. Später, als Astrid Lindgren mit einer anderen Geschichte an einem *Schreibwettbewerb teilgenommen* hatte, wurde man auf sie *aufmerksam*. *Pippi Langstrumpf* erschien 1945 als Buch und wurde *weltweit* ein *großartiger Erfolg*.

Text 2:

Ein *bekanntes Kinderbuch* von Astrid Lindgren: Ronja *Räubertochter*

In einer *stürmischen Gewitternacht* wird die *Räubertochter* Ronja in einem *Burgzimmer* geboren, während die *Räuberbande* der Mattis-Sippe *aufgeregt* auf den *Neuankömmling* wartet. Die Räuber ahnen nicht, dass in der gleichen Nacht die Borka-Sippe, mit der sie *verfeindet* sind, als *Nachkommen* einen Sohn empfängt.

Unter *Graugnomen* und *Dunkeltrollen* *wächst* Ronja *auf*. Eines Tages trifft sie auf Birk, den Sohn des *Anführers* der Borka-Bande, der in der gleichen *stürmischen* Nacht wie sie geboren wurde. Aus der *Abneigung* der beiden wird *Freundschaft*. Die *Freundschaft* der Kinder steht gegen die *Feindschaft* der Großen und sorgt für eine Menge *Unruhe* in beiden *Räuberlagern*.

2 Wörter bilden

Aufgabe 1: Wortfamilien: Wörter haben Verwandte

Arbeitet zu zweit.

Ihr habt schon gelernt, dass man sich die Schreibung vieler Wörter dadurch erschließen kann, dass man verwandte Wörter sucht. Eine Gruppe von verwandten Wörtern nennt man eine *Wortfamilie*.

a Bildet möglichst viele Wörter mit den Wortstämmen fahr, spiel, geh, bring und sag.
 Beispiele für den Stamm bau: bauen, der Bau, der Anbau, verbauen, baulich, anbauen, der Neubau …

b Unterstreicht in allen Wörtern den Bestandteil, der gleich geschrieben wird. Dieser Bestandteil ist der *Wortstamm*.

c Überprüft, ob es Wörter in den Wortfamilien aus Aufgabe a gibt, in denen der Wortstamm etwas anders geschrieben wird. Beispiele:
 zu fahr: die Fähre, die Fuhre
 zu sag: unsäglich

Aufgabe 2: Aus zwei mach eins: Wörter zusammensetzen

Arbeitet zunächst in der Klasse und dann mit einem Partner.

a Untersucht, aus welchen Wortstämmen die Substantive im Kasten gebildet sind. Unterstreicht die Wortstämme dazu in verschiedenen Farben.

die Schultür, die Federtasche, das Kopfkissen, die Laufschuhe, der Spielfilm, das Handtuch, die Holztreppe, der Bleistift, der Schreibtisch, die Heftklammer, der Kochtopf, das Wörterbuch

b Bildet selbst zusammengesetzte Substantive. Nutzt diese Wortstämme:

hand rechen les geh fuß buch welt weg end ball schuh heft

 Wer findet die meisten Wörter? Welche Substantive habt ihr aus mehr als zwei Stämmen gebildet?

c Sucht aus den Aufgaben a und b fünf zusammengesetzte Substantive aus, die aus zwei Stämmen gebildet sind. Untersucht, was passiert, wenn der erste Wortteil wegfällt.

Beispiel: der Kochtopf
„der Topf": Es ist nicht klar, was für ein Topf gemeint ist: ein Blumentopf, ein Metalltopf? Der erste Bestandteil „koch-" erklärt genauer, wozu der Topf dient, was für ein Topf genau gemeint ist. Der Artikel richtet sich aber nach dem zweiten Bestandteil, sonst könnte es auch „die Blumentopf" oder „das Metalltopf" heißen.

d Schreibt die Bedeutung der fünf zusammengesetzten Substantive wie in den Beispielen auf:
die Feuerleiter: *Eine Feuerleiter ist eine Leiter, die man bei Feuer benutzen muss.*
die Teetasse: *Eine Teetasse ist eine Tasse, aus der man Tee trinkt.*

Neue Wörter können dadurch entstehen, dass zwei oder mehr Stammformen zu einem neuen Wort zusammengesetzt werden. Besonders häufig entstehen so neue Substantive. Der erste Bestandteil des Wortes erklärt, was genau gemeint ist **(Bestimmungswort).** Der zweite Bestandteil bestimmt die Grundbedeutung und den Artikel des zusammengesetzten Substantivs **(Grundwort).**

Aufgabe 3: Zusammengesetzte Wörter erklären
Arbeitet zu zweit.
Ein „Handtuch" ist ein Tuch, in dem man sich die Hände abtrocknet. Ein „Geschirrtuch" ist ein Tuch, mit dem man Geschirr abtrocknet. Was ist jedoch ein „Taschentuch"? Was ist ein „Badetuch"?

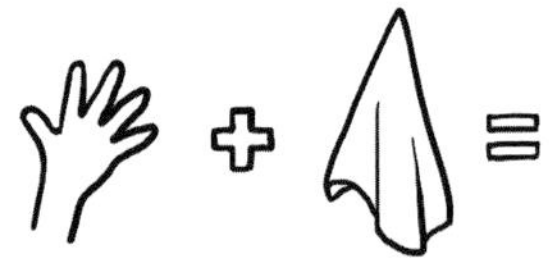

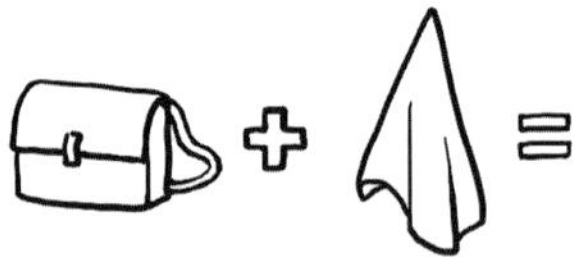

a Sucht euch eine der folgenden Wortreihen aus. Erklärt die Bedeutung der zusammengesetzten Substantive möglichst genau.

Schlafzimmer, Kinderzimmer, Klassenzimmer, Wartezimmer
Kartenspiel, Ballspiel, Computerspiel, Reisespiel
Esstisch, Holztisch, Schreibtisch, Wackeltisch
Burgturm, Holzturm, Uhrturm, Wasserturm
Baumhaus, Schulhaus, Spielhaus, Stadthaus

b Sucht weitere zusammengesetzte Substantive, in denen das Grundwort gleich, aber das Bestimmungswort unterschiedlich ist.

Aufgabe 4: Worttreppen bauen

a Bildet zu zweit eine Worttreppe wie im Beispiel im Kasten.

Gartenhaus
Haustür
Türschloss
Schlosshund
Hundeleine
...

Wählt dafür ein zusammengesetztes Substantiv aus:
Blumengarten, Wetterbericht, Lesebuch, Tischlampe, Fahrrad, Kalenderblatt, Autobahn, Nadelwald

b Vergleicht eure Ergebnisse. Wer hat die längste Treppe gebaut?

Aufgabe 5: Wortketten bauen

Arbeitet zu zweit. Bildet möglichst lange zusammengesetzte Substantive wie in diesem Beispiel:

Spielplatz
Spielplatzbank
Abenteuerspielplatzbank ...

Nutzt als Ausgangspunkt für eure langen Wörter Wortstämme aus den vorhergehenden Aufgaben oder von den Wörtern der Wortkarten.

Aufgabe 6: Fugenelemente in Wörtern

Arbeitet zunächst in der Klasse, dann mit einem Partner.

a Schreibt diese Wörter an die Tafel:
das Eselsohr, die Tageskarte, der Gruppentisch, das Tagebuch, der Kinderschuh
Unterstreicht zunächst nur die beiden Wort*stämme*, aus denen sie zusammengesetzt sind, in verschiedenen Farben.

b Überprüft, welche Buchstaben sich an der *Wortfuge*, also an der Grenze zwischen den beiden Wortstämmen, befinden.

c Untersucht, wozu diese Buchstaben dienen. Sprecht die Wörter dazu laut.

d Diese Buchstaben an der Wortfuge nennt man *Fugenelemente*. Überprüft, welche Fugenelemente in den zusammengesetzten Substantiven im Kasten vorkommen. Markiert sie farbig.

der Arbeitsplatz, die Mittagszeit, das Verkehrszeichen, der Geburtstag, der Einheitspreis, das Frühlingswetter, die Hochzeitstorte, der Lieblingsfilm, der Schweinebraten, der Reisezug, die Mausefalle, die Hundehütte, die Ladefläche, der Stundenplan, das Tortenstück, die Menschenmenge, das Taschengeld, die Zeitenwende, der Kindergarten, das Männerhemd, der Kleiderschrank

e Sucht gemeinsam weitere zusammengesetzte Substantive mit Fugenelementen und schreibt sie auf.

Aufgabe 7: Wie heißt das in anderen Sprachen?

Arbeitet mit einem Partner.

a Untersucht die Wörter in der Tabelle. Was stellt ihr fest?

deutsch	Eisbär	Buntstift
englisch	polar bear	coloured crayon
französisch	ours polaire	crayon de couleur
spanisch	oso polar	lápiz de colores
türkisch	kutup ayısı	renkli kurşunkalem
russisch	белый медведь	цветной карандаш

b Übersetzt andere zusammengesetzte Wörter in alle Sprachen, die ihr kennt, zum Beispiel: der Schreibtisch, der Buchladen, der Esstisch, das Kinderbuch, das Haustier.

c Überprüft, ob sie in anderen Sprachen durch eine Zusammensetzung, durch eine Wortgruppe oder durch ein einfaches Wort wiedergegeben werden. Nutzt Wörterbücher, fragt jemanden, der eine andere Sprache spricht, oder nutzt Übersetzungsprogramme aus dem Internet.

Aufgabe 8: Zusammengesetzte Substantive und Adjektive

Arbeitet zu zweit. Lest euch das Gedicht gegenseitig vor.

a Unterstreicht alle zusammengesetzten Wörter und vergleicht eure Lösungen.

b Das Gedicht enthält nicht nur zusammengesetzte Substantive, sondern auch ein zusammengesetztes Adjektiv: wasserdicht.
c Bildet weitere zusammengesetzte Adjektive und schreibt sie auf: kuschelweich, blaugrau, superstark, ...

Regina Schwarz: Wo man Geschenke verstecken kann

Im Keller hinter Kartoffelkisten,
im Schreibtisch zwischen Computerlisten,
in alten verstaubten Bauerntruhen,
in ausgelatschten Wanderschuhen,
auf Wohnzimmerschränken, in Blumenvasen,
ja, selbst in Bäuchen von flauschigen Hasen,
in Einzelsocken, ohne Loch,
und eine Möglichkeit wäre noch,
das Geschenk unter die Matratze zu legen.
Das ist nicht so gut der Bequemlichkeit wegen.
Der Toilettenspülkasten eignet sich nicht,
denn welches Geschenk ist schon wasserdicht.
Ob sperrig, ob handlich, ob groß oder klein:
Geschenkeverstecken muss einfach sein.
Das einzig Schwierige daran ist,
dass man das Versteck so leicht vergisst.

Quelle: Regina Schwarz: Wo man Geschenke verstecken kann, In: Hans-Joachim Gelberg (Hg.): *Großer Ozean. Gedichte für alle.*

Aufgabe 9: Immer neue Wörter

Arbeitet zu zweit.

a Schlagt einige der zusammengesetzten Substantive und Adjektive, die ihr in den letzten Übungen verwendet habt, im Wörterbuch nach.
b Begründet, warum die meisten zusammengesetzten Wörter nicht im Wörterbuch stehen.
c Sucht neue Bezeichnungen für Gegenstände in eurer Klasse oder Schule. Sie sollen aus zusammengesetzten Substantiven bestehen, zum Beispiel: Tafelschwamm = „Kreidewischer“; Füllhalter = „Tintenschreiber“.
d Stellt eure neuen Bezeichnungen in der Klasse vor und lasst eure Mitschüler erraten, was gemeint ist.

Aufgabe 10: Immer neue Wörter

Wörter-Memory: Schreibt 25 zusammengesetzte Substantive in Großbuchstaben auf Karteikärtchen. Auf einer Karteikarte steht immer nur ein Wortbestandteil:

FENSTER BRETT SCHUL BROT

Spielt mit den Karten Memory. Es kann passieren, dass Karten aufgedeckt werden, aus denen ein ganz neues Wort entsteht (z. B. Postbrot, Baumwand). Ihr müsst euch dann in der Gruppe einigen, ob ihr das Wort akzeptiert oder nicht. Derjenige, der die Karten umgedreht hat, kann euch davon überzeugen, dass es das Wort gibt, indem er es erklärt: Ein Postbrot ist ein Brot, das nur für Mitarbeiter der Post gebacken wird.

Aufgabe 11: Verben mit Präfixen

Arbeitet zu zweit.

a Bildet je einen Satz mit den folgenden Verben. Erklärt die Bedeutung der Verben und schreibt sie auf.

schreiben stehen halten fallen kommen lesen fahren

Bei welchen Verben war das besonders schwer?

Verben können mit einem **Präfix** verbunden werden.
Präfixe sind Wortbestandteile, die vor den Wortstamm gesetzt werden.

b Wählt zwei Verben aus der Liste aus Aufgabe a aus. Verbindet sie mit den Präfixen aus dem Kasten und schreibt sie auf, wenn sie einen Sinn ergeben.

Verbpräfixe:
ab-, an-, auf-, aus-, be-, bei-, ein-, ent-, er-, durch-, hinter-, los-, miss-, mit-, nach-, über-, um-, unter-, ver-, vor-, weg-, zer-, zu-, zurück-

c Wählt aus diesen Verben mit Präfixen je zwei pro Verb aus. Verwendet jedes Verb in einem Satz.

d Untersucht, ob sich die Bedeutung des Ausgangsverbs und der Verben mit Präfix, die ihr in den Sätzen verwendet habt, stark ähneln oder ob sie sehr Unterschiedliches bedeuten.

Beispiele:
fallen – verfallen: *Die Bedeutung des Ausgangsverbs ist noch zu erkennen. Auch bei „verfallen" („Das Haus ist aber verfallen!") geht es um eine ungewollte Lageveränderung – wie auch bei „fallen".*
stehen – verstehen: *Die Verben haben eine sehr unterschiedliche Bedeutung. Wenn man sagt: „Das verstehe ich gut.", meint man, dass man weiß, wie etwas gemeint ist. Wenn man sagt: „Hier stehe ich gut.", meint man, dass man an einer bestimmten Stelle mit seinen Füßen einen sicheren Halt hat.*

Aufgabe 12: Trennbare und untrennbare Verben
Arbeitet in der Klasse. Schreibt die Sätze aus dem Kasten an die Tafel.

a Das Präfixverb, um das es in den Sätzen geht, steht über den Sätzen. Unterstreicht es in jedem Satz.

aufstehen
Ich stehe jeden Morgen um 7 Uhr auf.
Heute bin ich schon um 6.30 Uhr aufgestanden.
verstehen
Diese Aufgabe verstehe ich nicht.
Die anderen habe ich alle verstanden.
aufschließen
Der Hausmeister schließt uns die Tür auf.
Gestern hat sie unser Klassenlehrer aufgeschlossen.
beschließen
Unsere Klasse hat gestern beschlossen, wohin die Klassenreise gehen soll.
Heute beschließen wir die Zimmerbelegung.
einsetzen
Sie setzt die Wörter in die Lücken ein.
Sie braucht nur noch zwei Wörter einzusetzen.
ersetzen
Peter ersetzt den alten Buchumschlag durch einen neuen.
Das alte Deutschheft hat er gestern schon durch ein neues ersetzt.

b Überprüft, welche Präfixe von den Verben getrennt werden können und welche nicht. Untersucht gemeinsam, in welchen Verbformen (zum Beispiel in welchen Zeiten) das geschieht.

c Überprüft, welche Präfixverben trennbar sind und welche nicht. Verwendet sie dazu in Sätzen:
abschreiben: *Ich schreibe den Satz ab. Ich habe den Satz abgeschrieben.*
beschreiben: *Ich beschreibe das Bild. Ich habe das Bild beschrieben.*

d Für Schnelle: Lest euch die Sätze im Kasten laut vor. Sie enthalten Verben, die manchmal trennbar und manchmal nicht trennbar sind. Achtet auf die Bedeutung und die Betonung der Präfixverben. Was stellt ihr fest?

> Ich umfahre das Hindernis. Du wirst den Polizisten doch nicht umfahren!
> Die Polizei umstellt das Haus. Wir werden die Tische heute umstellen.

Aufgabe 13: Trennbare und untrennbare Verben

Arbeitet zu zweit.

In dem unten stehenden Text spielt der Verfasser mit den trennbaren und untrennbaren Präfixen bei Verben im Deutschen. Unterstreicht alle Präfixverben und ermittelt, ob sie trennbar oder untrennbar sind. Verwendet sie dazu in anderen Sätzen.

> **Wenn ich einen Liebesbrief schreibe …**
> Bevor ich ein Wort schreibe auf, nachdenke ich lange darüber, was es drückt aus. Ich will immer das passendste und schönste Wort wählen aus für meinen Brief. Und wenn ich eine lange Zeit das Blatt gestarrt habe an, aufschreibe ich: Ich liebe dich.

Aufgabe 14: Wo muss man beim Schreiben aufpassen?

Arbeite allein.

a Unterstreiche in den Verben im Kasten die Präfixe und die Verben mit verschiedenen Farben.

b Untersuche, mit welchem Buchstaben das Präfix endet und mit welchem das Verb beginnt. Sprich sie dazu halblaut mit.

> auffahren, verrechnen, verreisen, abbrechen, annehmen, auffangen, abbremsen, weggehen, mitteilen, überraschen, zurückkommen

c Suche weitere Präfixverben, die ähnlich gebildet sind. Achte auf die Schreibung.

Aufgabe 15: Präfixverben in Texten ergänzen

In dem Gedicht unten fehlen die Präfixe von folgenden Verben:
austreten, vorfinden, zurückwerfen, entdecken, eintreten

a Ergänze die Lücken in dem Gedicht.

b Schreibe die Infinitive der Präfixverben aus a untereinander auf.
Bilde zu jedem Verb drei weitere Verben mit Präfixen.

c Überprüfe, ob es sich um trennbare oder untrennbare Präfixverben handelt.
Bilde dazu Sätze wie:
Wir treten zum Spiel an. Er betritt das Zimmer.

e Überprüfe deine Lösung mit einem Nachbarn.

Christoph Kuhn: Die Kirchenmaus

Die arme Kirchenmaus
trat aus der Kirche ________.
Sie fand nichts mehr zu essen ________
und schlüpfte durch ein Loch im Tor.
Doch erst warf sie noch einen Blick
ins leere Kirchenschiff ________,
________deckte unter einer Bank
zwei alte Kekse. Gott sei Dank!
so dachte sie, der Schmaus ist mein!
Dann trat sie schleunigst wieder ________.

Quelle: Christoph Kuhn: Die Kirchenmaus, In: Hans-Joachim Gelberg (Hg.): *Großer Ozean. Gedichte für alle.*

Aufgabe 16: Wörter mit Präfixen untersuchen ( )

a Zerlegt die fettgedruckten Wörter aus dem Kasten in ihre Wortbausteine
und unterstreicht die Wortstämme.

b Erklärt die Schreibung der Wortstämme mit Hilfe der Strategien:
Silbenprobe ( ) und Zweisilber bilden ( ).

der |M i s s|e r|f o l g|: **Miss er folg**

folg → folgen

der **V o r s c h l a g :** ______________________________

____

der **V e r s t a n d :** ______________________________

____

der **U n s i n n :** ______________________________

____

das **V o r b i l d :** ______________________________

____

der **E n t s c h l u s s :** ______________________________

____

Aufgabe 17: Versteckte Präfixe

Präfixe stehen nicht immer am Wortanfang. Untersucht an den Wörtern im Kasten, wann das der Fall ist.

a Zerlegt die Wörter und setzt zwischen die Bestandteile einen senkrechten Strich.

b Unterstreicht alle Präfixe, die nicht am Wortanfang stehen.

verabreichen aufererstehen umverteilen unvorstellbar unbeabsichtigt
Wetteraussicht Malvorlage Hausverkauf Abfallbehälter Hofauffahrt

Aufgabe 18: Wörter mit Suffixen

Mit Präfixen verändert sich die Bedeutung von Wörtern.
Mit **Suffixen** verändert sich häufig ihre Wortart. Suffixe sind Wortbestandteile, die rechts an den Wortstamm angefügt werden. Am häufigsten werden mit ihnen neue Substantive und Adjektive gebildet.

Arbeitet zunächst in der Klasse, dann mit einem Partner.

a Schreibt die ersten drei Wortstämme aus dem Kasten an die Tafel. Verbindet die Wortstämme mit möglichst vielen Suffixen aus der Tabelle und schreibt die neuen Wörter auf. Sortiert sie nach Substantiven und Adjektiven. Schreibt die Substantive mit Artikel auf.

schön, fleiß, leit, lehr, lern, glück, froh, kind, dreh, halt, fremd, prüf, mann, frucht, herz, kenn, find, lauf, kühl, reich, leb

Suffixe für die Bildung von Substantiven	**Suffixe für die Bildung von Adjektiven**
-chen, -erei, -heit, -in, -keit, -lein, -ler, -ling, -ner, -nis, -schaft, -sal, -tum, -ung	-bar, -ig, -haft, -isch, -lich, -sam, -voll, -los

b Sucht euch mit einem Partner zwei Wortstämme aus dem Kasten aus. Verbindet sie mit Suffixen und schreibt sie auf. Manchmal müsst ihr die Stämme etwas verändern (zum Beispiel: die Frucht – das Früchtchen).

c Unterstreicht alle Wortstämme und Suffixe mit verschiedenen Farben. Lest eure Lösungen in der Klasse vor.

d Sucht Wörter, die zwei Suffixe enthalten, zum Beispiel Haltbarkeit.

Aufgabe 19: Suffixe können den Artikel bestimmen

a Sortiert die Substantive, die ihr in Aufgabe 15 gebildet habt, nach ihren Artikeln. Legt dazu eine Tabelle an und tragt die Wörter ein.

der	die	das
der Schönling	die Schönheit	das Schönchen

b Unterstreicht die Suffixe.

c Überprüft, welche Artikel mit welchen Suffixen zusammenpassen. Formuliert einen Merksatz.

d Überprüft euren Merksatz, indem ihr weitere Substantive mit den entsprechenden Suffixen sucht.

e Auch die Substantive die Schwester, die Tochter, die Mutter enden auf „-er".
Handelt es sich dabei auch um Suffixe? Das könnt ihr überprüfen, indem ihr sie vom Rest der Wörter abtrennt und versucht, mit dem Wortrest neue Wörter zu bilden.
Was stellt ihr fest?

f Sammelt in den nächsten Tagen Substantive und Adjektive mit Suffixen aus der Zeitung, aus Büchern usw. und schreibt sie in euer Heft.

Aufgabe 20: Wörter mit -nis und -in

Arbeite allein.

a Bilde den Plural zu den Substantiven im Kasten und schreibe sie mit dem Singular in dein Heft. Beispiel:
das Ereignis – die Ereignisse
die Lehrerin – die Lehrerinnen

die Kenntnis, das Zeugnis, das Ärgernis, das Zerwürfnis, das Gelöbnis
die Verkäuferin, die Schaffnerin, die Zeugin, die Schülerin, die Köchin, die Ärztin

b Unterstreiche die Besonderheit bei den Pluralformen: das „s" und das „n" werden immer verdoppelt.

Aufgabe 21: Wörter mit -ling

a Unterstreicht alle -ling-Wörter in dem Gedicht.

b Setzt das Gedicht fort, indem ihr selbst außergewöhnliche -ling-Wörter bildet.

Nora Clormann-Lietz: Gelingelt

Ein Handschuh für die Faust ist ein Fäustling.
Ein Hering, gebraten, ist ein Brätling.
Ein Stein, riesengroß, ist ein Findling.
Eine Märchenfigur, daumengroß, ist ein Däumling.
Ein Mensch, beschützt, ist ein Schützling.
Ein Mensch, neu in irgendetwas, ist ein Neuling.
Ein kleines Kind, das noch saugt, ist ein Säugling.
Ein Schüler, im Internat erzogen, ist ein Zögling.
Ein Geschwisterkind, spät nachgekommen, ist ein Nachkömmling.
Ein Mensch, in der Lehre lernend, ist ein Lehrling.
Ein Mensch, sonderlich, ist ein Sonderling.
Ein Mensch, geliebt, ist ein Liebling.
Eine Raupe oder Larve, beengt in der Erde lebend,
ist nicht in jedem Fall ein Engerling.

Ein Mensch, Feigen liebend, ist noch lange kein Feigling.
Ein schönes Insekt, zartflatternd und ganz und gar nicht
schmetternd, heißt nur so zum Trotz: Schmetterling.

Quelle: Nora Clormann-Lietz: Gelingelt, In: Hans-Joachim Gelberg (Hg.): *Großer Ozean. Gedichte für alle.*

Aufgabe 22: Wörter mit -ig, -lich und -keit

a Bildet aus den Wörtern im Kasten neue Wörter, indem ihr **-ig** oder **-lich** an den Wortstamm anfügt.
Achtung: Manchmal müsst ihr den Wortstamm leicht verändern: z. B. T<u>a</u>g: t<u>ä</u>glich

Freude Freund stimmen Welle Rost Hand Knall Kante Sand gelb
Sahne Land Stein Witz Raum Grund Sonne Staub Fluss Wind

freudig

b Bildet aus den folgenden Wörtern neue Wörter, indem ihr die Suffixe **-ig** und **-keit** (z. B. *Witz*igkeit) oder **-lich** und **-keit** (z. B. *End*lichkeit) hinzufügt. Schreibt die neu gebildeten Wörter darunter.

Mensch	schnell	nett
Herz	leicht	klein
genau	süß	Freund
neu	Haus	froh

c Vergleicht eure Lösungen aus Aufgabe a und b mit eurem Tischnachbarn.

Aufgabe 23: Wörter, die verschiedene Wortbildungselemente enthalten
Es gibt eine Reihe von Wörtern, die sowohl Präfixe als auch Suffixe enthalten. Manchmal sind die Wörter auch noch aus zwei oder mehr Wortstämmen zusammengesetzt. Bei diesen Wörtern muss man bei der Schreibung besonders gut aufpassen, denn alle Buchstaben aller Wortbestandteile müssen immer geschrieben werden.
Arbeitet zunächst in der Klasse, dann zu zweit.

a Schreibt die ersten drei Wörter aus dem Kasten an die Tafel.

> die Höflichkeit, unfreundlich, die Vorankündigung, der Schulleiter,
> die Neuanschaffung, die Fehlerlosigkeit, hitzebeständig, der Wörterbucheintrag,
> die Abkühlung, die Voraussetzung, die Abbildung, die Bestellmöglichkeit,
> die Wortbildung, unvorsichtig, beschreibbar

b Ermittelt alle Wortbestandteile. Trennt die Wortbestandteile dazu mit einem Schrägstrich so voneinander ab: *der Wort/be/stand/teil.*

c Unterstreicht die *Wortstämme* rot, die *Präfixe* blau und die *Suffixe* grün.

d Bearbeitet die anderen Wörter zu zweit in eurem Heft.

e Sucht Wörter in euren Schulbüchern, die ebenfalls mehrere Wortbildungselemente enthalten.

Aufgabe 24: Neue Wörter

Manchmal gibt es Wörter, von denen man nicht weiß, ob es sie wirklich gibt, z. B. „unkaputtbar" anstelle von „unzerstörbar", der „Stehler" zu „stehlen", „dieben" zu „Dieb".
Die „Klingel" „klingelt" – und was macht eigentlich die „Glocke"?
Sucht in den nächsten Tagen (zum Beispiel in der Werbung) nach Wörtern, die es eigentlich nicht gibt, die man aber trotzdem bilden kann.
Ihr könnt auch selbst solche Wortneuschöpfungen bilden. Gibt es z. B. die Farbe „wolkenweiß"? Immerhin gibt es „himmelblau".

Aufgabe 25: Präfixe, Suffixe, Stämme – wie verhalten sie sich zu Silben?

Arbeitet in der Klasse.

a Schreibt die Wörter aus dem Kasten an die Tafel.

übermütig, die Lebensfreude, die Umrandung, die Lesbarkeit, abmelden, anbahnen

b Schreibt die Wörter noch einmal. Trennt die Wortbestandteile dabei voneinander ab, zum Beispiel mit einem Sternchen:
*die Schnell*ig*keit*
*kauf*männ*isch*

c Sprecht die Wörter noch einmal rhythmisch und schreibt die Wörter nun noch einmal mit Trennungsstrichen zwischen den Silben auf:
die Schnel-lig-keit
kauf-män-nisch

d Vergleicht die Wörter miteinander. Wo habt ihr jeweils Trennzeichen gesetzt?

Aufgabe 26: Wörter mit Präfixen und Suffixen untersuchen (| |)

a Zerlegt die Wörter aus dem Kasten in ihre Wortbausteine und unterstreicht die Wortstämme.

b Erklärt die Schreibung der Wortstämme mit Hilfe der Strategien:
Silbenprobe (◡◡), Verlängern (◡➝), Ableiten (ϟ)
Achtung: In manchen Wörtern gibt es mehr als einen Wortstamm!

| d ü n n | h ä u | t i g |: **dünn ◡➝ dünner**

häut ϟ Haut

v o r b i l d l i c h : ____________________

____

die **V e r s t ä n d i g u n g :** ____________________

____

die **Ä n g s t l i c h k e i t :** ____________________

____

der **M ü n z z ä h l e r :** ____________________

____

g r o ß h e r z i g : ____________________

____

Aufgabe 27: Was kann ich schon?

Arbeitet zu zweit.

a Diktiert euch gegenseitig die Texte im Kasten. Bei den Eigennamen könnt ihr helfen. Die Zeichen (Kommas und Punkte) diktiert ihr mit.

b Unterstreicht anschließend alle zusammengesetzten Wörter, die ihr findet: Wörter mit Präfixen und Wörter mit Suffixen.

c Vergleicht eure Ergebnisse mit dem Lösungsblatt. Überprüft, was ihr schon gut könnt und was ihr noch lernen müsst.

Text 1: Aus dem Leben von Astrid Lindgren

Astrid Lindgren wurde 1907 auf einem kleinen Hof in Südschweden geboren. Sie verlebte eine sehr glückliche Kindheit. Ihre eigene Kindheit diente als Hintergrund für ihre Bücher. 1941 war ihre zehnjährige Tochter lange krank und langweilte sich. Deshalb erzählte Astrid Lindgren ihr Geschichten von einem Mädchen, das Pippi Langstrumpf hieß. Erst drei Jahre später schrieb sie diese Geschichten auf und schickte sie zu einem Verlag. Der Verlag lehnte den Text aber ab. Später nahm Astrid Lindgren mit einer anderen Geschichte an einem Schreibwettbewerb teil. Da wurde man auf sie aufmerksam. *Pippi Langstrumpf* erschien 1945 als Buch und wurde weltweit ein großartiger Erfolg.

Quelle: Margret Datz: Unterrichtsprojekt zum Geburtstag von Astrid Lindgren. Veröffentlicht am 22.10.2007 auf: https://www.lehrer-online.de/ (gekürzt).

Text 2: Ein bekanntes Kinderbuch von Astrid Lindgren: Ronja Räubertochter

In einer stürmischen Gewitternacht wird die Räubertochter Ronja in einem Burgzimmer geboren. Das blaue Licht der Blitze flackert herein und die Räuberbande der Mattis-Sippe wartet aufgeregt auf den Neuankömmling. Die Räuber ahnen nicht, dass in der gleichen Nacht die Borka-Sippe als Nachkommen einen Sohn empfängt. Beide Räuberbanden sind verfeindet.

Unter Graugnomen und Dunkeltrollen wächst Ronja auf. Eines Tages trifft sie auf Birk, der in der gleichen stürmischen Nacht wie sie geboren wurde. Aus der Abneigung der beiden Kinder wird Freundschaft. Die Freundschaft der Kinder steht gegen die Feindschaft der Räuberbanden und sorgt für eine Menge Unruhe.

Text nach: Astrid Lindgren Klassiker DVD-Kollektion von Universum Film. www.universumfilm.de (gekürzt).

d Schreibt einige der unterstrichenen Wörter an die Tafel und führt Rechtschreibgespräche in kleinen Gruppen oder mit der ganzen Klasse.

7.3 Die satzinterne Großschreibung als Lesehilfe

Bislang erlernen Grund- und Sekundarstufenschüler die satzinterne Großschreibung vorrangig nach dem wortartbezogenen Ansatz. Die Lernenden verfügen demzufolge über deklaratives Wissen wie: Substantive schreibt man groß. Ein Substantiv erkennt man daran, dass vor ihm ein Artikel *(der, die, das)* stehen kann. Damit haben sie, wenn sie auf der Grundlage dieser expliziten Regelformulierung und -anwendung überhaupt verstanden haben, was ein Substantiv ist, die wichtigsten grammatischen und graphematischen Merkmale von Substantiven, die typischerweise im Satz als Kerne von Nominalgruppen fungieren, kennengelernt: Das sind die Artikelfähigkeit und die Genusfestigkeit sowie die Markierung mit großem Anfangsbuchstaben, die auch kontextunabhängig (z. B. im Wörterbuch) erfolgt. Das ist der Unterschied zwischen Substantiven und anderen Wörtern, die ebenfalls als erweiterbare Kerne von Nominalgruppen fungieren können.

Auf die Funktion der Großschreibung als Leseunterstützung werden Lerner jedoch, wenn sie sich an den lexikalischen Eigenschaften des Substantivs orientieren, in den seltensten Fällen aufmerksam. Wir lesen in erster Linie Texte, die aus Sätzen bestehen. Die interne Struktur von Sätzen wird durch die Auszeichnung der nominalen Kerne mit Großbuchstaben deutlich. Die nominalen Kerne bilden eine Begrenzung der ganzen nominalen Gruppe, denn sie stehen an ihrem rechten Rand. An ihrem linken Rand steht häufig, nicht immer, ein Artikel. Auch wenn der empirische Nachweis bislang noch nicht erbracht wurde, kann man davon ausgehen, dass die Markierung erweiterbarer Kerne von Nominalgruppen durch Großbuchstaben satzstrukturierend und damit leseunterstützend wirkt, denn inhaltlich Zusammengehörendes und zentrale Bedeutungsträger können so leicht identifiziert werden.

Eine Strukturierungs- und Erfassungsfunktion kommt ebenso der Markierung von Satz- und Textanfängen sowie von Eigennamen durch Großbuchstaben zu. Die orthographischen Auszeichnungen in diesen Fällen bereiten im Erwerb kaum Probleme. Die richtige Groß- und Kleinschreibung innerhalb von Sätzen jedoch ist eine der größten orthographischen Schwierigkeiten für Lerner. Deshalb sind im Folgenden nur Aufgaben zu diesem Lernbereich angeführt. Die anderen großschreibungsrelevanten Fälle (Satzanfänge, Eigennamen, Anredepronomen) sind weitaus leichter zu verstehen und zu beherrschen. Aber auch hier kommt es in Lernkontexten darauf an, die Funktion dieser Markierungen als Leseerleichterung zu berücksichtigen (siehe Kapitel 5.3).

Untersuchungen zeigen, dass es Kindern, die die Großschreibung wortartbezogen erlernt haben, nicht schwerfällt, sich auf die syntaxorientierte Perspektive einzulassen (vgl. Günther/Nünke 2005). Das ist sicher damit zu begründen, dass den bei vielen Lernern einsetzenden Konfusionen, die der Erweiterung der Grundregel für die Substantivgroßschreibung häufig folgt, ein recht klar strukturierter Ansatz entgegengesetzt wird. Vorteilhaft ist es aber in jedem Fall, wenn Schriftlerner von Beginn an das syntaktische Herangehen an die Entscheidung, ob ein Wort groß- oder kleingeschrieben wird, kennenlernen. So ließe sich vermeiden, dass die Schülerinnen und Schüler später in Konflikte zwischen „ihren einstudierten wortkategorialen Kriterien“ (Bredel 2010a, S. 231) und den syntaktischen Regularitäten zur Großschreibung geraten. Dass dies möglich ist, zeigen Unterrichtserfahrungen seit Röber-Siekmeyer 1999.

Grundlage für das syntaxorientierte Herangehen an die Großschreibung sind solche kognitiven Operationen wie Erweitern, Umstellen und Ersetzen. Die Erweiterungsprobe hilft Lernern, den Kern einer nominalen Gruppe zu entdecken, der gleichzeitig das Satzglied nach rechts begrenzt. Außerdem können sie den Unterschied zwischen attributiven und adverbialen Ergänzungen erfahren, ohne dies unbedingt terminologisch fassen zu müssen.

Durch die Umstellprobe erfahren die Lerner, dass Sätze aus Satzgliedern bestehen, dass es im Deutschen eine relativ flexible Satzgliedstellung gibt und dass man als Zentrum des Satzes das Prädikat betrachtet, welches eine relativ feste Position im deutschen Satz einnimmt. Besonders hilfreich ist es für die Ermittlung von zusammengehörenden Wortgruppen, die Vorfeldprobe sicher anwenden zu können. Vor dem finiten Verb in Sätzen mit Verbzweitstellung kann i. d. R. genau ein Satzglied stehen. Sicherheit beim Erkennen des finiten Verbs und der häufig vorkommenden Verbklammer ist deshalb grundlegend für einen widerspruchsfreien Erwerb der satzinternen Großschreibung. Naiv-semantische und damit vermeintlich kindorientierte Ansätze für die begriffliche Erfassung von Nomen („kann man sehen und anfassen“) und Verben („Tu-Wörter“) (vgl. Müller/Tophinke 2015) verschleiern die tatsächlichen Zusammenhänge zwischen Form und Funktion von Wörtern in Sätzen (vgl. Kap. 5.3).

Das Ersetzen von nominalen Gruppen durch unerweiterbare pronominale und umgekehrt kann als Weg betrachtet werden, um zum einen stilistische Varianten zu erproben und Mittel der Textverknüpfung kennenzulernen und um zum anderen den Unterschied in der Schreibung von nominalen und pronominalen Satzgliedern bewusstzumachen. Auch dieses orthographische Phänomen lässt sich – zumindest im klar geregelten Kernbereich – gut durch experimentierendes und entdeckendes Lernen erschließen.

Da die satzinterne Großschreibung jedoch schon allein wegen der Komplexität und Vielfalt möglicher syntaktischer Strukturen ein sehr vielschichtiger Lerngegenstand ist, sind auch mit diesem Ansatz keine schnellen Erfolge zu erwarten. Wichtig ist aber, dass Schreiber auf dieser Grundlage Schreibungen im Kernbereich sicher erklären können und Operationen wie das Erweitern kennen, die ihnen bei der Schreibung von Zweifelsfällen und bei der Überprüfung eigener Schreibungen helfen können.

Rechtschreibung ist Grammatik: Das wird an diesem komprimierten Überblick darüber, welche Operationen und Begriffe man im Lernprozess benötigt, deutlich. Deshalb ist der hohe Zeitaufwand für die Hinführung zur satzinternen Großschreibung gerechtfertigt, denn die Schülerinnen und Schüler lernen an diesem schriftsprachlichen Phänomen viel über die Funktion grammatischer Strukturen. Das Untersuchen von Sprache kann so wirklich zu Einsichten in syntaktische Strukturen führen.

Die Aufgaben sind für das 5. bis 7. Lernjahr konzipiert. Erprobungen mit jüngeren Schülern zeigen aber, dass die Hinwendung zur Großschreibung über die Satzstruktur auch von sehr viel jüngeren Lernern geleistet werden kann (vgl. Röber-Siekmeyer 1999, Günther/Nünke 2005, Wahl u. a. 2017). Es ist davon auszugehen, dass gerade Lerner mit ungünstigen sprachlichen und kognitiven Voraussetzungen eine größere Sicherheit in der satzinternen Großschreibung erlangen können, da viele Probleme, die mit dem herkömmlichen Ansatz verbunden sind, gar nicht erst auftreten.

Hinsichtlich der Lernprogression gehen die folgenden Aufgaben von überschaubaren syntaktischen Strukturen aus, die zunächst nur Adjektivattribute enthalten. Erst, wenn grundlegende Einsichten in die syntaktische Struktur von Sätzen angebahnt wurden, kommen Sätze mit vorangestellten Genitivattributen *(Peters Schwester)* und mit unbestimmten Zahlwörtern *(viel Neues)* hinzu. In letztgenannten Fällen ist eine adjektivische Erweiterung kaum möglich. Sie kann hier nur sinnvoll durch Relativsätze erfolgen. An solchen Konstruktionen können die Schülerinnen und Schüler gleichzeitig Struktur und Funktion von Relativsätzen kennenlernen. Die Aufgaben zu diesen Phänomenen gehören folglich eher in das 6. oder 7. Lernjahr.

Der Vergleich zwischen attributiven und adverbialen Ergänzungen sollte ebenfalls erst dann erfolgen, wenn Lerner eine Grundsicherheit bei der Verwendung der Umstell- und Erweiterungsprobe erlangt haben. In allen Aufgaben müssen nach Möglichkeit auch Abstrakta und nichtsubstantivische Kerne („Nominalisierungen") vorkommen, denn sie werden häufig fälschlich kleingeschrieben. Artikelwörter bleiben auch in diesem Ansatz wichtige Indikatoren für die Großschreibung, denn sie bilden in vielen Fällen den linken Rand der nominalen Gruppe. Sie sollten jedoch als Signale, nicht als alleiniges Entscheidungskriterium für die Großschreibung des rechten Randes der Gruppe herangezogen werden können.

Aufgaben 1 bis 6: Grundlegende Operation: Erweitern

Diese Aufgaben setzen nicht auf das Kennenlernen von Regeln zur satzinternen Großschreibung, sondern sie sollen Wege zeigen, wie man sich die satzinterne Großschreibung erschließen kann. Auch hier gilt, wie bei den vorhergehenden Lerninhalten, dass die Lerner eigene Begriffe entwickeln können, die häufig viel bildhafter sind als die sprachwissenschaftliche Terminologie. In vielen Klassen, die die Verschiebbarkeit des nominalen Kerns nach rechts mit Hilfe der Treppentexte kennengelernt haben, heißen die nominalen Kerne z. B. „Treppenwörter" oder „Schiebewörter". Die Attribute, die als Erweiterungen fungieren, werden z. B. „Einfüllwörter" genannt. Die folgenden Aufgaben sind nur Angebote und sollten, je nach Erkenntnisstand der Lerngruppe, durch weitere, ähnlich aufgebaute, ergänzt werden. Immer wieder kann dann das Erweitern, Umstellen und Ersetzen geübt werden – und das sind, wie dargestellt, wichtige Operationen auch in anderen Zusammenhängen schriftsprachlichen Lernens.

Die in den Aufgaben berücksichtigte Lernprogression (vom Erweitern über das Umstellen zum Ersetzen) berücksichtigt Erfahrungen aus einer Interventionsstudie in 15 Klassen des Jahrganges 5 (vgl. http://gepris.dfg.de/gepris/projekt/279112504, letzter Zugriff am 25.09.2017).

Besonders gern arbeiten die Schülerinnen und Schüler erfahrungsgemäß mit den Treppentexten (Aufgabe 1), da sie daran sehr deutlich sehen können, was durch attributive Erweiterungen mit Wortgruppen geschieht: Die Kerne der nominalen Gruppen wandern immer weiter nach rechts. Darüber hinaus können sie, wie das Beispiel rechts zeigt, sehr sprachspielerisch arbeiten:

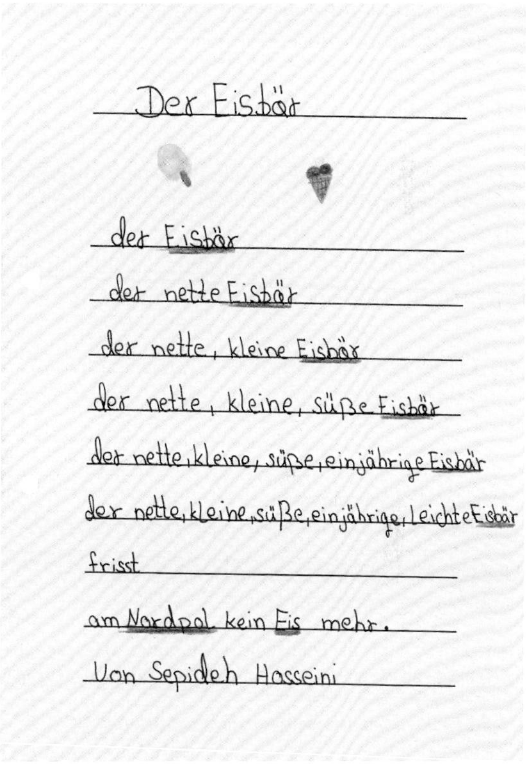
Der Eisbär

der Eisbär
der nette Eisbär
der nette, kleine Eisbär
der nette, kleine, süße Eisbär
der nette, kleine, süße, einjährige Eisbär
der nette, kleine, süße, einjährige, leichte Eisbär
frisst
am Nordpol kein Eis mehr.
Von Sepideh Hosseini

Quelle: Schülertext aus der Stadtteilschule Heinrich Hertz Hamburg

Das in diesen „Treppengedichten“ Gelernte kann auch an anderen Sätzen gefestigt werden. Dazu können kurze Sätze mit unerweiterten bzw. wenig erweiterten nominalen Kernen genutzt werden: *In der Sportstunde haben wir das Werfen geübt. Das Buch liegt in der Tasche.* Aber auch Überschriften lassen sich gut erweitern: *Schneefall legt Berufsverkehr lahm. Apfelernte erfreut Bauern. Dieb flieht mit Beute.*

In Aufgabe 2 steht die Erweiterungsprobe in ganzen Sätzen im Mittelpunkt. Die Lerner sollen in Sätzen, in denen die erweiterbaren Kerne bereits großgeschrieben sind, die Erweiterungsprobe zur Absicherung der Großschreibung durchführen – und ein Gespür für das Erweitern als eine wichtige Hilfe in Zweifelsfällen entwickeln. Als Erweiterungen sind eine Reihe von Adjektiven in der Grundform angegeben, die in der entsprechenden Wortgruppe dekliniert werden müssen und dadurch eine Endung mit dem Buchstaben e erhalten. Darüber hinaus kann hier probiert werden, ob es gut geeignete „Testwörter“ gibt. Funke (1995) schlägt Formen von *groß* und/oder *schön* vor, die in vielen Satzkontexten passen. Die Lerner einzelner Klassen aus der o.g. Interventionsstudie haben *cool* als ein Adjektiv entdeckt, das als Testwort in vielen Fällen inhaltlich passt. Um die Endungen der Testwörter, die jeweils ein e enthalten müssen, geht es gesondert noch einmal in Aufgabe 3. Die Schüler sollen entdecken, dass die Erweiterungen typische Endungen haben. In leistungsstarken Klassen kann auch der Begriff „Attribut“ eingeführt und erarbeitet werden, dass es sich bei den Erweiterungen häufig um Adjektive handelt. Dieses wortartbezogene Wissen ist aber nicht notwendig, wenn die Endungen der Erweiterungen wirklich im Mittelpunkt der Erarbeitung stehen. In Aufgabe 4 wird das bisher Gelernte in einzelnen Sätzen geübt und gefestigt. Aufgabe 5 gibt die Möglichkeit, das Gelernte bei der Entscheidung, ob Wörter groß- oder kleingeschrieben werden müssen, anzuwenden. In Aufgabe 6 geht es in einem relativ komplexen Text wiederum darum, Gelerntes anzuwenden. Selbstverständlich sollte die Erweiterungsprobe immer auch in eigenen Sätzen und Texten angewendet werden, um Schreibentscheidungen fällen oder prüfen zu können. Nur so kann sie zu einem handhabbaren Analyseinstrument werden. Als Zeichen für die Erweiterungsstrategie kann dieses eingeführt werden:

Arbeitsblatt -3.1.doc

Aufgabe 1*: Treppentexte Kennenlernen der Erweiterungsprobe: Kerne von Nominalgruppen identifizieren	*Erarbeitung*
Aufgabe 2*: Attributive Erweiterungen in Sätzen Anwenden der Erweiterungsprobe in Sätzen	*Festigung*
Aufgabe 3*: Typische Endungen bei Attributen entdecken Die typischen Endungen für attributive Erweiterungen -e, -en, -em, -er, -es erkennen	*Erarbeitung*
Aufgabe 4*: Adjektiverweiterungen identifizieren Erweiterungen und Kerne von nominalen Gruppen ermitteln	*Übung und Festigung*
Aufgabe 5*: Über die Groß- oder Kleinschreibung entscheiden Erweiterungsprobe in Zweifelsfällen anwenden	*Übung und Festigung*
Aufgabe 6*: Anwenden des Gelernten Erweiterungen und erweiterbare Kerne identifizieren, unerweiterte Kerne erweitern	*Übung und Festigung*

Aufgaben 7 bis 12: Grundlegende Operationen: Umstellen und Erweitern

Das Umstellen von Satzgliedern kann immer wieder in kleinen Sequenzen und an unterschiedlichsten Sätzen im Unterricht geübt werden. Dazu können, wie in Aufgabe 7 vorgeschlagen, Satzglieder und Prädikate auf Papierstreifen vorgegeben werden, die dann zu unterschiedlichen Sätzen zusammengefügt werden müssen. Wichtig ist, dass die Schülerinnen und Schüler mindestens zwei Varianten der Sätze, die sie durch Umstellen ermittelt haben, in normaler Groß- und Kleinschreibung aufschreiben. Sie können dann erkennen, dass tatsächlich immer das letzte Wort der Nominalgruppe großgeschrieben wird. Außerdem lässt sich ermitteln, dass jedes Satzglied im Verbzweitsatz vor das finite Verb (als Prädikat oder Teil des Prädikats) treten kann und dass dort immer nur ein Satzglied stehen kann. Es bietet sich an, in diesem Zusammenhang auch die Verbklammer einzuführen (vgl. Schönenberg 2011).

Sehr beliebt ist bei den Lernern ein weiterer spielerischer Zugang zur relativ flexiblen Satzgliedstellung: Jeder Lerner bekommt einen Satzgliedstreifen auf den Rücken geheftet, ohne dass er weiß, was auf dem Streifen steht. Er muss sich nun mit den anderen Lernern, die zu seinem Satz „gehören", so zusammenfinden, dass ein sinnvoller Satz entsteht, und zwar ausschließlich wortlos, aber indem die Streifen auf den Rücken der anderen leise gelesen und die anderen Schüler entsprechend positioniert werden.

Dieser hohe Zeitaufwand für das Erfassen der Struktur von Sätzen ist gerechtfertigt, denn das, was die Lerner begreifen sollen, ist sehr komplex. Deshalb bieten die Aufgaben 8 und 9 weitere Übungsangebote zum Umstellen von Satzgliedern in Sätzen. Die Aufgaben 10 bis 12 greifen zur Vertiefung noch einmal die Erweiterungsprobe als Hilfe bei der Entscheidung für die Groß- oder Kleinschreibung auf. Die Aufgaben können selbstverständlich durch solche zum Umstellen ergänzt werden. Die Aufgaben enthalten viele nichtsubstantivische nominale Kerne. Das muss Lernern nicht unbedingt bewusstgemacht werden. Mit Kategorien wie „Nominalisierung" zu arbeiten, ist nur notwendig, wenn die Lerner zunächst über einen lexikalischen Zugriff auf die Besonderheiten der satzinternen Großschreibung aufmerksam gemacht worden sind. In Klassen, in denen dies in den ersten Lernjahren erfolgt ist, kann über diese Aufgaben bewusstgemacht werden, dass eben nicht nur Nomen bzw. Substantive großgeschrieben werden, sondern immer die Wörter, die erweiterbare nominale Kerne im Satz sind. In den anderen Klassen dienen diese Aufgaben in erster Linie als Übung und Festigung des Gelernten.

Arbeitsblatt -3.2.doc

Aufgabe 7*: Satzstrukturen durch Umstellen entdecken — *Erarbeitung*
Durch Umstellen von Satzstreifen Satzglieder und ihre nominalen Kerne ermitteln

Aufgabe 8*: Wortgruppen durch Umstellen ermitteln — *Übung*
Durch Umstellen erweiterbare Kerne von Nominalgruppen ermitteln

Aufgabe 9: Wortgruppen bzw. Satzglieder durch Umstellen ermitteln — *Übung*
Durch Umstellen erweiterbare Kerne von Nominalgruppen ermitteln

Aufgabe 10*: Über Groß- und Kleinschreibung entscheiden — *Übung und Festigung*
Wiederholung und Festigung des Gelernten, besonders der Erweiterungsprobe

Aufgabe 11*: Über Groß- und Kleinschreibung entscheiden — *Übung und Festigung*
Wiederholung und Festigung des Gelernten, besonders der Erweiterungsprobe

Aufgabe 12*: Über Groß- und Kleinschreibung entscheiden — *Übung und Festigung*
Wiederholung und Festigung des Gelernten, besonders der Erweiterungsprobe

Aufgaben 13 bis 20: Besondere Erweiterungen von nominalen Kernen

Grundlegendes über die satzinterne Großschreibung und Möglichkeiten, sich bei Unsicherheiten zu helfen, haben die Schülerinnen und Schüler bis hierher gelernt. Orthographische Sicherheit kann erreicht werden, wenn auf das Erweitern und Umstellen immer wieder beim Schreiben und Prüfen von Schreibungen zurückgegriffen wird.

In den folgenden Aufgaben, die im Sinne eines Spiralcurriculums zur Erweiterung des bisher Gelernten beitragen sollen, geht es deshalb um eine weitere Ausdifferenzierung der Möglichkeiten zur satzinternen Großschreibung. Die Aufgaben können am besten in Klasse 6 und 7 eingesetzt werden.

In Aufgabe 13 wird der Unterschied zwischen attributiven und adverbialen Erweiterungen verdeutlicht. Ob die Erklärungen im Kasten als Wiederholung vorangestellt werden oder ob zunächst gemeinsam an dem hier angebotenen Sprachmaterial gearbeitet wird und dann das Beobachtete selbst formuliert wird, muss nach dem Lernstand der Klasse entschieden werden. Die Erklärungen im Kasten wirken zunächst recht kompliziert. Beim Ausprobieren erschließt sich der Unterschied zwischen Erweiterungen, die zum nominalen Kern gehören, und denen, die das Verb näher erläutern, recht schnell. Die Erklärungen sind nicht im Sinne von Regelwissen zu verstehen, sondern sollen helfen, zur richtigen Schreibentscheidung zu gelangen.

Der Selbstüberprüfung dient der folgende Text in Aufgabe 14. Hier müssen die Lerner entscheiden, ob groß- oder kleingeschrieben werden muss.

Die Operationen sollten immer verwendet werden, um die Schreibungen in eigenen Texten zu überprüfen: Ob es im Satz erweiterbare Kerne von nominalen Gruppen gibt, lässt sich durch die Erweiterung mit Adjektiven oder Partizipien gut feststellen. Das sollte den Lernern als eine Möglichkeit zur Selbstüberprüfung geläufig werden. Erst dann ist es sinnvoll, sich mit anderen Möglichkeiten der Erweiterung, wie sie in den Aufgaben 15 bis 20 vorkommen, zu beschäftigen.

Mit diesen Aufgaben kann man arbeiten, wenn die Erweiterungen durch Adjektivattribute dazu geführt haben, dass die Lerner eine Vorstellung von der Funktion der Kerne und ihrer Erweiterungen haben. Dieses Wissen kann durch Aufgabe 15 weiter gefestigt werden. Hier kann man lernen, dass nicht jedes Satzglied einen nominalen Kern haben muss. Die Sätze weisen auf die Funktion der nominalen Kerne noch einmal deutlich hin: Sie fungieren als Träger von inhaltlichen Informationen. Die Erweiterungen selbst dienen der Differenzierung oder Konkretisierung der Informationen.

Aufgabe 16 beschäftigt sich mit einer ebenfalls recht häufig vorkommenden Form von Erweiterungen nominaler Kerne: der Erweiterung mit Genitivattributen.

Die Lerner können auf der Grundlage der Übung und mit entsprechender Anleitung im Unterricht lernen, dass es sich bei nachgestellten näheren Erläuterungen häufig um Genitivattribute handelt. Sie gehören zu dem Satzglied, das sie näher bestimmen, und können nur zusammen mit diesem umgestellt werden. Nachgestellte Genitivattribute können aber auch, genau wie das Wort, das sie näher erläutern, durch Adjektivattribute erweitert werden: *das schöne Land der großen Träume.* Deshalb werden beide Kerne großgeschrieben. Das hört sich in so einer verdichteten Erklärung kompliziert an – im Lernprozess wird es dadurch gut deutlich, dass die Lernenden wieder auf schon bekannte Operationen (Umstellen und Erweitern) zurückgreifen können. Wichtig ist, dass auch hier im Plenum oder mit einem Partner gearbeitet wird, so dass unmögliche Umstellungen ausgesondert werden können.

Bislang wurden nun zwei Möglichkeiten entdeckt, mit deren Hilfe man die nominalen Kerne in Sätzen näher erläutern kann:

- mit Adjektivattributen: *Der* ***große, schöne*** *Baum spendet* ***kühlen, angenehmen*** *Schatten.*
- mit Genitivattributen: *Die Nester* ***der Vögel*** *sind in der Krone des Baumes kaum zu sehen.*

Manchmal verwenden wir aber auch Attribute mit Präpositionen (*an, auf, über, in, unter, bei, vor* usw.) als Erweiterungen und nähere Erläuterungen. Dieser dritten Möglichkeit der Erweiterung nominaler Kerne wendet sich Aufgabe 17 zu. Aufgabe 18 dient der Vertiefung dieser Form der Erweiterung.

Einige nominale Kerne lassen sich nur schwer durch eine der drei Attributsformen erweitern. Trotzdem werden sie großgeschrieben. Die Großschreibung ergibt sich daraus, dass ihnen ein unbestimmtes Zahlwort vorausgeht: *viel, nichts, alles, wenig, genügend, einige, manche.* Das trifft z. B. auf solche Wörter und Wendungen zu: *alles Gute, wenig Neues, nichts Besonderes.* Diese nominalen Kerne lassen sich häufig nur durch *Relativsätze* sinnvoll erweitern, z. B.: *Auf der Reise gab es viel Interessantes, wovon ich dir berichten will, zu sehen. Manches Schöne, das mir begegnet ist, wird mir in guter Erinnerung bleiben.* Diese nominalen Kerne stehen im Mittelpunkt von Aufgabe 20. An dem Beispieltext kann gleichzeitig das Satzgrenzenkomma erarbeitet werden. Als Faustregel gilt: Teilsätze werden durch Komma abgetrennt. Ein Satz benötigt immer ein finites Verb. Manchmal, wie im Falle der eingeschobenen Relativsätze, benötigt man zwei Kommas, um diese Abtrennung zu gewährleisten. Gerade das zweite Komma ist sehr fehleranfällig und wird häufig vergessen.

Die Aufgaben sind – in Abhängigkeit vom Leistungsstand der Lerngruppe – ab ca. Mitte des 6. Lernjahres einsetzbar. Bis dahin können mit der Erweiterung durch Adjektivattribute viele satzinterne Großschreibungen erfolgreich erklärt und gefestigt werden.

Arbeitsblatt -3.3.doc

Aufgabe 13: Unterscheidung von attributiven und adverbialen Erweiterungen *Erarbeitung*
Unterscheiden von adjektivischen Attributen als Erweiterungen zu nominalen Kernen und adverbialen Erweiterungen als Teil der Verbalphrase.

Aufgabe 14: Überprüfen des Gelernten *Übung und Anwendung*
Festigen des bisher Gelernten

Aufgabe 15: Entdecken der Funktion von nominalen Kernen im Satz *Erarbeitung*
Sätze umformen mit der Ersatzprobe und Entdecken der bedeutungstragenden Funktion von nominalen Kernen im Satz

Aufgabe 16: Analysieren von Satzstrukturen mit Genitivattributen *Erarbeitung und Übung*
Nominale Kerne in komplexen Satzstrukturen entdecken

Aufgabe 17: Analysieren von Satzstrukturen, die präpositionale Attribute enthalten *Erarbeitung und Übung*
Nominale Kerne in komplexen Satzstrukturen entdecken

Aufgabe 18: Analysieren von Satzstrukturen mit präpositionalen Attributen *Übung und Festigung*
Nominale Kerne in komplexen Satzstrukturen erkennen

Aufgabe 19: Unbestimmte Zahlwörter als Signale für die Großschreibung *Erarbeitung und Übung*
Unbestimmte Zahlwörter als Großschreibungssignale nutzen und die Erweiterung durch Relativsätze kennenlernen

Aufgabe 20: Relativsätze als Erweiterung von unterschiedlichen nominalen Kernen entdecken
Die Erweiterung durch Relativsätze als Erweiterungsmöglichkeit und stilistische Variante zu Attributen kennenlernen *Erarbeitung und Übung*

Lösung zu Aufgabe 14:
Auf dem Foto sieht man das Mädchen Gerda bei seiner Einschulung im Jahr 1929. Was sofort auffällt: Gerdas Schultüte war viel kleiner als die, die Erstklässler heute in den Händen halten. Die Kleidung der Kinder sah ebenfalls anders aus. Die Mädchen trugen Kleider. Ihr langes Haar war zu Zöpfen geflochten. Die Jungen steckten oft in Matrosenanzügen mit kurzen Hosen. Jeans und Turnschuhe trug niemand. Aber eines ist heute so wie damals: Die Kinder kamen in die Schule, um das Lesen, Schreiben und Rechnen zu lernen. Das Erlernen einer schönen Schreibschrift war damals besonders wichtig. Aber auch das kleine Einmaleins sollte jeder Grundschüler beherrschen. Gerda hat für ihre ersten Schreib- und Rechenversuche eine Tafel aus Schiefer verwendet. Darauf schrieb sie mit Kreide. Das Geschriebene ließ sich schnell mit einem Schwamm weglöschen. Zu Gerdas Füßen siehst du so eine Tafel. Kannst du lesen, was darauf steht?

Lösung zu Aufgabe 18:
Die Pizza ist in Deutschland inzwischen fast so beliebt wie in ihrem Herkunftsland Italien. Doch wer hat dieses *Fladenbrot aus Hefeteig* eigentlich erfunden? So genau lässt sich das nicht mehr feststellen. Die *Pizza mit Olivenöl, Tomatenscheiben, Oregano und Basilikum* gibt es in Italien seit etwa der Mitte des 18. Jahrhunderts. Eine *Pizza nach heutigen Vorstellungen* wurde erstmals sehr wahrscheinlich 1889 hergestellt. Der Pizzabäcker Raffaele Esposito hatte den Auftrag, König Umberto I. und seiner Frau Margherita eine Pizza zuzubereiten. Er belegte sie *mit Zutaten in den italienischen Nationalfarben*. Auf der Pizza befanden sich also: grünes Basilikum, weißer Mozzarella und rote Tomaten. Und weißt du auch, wie diese Pizza seitdem heißt?

Aufgaben 21 und 22: Die Regularitäten zur satzinternen Großschreibung anwenden

In den vorangegangenen Aufgaben wurde deutlich, dass die satzinterne Großschreibung auch dann komplex ist, wenn sie mit Bezug auf ihre Funktion für den Leser gelernt wird. Deshalb ist es wichtig, dass es eine große Sicherheit im Grundlegenden gibt, das in den ersten Aufgaben vorgestellt wurde, so dass die folgenden thematisierten Formen von Erweiterungen immer wieder auf diese Grundlagen zurückgeführt werden können. Die Aufgaben 21 und 22 sind als Anwendungs- und Überprüfungsaufgaben gestaltet. Hier können die Schülerinnen und Schüler sehen, was sie schon sicher können und was sie noch lernen müssen. Anwendungsbezogen sind selbstverständlich immer auch die eigenen Texte der Lerner. Bei der Bearbeitung von Fehlern, aber auch bei der Führung von Rechtschreibgesprächen, ist es wichtig, dass immer wieder mit den syntaktisch motivierten Operationen Erweitern, Umstellen und Ersetzen gearbeitet wird.

Arbeitsblatt -3.3.doc

Aufgabe 21: Kerne von nominalen Gruppen in längeren Texten finden *Festigung und Anwendung*
Kerne von nominalen Gruppen entdecken und Regularitäten der satzinternen Großschreibung festigen

Aufgabe 22: Fehler in der Groß- und Kleinschreibung finden und korrigieren *Anwendung des Gelernten*
Fehler korrigieren und die richtige Schreibung erklären

3. Groß oder klein?

Aufgabe 1: Treppentexte

a Baut Treppentexte wie im Beispiel im Kasten und schreibt sie auf. Nutzt für eure Treppentexte die Wortpaare im Kasten oder findet selbst welche.

Der Löwe
der große Löwe
der große, gefährliche Löwe
erschrickt
vor der kleinen Möwe

Sand – Hand	Regen – Wegen	Blau – Frau	Sachen – Lachen
Baum – kaum	Meister – Kleister	Maus – Haus	Katze – Tatze
Wanzen – tanzen	Blau – schlau	Bach – ach	Essen – vergessen

b Kreist die Großbuchstaben in den Treppentexten ein.

c Begründet, warum ihr diese Wörter großgeschrieben habt.

Aufgabe 2: Im Zweifel erweitern

Manchmal weiß man nicht, ob ein Wort groß- oder kleingeschrieben wird. Ihr könnt euch helfen, indem ihr vor das Wort, bei dem ihr euch nicht sicher seid, ein Adjektiv setzt:

Paul fährt mit dem **fahrrad/Fahrrad** durch die **gegend/Gegend.**
Die **jungen/Jungen** machen heute aber **lärm/Lärm.**

Die Erweiterungsprobe:
Paul fährt mit dem **neuen Fahrrad** durch die **schöne Gegend.**
Die **kleinen Jungen** machen heute aber **großen Lärm.**

Probiert die Erweiterungsprobe an den folgenden Sätzen aus. Setzt dafür ein Adjektiv aus dem Kasten vor die fettgedruckten Wörter in den Sätzen. Ihr müsst die Adjektive dazu etwas verändern (z. B.: groß: groß<u>e</u>, groß<u>es</u>, groß<u>er</u>). Ihr könnt die Adjektive auch mehrfach verwenden.

groß, klein, leicht, hell, dunkel, schnell, gut, stark, wild, neu, alt, frei, tief, schön, lang

1. Ebru ist heute beim **Reiten** gestürzt.
2. In der **Klasse** ist das **Toben** nicht erlaubt.
3. Max hat heute keine **Zeit**.
4. Mein **Freund** Jan fliegt morgen ans **Meer**.
5. Beim **Tauchen** bekomme ich oft **Ohrenschmerzen**.
6. Das **Baden** im **See** hat ihm **Freude** bereitet.
7. Lina mag das **Rot** lieber als das **Blau**.
8. Tims **Schwester** hat oft **Angst**.
9. Die **Aussicht** von hier oben ist unbeschreiblich.
10. Draußen auf der **Straße** war gestern wieder **Lärm**.

Schreibt die Sätze so auf:
1. Ebru ist heute beim schnellen Reiten gestürzt.

Aufgabe 3: Wie enden die Adjektive?

a Ihr habt bereits gelernt, dass Adjektive bei der Erweiterungsprobe verändert werden müssen. Ergänzt in den folgenden Sätzen die Adjektivendungen.

1. Der rot_e_ Hut gefällt Lisa am besten.
2. An kalt____ Tagen ziehe ich immer dick____ Handschuhe an.
3. Bald bekommt Laura ein neu____ Fahrrad.
4. Aus gut____ Grund lässt sein streng____ Opa ihn nicht mehr oft fernsehen.
5. Im letzt____ Sommer waren wir oft segeln.
6. Mit groß____ Freude empfängt Ella ihre gut____ Freundin.
7. Kalt____ Essen schmeckt mir nicht.
8. Das Haus ist in gut____ Zustand.
9. Karim isst am liebsten heiß____ Suppe mit grün____ Bohnen.
10. Mein neu____ Freund wohnt leider weit weg von uns.

b Ergänzt den folgenden Merksatz, indem ihr die unterschiedlichen Endungen einfügt, die ihr im Text eingesetzt habt. Vergleicht eure Lösung mit eurem Tischnachbarn.

Mit der Erweiterungsprobe könnt ihr überprüfen, welche Wörter im Satz großgeschrieben werden. Als Erweiterungen kommen vor allem Adjektive vor. Sie haben bestimmte Endungen: e, ________________________________.

Aufgabe 4: Noch mehr Erweiterungen

a Unterstreicht in den folgenden Sätzen alle Adjektive, die vor einem großgeschriebenen Wort stehen.

b Kreist die Endungen der unterstrichenen Adjektive ein. Überprüft, ob sie alle eine der Endungen enthalten, die ihr im Merksatz in Aufgabe 3 ergänzt habt.

Muränen: Gefährliche Meerestiere?

1. Die armlangen Muränen gehören zu den aalartigen Fischen.
2. Sie gelten häufig als bedrohliche Meerestiere mit gefährlichen Giftzähnen.
3. Sie zeigen tatsächlich oft ihre zahlreichen Zähne.
4. Das liegt daran, dass sie nur mit aufstehendem Maul atmen können.
5. Gefährlich sind aber nicht ihre hakenförmigen Zähne, sondern ihr giftiges Blut.
6. Ihre schuppenlose Haut ist von einer dicklichen Schleimschicht überzogen.
7. Sie hilft den wendigen Tieren beim schwerelosen Gleiten durch scharfkantige Felsen.
8. So sind sie vor unangenehmen Verletzungen gut geschützt.

Aufgabe 5: Mal groß, mal klein

Wörter werden im Satz großgeschrieben, wenn sie erweitert werden können.
Überprüft das an den folgenden Sätzen wie in dem Beispiel.

Ich freue mich schon aufs *schöne* ~~klettern~~/Klettern nachher.

Wir ____ – ______ klettern/~~Klettern~~ heute in der Halle.

Julia ist gestern beim ______________ spielen/Spielen hingefallen.

Ihre Freunde und sie ____________ spielen/Spielen jeden Freitag bei ihrer Oma.

Unser neues Trikot ist ______________ blau/Blau mit weißen Streifen.

Das ______________ blau/Blau gefällt mir wirklich gut.

Aufgabe 6: Erweiterungen finden
Arbeitet zu zweit. Lest zunächst den Text.

Fußball
Fußball ist ein beliebter Ballsport. Dieses Spiel wird inzwischen auf der ganzen Welt gespielt. Die einfachen Grundregeln förderten seine schnelle Ausbreitung. Außerdem benötigen seine Anhänger nur wenige Ausrüstungsgegenstände. Häufig reicht ein Ball, denn die Torbegrenzung kann man durch Kleidungsstücke oder andere Dinge markieren.
Über die Anfänge des Fußballspiels gibt es unterschiedliche Überlieferungen. In verschiedenen Ländern wurden schon vor vielen Jahrtausenden ähnliche Ballspiele ausgetragen. Aber als Mutterland des Fußballs wird England betrachtet. Im Mittelalter wurde hier Fußball gespielt, indem die Bewohner von zwei Orten versuchten, einen Ball in das gegnerische Stadttor zu bringen. Das „Spielfeld" war der ganze Platz zwischen den Orten. Manchmal waren die beiden Orte mehrere Kilometer entfernt. Feste Regeln gab es noch nicht, so dass es häufig zu schlimmen Verletzungen kam. Diese Spiele wurden deshalb immer wieder verboten.

a Kreist in den Sätzen alle Wörter ein, die im Satz großgeschrieben werden (außer Satzanfänge).
b Unterstreicht alle Adjektiverweiterungen der nominalen Kerne. Achtet darauf, ob die Erweiterungen auf „-e", „-en", „-em", „-er", „-es" enden.
c Im Text haben manche nominalen Kerne keine Erweiterung. Schreibt sie auf und erweitert sie durch Adjektive, zum Beispiel so:
Dieses schöne Spiel wird inzwischen auf der ganzen Welt gespielt.

Aufgabe 7: Großschreibungen durch Umstellen erkennen
a Lasst euch von eurer Lehrerin/eurem Lehrer Satzstreifen geben. Legt sie zu zweit zunächst so zusammen, dass diese Sätze entstehen:

DER UMSICHTIGE VATER STELLT SEINEN FRÖHLICHEN KINDERN DAS LECKERE ESSEN AUF DEN GEDECKTEN TISCH.
DAS ABENDLICHE ÜBEN HAT DEM EHRGEIZIGEN SCHÜLER SEHR GEHOLFEN.
WEGEN SEINES KLÄGLICHEN WINSELNS DURFTE DER KLEINE HUND IM WARMEN BETT SCHLAFEN.

b Schreibt die Sätze ab. Achtet auf die Groß- und Kleinschreibung und den Punkt am Ende. Umkreist die großgeschriebenen Wörter.

c Stellt die Satzstreifen so um, dass sinnvolle Sätze entstehen. Schreibt die neuen Sätze ab. Achtet auf die Groß- und Kleinschreibung und den Punkt am Ende. Umkreist die großgeschriebenen Wörter.
d Überprüft, an welcher Stelle des Satzstreifens das großgeschriebene Wort steht. Untersucht, ob das auch so ist, wenn ihr die Sätze noch ein drittes Mal umstellt.

Aufgabe 8: Wo stehen die großgeschriebenen Wörter?
Hier sollt ihr selbst die Wortgruppen und Wörter finden, die zusammengehören und immer zusammen umgestellt werden müssen.

1. MEIN KRANKER FREUND KANN NICHT ZU UNSEREM TREFFEN KOMMEN.
2. DAS KURZE TREFFEN IST AM FRÜHEN NACHMITTAG.
3. DAS LECKERE ESSEN STEHT SCHON AUF DEM GEDECKTEN TISCH.

a Schreibt die Sätze ab. Achtet auf die Groß- und Kleinschreibung.
b Umkreist die großgeschriebenen Wörter.
c Stellt die Sätze um. Sie sollen sinnvoll bleiben. Schreibt die neuen Sätze auf. Achtet auf die Groß- und Kleinschreibung und den Punkt am Ende.
d Unterstreicht die Wortgruppen, die beim Umstellen zusammengeblieben sind, in unterschiedlichen Farben.
e Umkreist nun auch in den umgestellten Sätzen die großgeschriebenen Wörter.
f Überprüft, an welcher Stelle in der Wortgruppe die großgeschriebenen Wörter stehen.

Aufgabe 9: Satzglieder umstellen
Arbeitet zunächst in der Klasse und dann zu zweit.
a Bildet aus den Sätzen im Kasten möglichst viele ähnliche Sätze, indem ihr einzelne Teile des Satzes umstellt. Ihr dürft die einzelnen Satzteile dabei nicht verändern. Schreibt die Sätze so untereinander auf:

Die ersten Bienen	*schwirren*	*durch die klare Luft.*
Durch die klare Luft	*schwirren*	*die ersten Bienen.*

Welche Jahreszeit magst du am liebsten?

Im Frühling
Die ersten Bienen schwirren durch die klare Luft.
Ihr Summen erfüllt die warme Luft.
Die helle Frühlingssonne erwärmt die grauen Pflastersteine.
Die ersten Krokusse zeigen ihre bunten Farben.
Die spielenden Kinder werfen ihre dicken Mützen durch die warme Luft.

Im Sommer
Am strahlendblauen Himmel stehen federleichte Wölkchen.
Die schwere Mittagshitze liegt auf den heißen Dächern.
Die Sommerblumen erstrahlen in bunten Farben.
Im Schwimmbad toben fröhliche Kinder durch das warme Wasser.
Ihr helles Lachen klingt durch das ganze Freibad.

Im Herbst
Der Wind fegt die bunten Blätter durch die Straßen.
Die Blätter rascheln beim Gehen unter den Füßen.
Die roten Äpfel leuchten an den Bäumen.
Die Zugvögel machen sich auf ihre lange Reise.
Mit lautem Geschrei ziehen die Wildgänse in den warmen Süden.

Im Winter
Eine weiße Schneeschicht bedeckt die kahlen Zweige.
Der weiche Schnee dämpft alle Geräusche.
In der kalten Luft gefriert der Atem.
Der starke Frost malt zarte Eisblumen auf die geschlossenen Fenster.
In den Häusern leuchten helle, warme Lichter.

b Überprüft, welche Satzteile ihr jeweils zusammen umgestellt habt.
Welches Satzglied hat seine Position dabei nicht verändert?
c Unterstreicht das letzte Wort in den Satzgliedern, die ihr umgestellt habt.
Überprüft, ob es groß- oder kleingeschrieben wird.

Aufgabe 10: Groß oder klein?
In den folgenden Sätzen ist (außer am Satzanfang) alles kleingeschrieben.
a Verbessert die Sätze, indem ihr die Wörter, die großgeschrieben werden müssen, durchstreicht und richtig darüber schreibt.

b Überprüft eure Entscheidung mit der Erweiterungsprobe. Unterstreicht dafür die Wörter, die vor dem Wort stehen, das ihr großschreiben würdet.
c Vergleicht eure Ergebnisse mit eurem Tischnachbarn.

Das ist schön im Herbst:

Herbst Äpfel Rot.

1. Im goldenen ~~herbst~~ leuchten die reifen ~~äpfel~~ in kräftigem ~~rot~~.

2. Die klare luft lockt alle faulen stubenhocker in den herbstlichen park.

3. Glückliche mütter beobachten ihre wilden kleinen

beim fröhlichen planschen in bräunlichen pfützen.

4. Die bunten blätter rascheln beim schnellen gehen.

Das ist nicht so schön im Herbst:

5. Trotz sportlicher ziele kostet das morgendliche joggen

den ehrgeizigen läufer jetzt größere überwindung.

6. Dichte wolken tauchen den bedeckten himmel in ein dunkles grau.

7. Auf dem morgendlichen weg in die schöne schule müssen

vor allem die kleinen Kinder gut aufpassen.

8. Sie sollten helle kleidung tragen.

Aufgabe 11: Nominale Kerne erweitern

Arbeitet zu zweit.

Überprüft, ob die unterstrichenen Wörter im Text großgeschrieben werden müssen. Nutzt dazu die Erweiterungsprobe.

Laura hatte es sich mit ihrem kleinen Bruder vor dem Fernseher gemütlich gemacht. Die Eltern waren ausgegangen und wollten bald Z/zurückkommen. Plötzlich hörte Laura ein K/knacken und K/knarren aus dem Garten. Und dann folgte auch noch ein G/grunzen. Der Bruder schaute Laura mit großen, ängstlichen Augen an und fragte: „Was ist das?" Da überwand Laura ihre eigene Angst und öffnete mit Z/zittern und B/bangen die Gardine zum Garten einen Spalt. Da erblickte sie den Übeltäter: Ein Igel wollte durch die Ritterburg steigen, die sich Lauras Bruder am Nachmittag im Garten A/aufgebaut hatte. Daher kamen die seltsamen Geräusche! Nun saß der Igel auf einem der Dächer der kleinen Burg. Da rutschte er schon H/hinunter und landete sicher im weichen Gras. Laura fand, dass das sehr zum L/lachen aussah.

Aufgabe 12: Wo kann man erweitern?

Überprüft in den folgenden Sätzen, welche Wörter großgeschrieben werden, indem ihr die Erweiterungsprobe durchführt. Schreibt sie richtig auf.

Achtung: Einige Wörter sind bereits erweitert. Denkt daran, auch diese Kerne großzuschreiben.

1. Das grün passt sehr gut zu dem gelb.
2. Der vater stellt das essen auf den tisch.
3. Mein bruder lernt gerade schwimmen.
4. Für das treffen am wochenende müssen wir noch viel einkaufen.
5. Das blühen will in diesem jahr gar kein ende nehmen.
6. Dieser laden hat montags geschlossen.
7. Im dunkeln hat meine kleine schwester oft angst.
8. In dieser straße ist das parken auf gehwegen verboten.
9. Die kurze reise hat uns allen freude bereitet.
10. Zum tanzen heute abend ziehe ich mein rotes kleid an.

Aufgabe 13: Gut aufgepasst!

a Arbeite allein. Lies die folgenden Erklärungen.

Bisher hast du gelernt:
Im Satz werden nominale Kerne großgeschrieben. Die nominalen Kerne kann man durch die Erweiterungsprobe erkennen. Durch die Erweiterung rückt der nominale Kern im Satz immer weiter nach rechts. Als Erweiterungen kommen vor allem Adjektive vor. Sie haben bestimmte Endungen: „-e", „-en", „-em", „-er" oder „-es".

Pass besonders auf:

1. Wenn vor einem Wort ein Adjektiv ohne solche Endung steht, ist das Wort kein nominaler Kern. Es wird nicht großgeschrieben.
2. Manchmal kommen Endungen wie „-e" oder „-en" zwar vor, aber trotzdem wird das folgende Wort nicht großgeschrieben. Das kannst du daran erkennen, dass das Wort nicht zum Kern gehört. Es wird nicht mit ihm zusammen umgestellt.

Beispiele:
Ich gehe <u>*lieber* in den Park</u> als in die Stadt. – <u>In den Park</u> gehe ich <u>*lieber*</u> als in die Stadt. – <u>*Lieber*</u> gehe ich <u>in den Park</u> als in die Stadt.
Das Wort „lieber" kann allein umgestellt werden und ist deshalb keine Erweiterung für einen nominalen Kern. Das folgende Wort wird nicht großgeschrieben.
Mir hat <u>mein *lieber* Bruder</u> einen Brief geschrieben. – <u>Mein *lieber* Bruder</u> hat mir einen Brief geschrieben.
Das Wort *lieber* gehört zu *Bruder*. Die Wörter können nur zusammen umgestellt werden. Deshalb ist *Bruder* ein nominaler Kern und wird großgeschrieben.

b Arbeite mit einem Partner. Überprüft die Erklärungen im Kasten an den folgenden Beispielsätzen:

Peter kann *gut* schreiben.
Er hat eine *gute* Schrift.

Das Eis ist *lecker* in diesem Café.
So *leckeres* Eis habe ich schon lange nicht gegessen.

Ich würde *früher* kommen.
Das sollte er *lieber* lassen.

Aufgabe 14: Überprüfe, was du kannst

a Arbeite allein. Entscheide bei den unterstrichenen Wörtern im Text im Kasten, ob sie groß- oder kleingeschrieben werden. Schreibe den Text richtig ab. Wenn du dir nicht sicher bist, nutze die Erweiterungs- und die Umstellprobe.

Schule früher

Foto: Astrid Müller

Auf dem ___oto sieht ___an das ___ädchen Gerda bei seiner ___inschulung im ___ahr 1929. Was sofort ___uffällt: Gerdas ___chultüte war viel ___leiner als die, die ___rstklässler ___ eute in den ___änden ___alten. Die ___leidung der ___inder sah ebenfalls ___nders aus.
Die ___ädchen trugen ___leider.
Ihr ___anges ___aar war zu ___öpfen geflochten. Die ___ungen steckten oft in ___atrosenanzügen mit ___ urzen ___osen. ___eans und ___urnschuhe trug ___iemand.
Aber eines ist heute so wie ___amals:
Die ___inder kamen in die Schule, um das ___esen, ___chreiben und ___echnen zu ___ernen. Das ___rlernen einer ___chönen ___chreibschrift war damals ___esonders wichtig. Aber auch das ___leine ___inmaleins sollte ___eder ___rundschüler ___eherrschen. Gerda hat für ihre ___rsten ___chreib- und ___echenversuche eine ___afel aus Schiefer verwendet. Darauf schrieb sie mit ___reide. Das ___eschriebene ließ sich schnell mit einem Schwamm ___eglöschen. Zu Gerdas ___üßen siehst du so eine ___afel. Kannst du ___esen, was ___arauf steht?

b Überprüfe deine Lösungen mit der Tischgruppe. Tauscht euch darüber aus, was leicht war und was euch schwergefallen ist.

Aufgabe 15: Wozu brauchen wir nominale Kerne im Satz?
Arbeitet in der Tischgruppe.

a Vergleicht die folgenden Satzpaare. Sprecht darüber, wodurch sie sich verändert haben: Was ist mit den nominalen Kernen passiert?

Wir betrachten	den strahlend blauen Himmel		schon	den ganzen Morgen.
Wir betrachten	ihn		schon	immerzu.
Vor einigen Tagen	sind	die ersten Kraniche	von ihren Überwinterungsplätzen zurückgekehrt.	
Kürzlich	sind	sie	von dort	zurückgekehrt.
Auf hohen Bergen	sind	die Temperaturen	niedriger als im flachen Land.	
Dort	sind	sie	niedriger als hier.	

b Sprecht darüber, wie sich Form und Inhalt im zweiten Satz jeweils verändert haben.

c Tauscht in den folgenden Sätzen die fettgedruckten nominalen Wortgruppen durch Pronomen (er, sie, es, wir) und Adverbien (damit, davon, neulich, unlängst, dabei, dort) so aus, dass der Text trotzdem noch gut zu verstehen ist. Schreibt die Ersetzung neben die fettgedruckte Wortgruppe.

Computerspiele gehören inzwischen zur liebsten Freizeitbeschäftigung von 10- bis 14-Jährigen. Was aber nicht nur **diese Kinder und Jugendlichen** erstaunen wird: ____________
Auch die ISS-Astronauten verbringen ihre knappe Freizeit **mit Computerspielen.** ____________
Von den Computerspielen im All berichtete **vor einigen Monaten** einer der Astronauten bei einer Videokonferenz, ____________ ____________
die mit den Besatzungen der ISS und der Discovery durchgeführt wurde. **Bei dieser Videokonferenz** durften ____________
auch Schulkinder Fragen an die Astronauten stellen.
Die erste Frage der Schulkinder lautete: „Kann man im Weltraum Computerspiele spielen?" Der Astronaut, der **diese Frage** beantwortete, erzählte, er hätte in seiner ____________
Freizeit auf der ISS auf seinem Laptop auch gespielt.
Allerdings fügte er rasch hinzu, dass man **im Weltraum** ____________
wenig Freizeit hat. „Die meiste Zeit sind **die Astronauten** ____________
mit echter Arbeit sehr beschäftigt", sagte **der Astronaut.** ____________

d Tauscht in den folgenden Sätzen die Pronomen durch nominale Wortgruppen wie im Beispiel aus. Schreibt sie in euer Heft.
Beispiel:
Sie liest es: *Die junge Frau liest ein spannendes Buch.*

Sie liest es. Er hilft ihm.	Wir tragen ihn. Sie kaufen sie.

Aufgabe 16: Wo können Erweiterungen noch stehen?

a Lies den Text und bearbeite die Schreibaufgabe.

Im Schlaraffenland

Das Schlaraffenland. Gemälde von Pieter Brueghel dem Älteren (1567)

Das Schlaraffenland ist für viele Menschen **das Land der Träume**. Hier gibt es alles im Überfluss. **In den Betten der Flüsse** fließen Milch, Honig oder Wein statt Wasser. **Alle Tiere des Schlaraffenlandes** hüpfen und fliegen bereits gar und mundgerecht durch das Land. **Die Häuser der Bewohner** bestehen aus Kuchen. Statt mit Steinen sind **die Straßen der Städte und Dörfer** mit Käse gepflastert. **Die größte Tugend der Bewohner** ist das Genießen. Fleißige und harte Arbeit gilt als Sünde.
Was dürfte in deinem Schlaraffenland auf keinen Fall fehlen? Schreibe auf, wie dein Schlaraffenland aussehen müsste.

b Beantwortet die Frage schriftlich und lest euch eure Vorstellungen vom Schlaraffenland in der Tischgruppe gegenseitig vor.

c Untersucht die fettgedruckten Wortgruppen in dem Text. Hier werden die nominalen Kerne jeweils durch *nachgestellte* nominale Kerne ergänzt und näher erläutert. Beide Kerne bilden zusammen ein Satzglied.
Überprüft das mit der Umstellprobe.
Beispiel:
Das Schlaraffenland ist für viele Menschen das Land der Träume.
Das Land der Träume ist für viele Menschen das Schlaraffenland.

d Auch die nachgestellten Kerne lassen sich erweitern. Überprüft das an den folgenden Wortgruppen wie im Beispiel:
das Land der Träume: *das Land der schönen Träume – das Land der schönen, bunten Träume*

in den Betten der Flüsse
die Tiere des Schlaraffenlandes
die Häuser der Bewohner
die Straßen der Städte und Dörfer

e Für Schnelle: Schreibt andere nominale Kerne aus dem Text heraus und überprüft mit der Erweiterungsprobe, ob die Großschreibung richtig ist.

Aufgabe 17: Noch mehr Erweiterungen!

Nachgestellte nominale Kerne können zusätzlich Präpositionen wie an, auf, über, in, unter, bei, vor enthalten. Überprüft das in der Klasse an dem folgenden Satz. Schreibt ihn dazu an die Tafel:

Beim Brüten **in einer hohen Baumkrone** sind Vögel vor den Blicken von **ungebetenen Gästen** geschützt.

a Unterstreicht in dem Beispielsatz die Präpositionen in den fettgedruckten Wortgruppen.
b Überprüft, welche Satzteile durch die fettgedruckten Wortgruppen näher bestimmt werden. Nutzt dazu die Umstellprobe.
c Im Satz sind fünf Wörter großgeschrieben. Überprüft die Großschreibung mit Hilfe der Erweiterungsprobe.
d Bildet selbst Sätze, in denen nachgestellte nominale Kerne mit Präpositionen verbunden sind. Nutzt dazu folgende Wortgruppen:

Märchen aus alten Zeiten, Zwerge mit langen Nasen, Bücher mit vielen Bildern, Herz aus Stein, Federn aus Gold, Fische im Wasser, Kinder mit Köpfchen

Aufgabe 18: Erweiterungen mit Präpositionen finden

a Unterstreicht in den folgenden Sätzen alle nominalen Kerne, denen eine Erweiterung mit Präposition folgt. Überprüft mit Hilfe der Umstell- und der Ersatzprobe, ob es sich bei den unterstrichenen Teilen wirklich um ein Satzglied handelt.

b Kennzeichnet die nominalen Kerne farbig, die durch die nachgestellten Erweiterungen näher bestimmt werden.

Die Pizza ist in Deutschland inzwischen fast so beliebt wie in ihrem Herkunftsland Italien. Doch wer hat dieses Fladenbrot aus Hefeteig eigentlich erfunden? So genau lässt sich das nicht mehr feststellen. Die Pizza mit Olivenöl, Tomatenscheiben, Oregano und Basilikum gibt es in Italien seit etwa der Mitte des 18. Jahrhunderts. Eine Pizza nach heutigen Vorstellungen wurde erstmals sehr wahrscheinlich 1889 hergestellt. Der Pizzabäcker Raffaele Esposito hatte den Auftrag, König Umberto I. und seiner Frau Margherita eine Pizza zuzubereiten.
Er belegte sie mit Zutaten in den italienischen Nationalfarben. Auf der Pizza befanden sich also: grünes Basilikum, weißer Mozzarella und rote Tomaten. Und weißt du auch, wie diese Pizza seitdem heißt?

Aufgabe 19: Signale für die Großschreibung

Arbeitet zu zweit.

a Lest die folgende Erklärung.

Unbestimmte Zahlwörter wie **viel, nichts, alles, wenig, genügend, einige, manche** können ein Signal dafür sein, dass das folgende Wort großgeschrieben wird:
alles Gute, wenig Neues, nichts Besonderes, viel Interessantes, kaum Bekanntes, manches Schöne, genügend Essbares, einiges Außergewöhnliches

b Verwendet die Wortgruppen aus dem Kasten in ganzen Sätzen.

c Erweitert eure Sätze nach Möglichkeit wie in diesem Beispiel:
Auf der Reise gab es viel Interessantes, wovon ich dir berichten will, zu sehen.
Manches Schöne, das mir begegnet ist, wird mir in guter Erinnerung bleiben.

d Achtet besonders auf die Kommasetzung.

Aufgabe 20: Noch mehr Erweiterungen!

Arbeitet zu zweit.

In dem folgenden Text sind viele nominale Kerne durch nachgestellte Relativsätze erweitert.

a Lest den Text und sprecht darüber, was besonders interessant war und worüber ihr mehr wissen möchtet.

b Die Relativsätze in dem Text sind fettgedruckt. Unterstreicht die Kerne von Nominalgruppen, die durch diese Relativsätze näher bestimmt werden.

c Überprüft, ob sich diese Kerne der nominalen Gruppen auch durch Adjektivattribute oder Genitivattribute erweitern lassen. Beispiele:
das Kind: *das zweite Kind der Familie Humboldt*
mit seinem Bruder Wilhelm: *mit seinem größeren Bruder Wilhelm*

Alexander von Humboldt – der größte Universalgelehrte seiner Zeit

Alexander von Humboldt wurde am 14. September 1769 in Berlin geboren. Das Kind, **das aus einer geadelten Offiziersfamilie stammt**, wird der einzigartigste Gelehrte und bedeutendste Naturforscher seiner Zeit werden.
In seiner Kindheit wird Alexander gemeinsam mit seinem Bruder Wilhelm, **der zwei Jahre älter ist**, von den klügsten Männern der Zeit unterrichtet. Alexander verlässt bereits mit 18 Jahren das elterliche Schloss in Tegel, **das er selbst als „Schloss Langweil" bezeichnet**. Er studiert an verschiedenen deutschen Universitäten und lernt so die wichtigsten Gelehrten kennen. Entscheidend für seine eigene Entwicklung ist aber die Bekanntschaft mit Georg Forster, **der ihm als Naturforscher und Weltumsegler Vorbild wird.**
Die Mutter, **die 1796 stirbt**, hinterlässt Alexander ein beträchtliches Vermögen, **das ihm hilft**, sich die Tür zu neuen Welten aufzustoßen. Er beginnt 1799 eine Expedition nach Südamerika, **die er lange ersehnt und geplant hat**. Auf dieser Reise, **auf der ihn der französische Militärchirurg und Botaniker Bonpland**

begleitet, entdeckt er die Teilung des Orinoko-Flusses im Amazonas, **die bis dahin unbekannt war**.
Der zweite Teil der Reise führt ihn und seinen Begleiter auf den 6300 Meter hohen Chimborazo, einen Vulkan, **der zu den Anden gehört**. Obwohl das Schuhwerk, die Bekleidung und die Ausrüstung der beiden Forscher mehr als unzulänglich sind, können sie sich dem Gipfel bis auf wenige hundert Meter nähern. Hier müssen sie die Besteigung des Berges wegen einer unpassierbaren Felsspalte jedoch abbrechen.
Die beiden Forscher, **die während des Aufstiegs an der Höhenkrankheit leiden, die sich in Schwindelanfällen und Blutungen aus Mund und Nase zeigt**, haben eine übermenschliche Leistung vollbracht. Der Höhenrekord, **den sie aufgestellt haben**, wird dreißig Jahre lang nicht gebrochen.

Humboldt und Aimé Bonpland am Fuß des Vulkans Chimborazo
Gemälde von Friedrich Georg Weitsch (1810)

Humboldt ist so etwas wie ein Superstar, als er nach Europa zurückkehrt. In seinem Reisegepäck befinden sich die Beschreibungen von unzähligen neuen Pflanzen- und Tierarten, Messergebnisse und Reiseerlebnisse, **für die er 30 Bände und die Hilfe vieler anderer Wissenschaftler und Illustratoren benötigt**, um alle neuen Erkenntnisse aus diesen Südamerikareisen aufzubereiten.

Aufgabe 21: Nominale Kerne finden

Arbeite allein. Unterstreiche alle Wörter im Text, die großgeschrieben werden müssen. Schreibe sie richtig über das entsprechende Wort. Vergleiche anschließend deine Lösung mit einem Partner.

Klaus Störtebeker – ein norddeutscher pirat

Foto: © Bernd Sterzl/PIXELIO

Störtebeker-Denkmal von Hansjörg Wagner in Hamburg

Der berühmteste pirat der deutschen geschichte heißt Klaus Störtebeker. Über sein leben und sterben gibt es viele sagen und legenden.

Eine legende erzählt davon, wie Klaus Störtebeker zu seinem namen gekommen ist. Er soll einen gefüllten becher, der eine elle maß, auf einmal hinuntergestürzt haben. Eine elle entspricht ungefähr der länge zwischen ellbogen und mittelfingerspitze, das muss also ein sehr hohes Gefäß gewesen sein. Seit dieser zeit wurde er Störtebeker, auf hochdeutsch Stürzebecher, genannt.

Die seeräuber um Klaus Störtebeker und Gödeke Michels machten viele jahre hindurch die nord- und ostsee zu gefährlichen gewässern. Viele versuche, die piraten und ihre schiffe zu überwältigen, blieben erfolglos. Das ist überliefert. Die legende erzählt, dass es nur durch eine list gelang, die seeräuber gefangen zu nehmen. Diese lagen mit ihren schiffen bei Helgoland, als ein Blankeneser schiffer mit seinem boot an Störtebekers schiff fuhr und darum bat, sein boot an das schiff legen zu dürfen, weil das wasser unruhig sei. Das wurde ihm gestattet. In der nacht, als die seeräuber mit dem abendessen und dem trinken beschäftigt waren, schmolz der schiffer jedoch blei und goss es in das steuerruder des piratenschiffes. Dadurch konnten die seeräuber ihr schiff nicht mehr steuern und konnten von den söldnern, die aus der stadt Hamburg geschickt worden waren, nach einem drei tage und nächte währenden kampf überwältigt werden. Klaus Störtebeker und 71 seiner männer kamen in die Hamburger gefangenschaft und wurden 1400 dort hingerichtet.

Aufgabe 22: Fehler finden und verbessern

Der Schreiber des folgenden Textes war sich bei der Groß- und Kleinschreibung nicht sicher.

Arbeitet zu zweit. Findet die Fehler und verbessert sie, indem ihr das richtig geschriebene Wort über das falsche schreibt. Erklärt an fünf Wörtern, die ihr verbessert habt, warum sie groß- bzw. kleingeschrieben werden.

Die Menschen entdecken das Feuer

Bild: © gorodenkoff via Getty images

Auf dem Bild sieht man Urmenschen, wie sie sich an einer feuerstelle Fleischstücke Braten. Vor ungefähr einer halben Million Jahren lernten die Menschen, die kraft des Feuers zu Nutzen und keine angst vor ihm zu haben. Sie wussten zwar noch nicht, wie man es entfachen konnte. Sie lernten aber, die Feuerstellen, die durch Blitzeinschlag oder Brände entstanden waren, in ihre Höhlen zu Tragen. Das feuer unterstützte das leben der Menschen sehr. Es schützte sie vor Wilden Raubtieren und diente ihnen als Wärmequelle. Sie benutzten es Später auch zum härten ihrer Holzpfeile für die jagd. Noch viel später lernten die Urmenschen, das feuer auch zum kochen zu nutzen.

Erklärungen für die richtige Schreibung:

1. ______________________________

2. ______________________________

3. ______________________________

4. ______________________________

5. ______________________________

7.4 Die Getrennt- und Zusammenschreibung: Kern und Peripherie

In diesem orthographischen Bereich geht es im Grunde immer um die Frage, wo Leerzeichen gesetzt werden. Die Aufgabe von Leerzeichen ist es im Allgemeinen, Wortgrenzen zu markieren. Wer weiß, was ein Wort ist, kann diese Frage beim Schreiben leicht beantworten, auch dann, wenn zwei Stammformen nebeneinander stehen, die potentiell auch zusammengeschrieben werden könnten. Die Vorstellung davon, was ein „Wort" ist, bildet sich bei Kindern in erster Linie im Schriftspracherwerbsprozess heraus, und zwar dadurch, dass sie die optische Markierung von Wortgrenzen nutzen lernen. Bei der unterrichtlichen Behandlung der Phänomene der Getrennt- und Zusammenschreibung ist es deshalb zunächst wichtig, dieses intuitive Wissen bewusstzumachen und zu zeigen, wie sicher wir normalerweise entscheiden, wo ein Wort anfängt und wo es aufhört. Bei „einfachen" Wörtern und Wortformen *(groß, leben, Tisch, schläft)* ist das unproblematisch, bei komplexen, „gebildeten" Wörtern *(Großvater, lebensfroh, Tischdecke, verschläft)* im Prinzip auch. Wenn es sich um Komposita oder um Präfigierungen mit Verbpartikeln (siehe Kapitel 5.2) handelt, wissen wir, dass die einzelnen Wortstämme dieser gebildeten Wörter in anderen Kontexten auch getrenntgeschrieben werden können.

Mit Hilfe von grammatischen Operationen wie Umstellen, Ersetzen und Erweitern (indem z. B. die Einheiten durch das Hinzutreten weiterer Wörter syntaktisch getrennt werden) kann im Lernprozess an Wörtern und Wortformen aus dem Kernbereich gezeigt werden, dass die intuitiv getroffenen Entscheidungen, ob getrennt- oder zusammengeschrieben wird, auch gut zu begründen sind. Syntaktische Beziehungen zwischen Elementen eines Satzes können so verdeutlicht werden.

Erst auf dieser Grundlage, die uns zeigt, wie sicher wir grammatisches Wissen anwenden können, ohne dass es uns immer bewusst ist, können im Unterricht Schreibvarianten und Zweifelsfälle untersucht werden. Das sollte frühestens ab dem achten Lernjahr erfolgen. Zu den Schreibvarianten zählen die Fälle, in denen die Getrenntbzw. Zusammenschreibung eine Bedeutungsdifferenzierung impliziert wie in den Schreibungen *sitzen bleiben – sitzenbleiben, wohl anständig – wohlanständig*. Die „echten" Zweifelsfälle wie *eislaufen/Eis laufen, danksagen/Dank sagen, haltmachen/Halt machen, kaltstellen/kalt stellen, schwerkrank/schwer krank, infrage stellen/in Frage stellen* sollten im Unterricht auch als solche betrachtet werden. Da es sich um systembedingte Zweifelsfälle handelt, bei denen beide Schreibungen möglich sind, liegt die Entscheidung für eine der Möglichkeiten hier beim Schreibenden. Sie sollte in erster Linie von der Verständlichkeit und Eindeutigkeit der Äußerung abhängig gemacht werden. Ein Unterrichtsthema sollten Zweifelsfälle deshalb vor allem unter dieser Perspektive sein: Das System bietet beide Varianten optional an, die Aufgabe der Schreibenden besteht darin, sich für eine Variante zu entscheiden. Interessant sind orthographische und grammatische Zweifelsfälle deshalb vor allem unter der Perspektive des Sprachwandels (vgl. Müller/Szczepaniak 2017).

Aufgaben 1 bis 7

Aufgabe 1 soll helfen, scheinbar Selbstverständliches wahrzunehmen: Wörter sind durch Zwischenräume, den Leerzeichen, voneinander getrennt. Manchmal können benachbarte Einheiten zusammen- oder getrenntgeschrieben werden. Die Entscheidung darüber fällt uns, das zeigen die Beispiele in Aufgabe 2, oftmals nicht schwer, da die beiden Schreibvarianten hier bedeutungsdifferenzierende Funktion haben. Das kann bei der Begründung für die Schreibentscheidungen in Aufgabe 2 b thematisiert werden. Gleichzeitig wird auf bekannte Operationen zur Ermittlung syntaktischer Zusammenhänge (Umstellen und Ersetzen) zurückgegriffen, die schon in den Aufgaben zur Groß- und Kleinschreibung immer wieder genutzt wurden. Es zeigt sich, dass neben dem Vorhandensein oder Fehlen eines Leerzeichens auch die Groß- und Kleinschreibung bedeutungsunterscheidende Funktion hat. Das verdeutlicht noch einmal, wie wichtig solche Festlegungen für den Leser sind. In Aufgabe 3 sollen selbst solche Beispiele gesucht werden, in denen zwei benachbarte Einheiten – je nach Kontext und Bedeutung – entweder zusammen- oder getrenntgeschrieben werden.

Aufgabe 4 verlangt, dass die Lerner sich für eine Schreibvariante entscheiden und diese auf der Grundlage der Betonungs- und Bedeutungsunterschiede begründen. Nicht alle Lerner werden die Betonung als Entscheidungskriterium heranziehen können, umso wichtiger ist es, dass es über die schriftlich formulierten Begründungen einen gemeinsamen Austausch gibt. In den Beispielen in Aufgabe 4 handelt es sich noch um Schreibentscheidungen, die recht einfach zu treffen sind, da es Kriterien gibt, nach denen entschieden werden kann. In Aufgabe 5 hingegen geht es um systembedingte Zweifelsfälle (siehe Kapitel 5.4). Die Abstimmung in der Lerngruppe wird sicher sehr uneindeutig sein. Die Begründungen für oder gegen eine Schreibvariante sind in diesen Fällen ebenfalls nicht sehr eindeutig zu formulieren. Der Austausch über diese Zweifelsfälle kann sprachreflexive Prozesse unterstützen und zeigen, wie sich Sprachwandel vollziehen kann. Den Lernern darf hier deutlich werden, dass beide Varianten zulässig sind, denn sie haben keine bedeutungsdifferenzierende Funktion. Selbstverständlich kann auch immer wieder ein Rechtschreibwörterbuch herangezogen werden, um zu ergründen, ob die Zweifel wirklich vom Schreibsystem her zu vertreten sind – oder durch individuelle Schreibunsicherheit entstehen.

Noch deutlicher wird das Wirken von Veränderungsprozessen in der Sprache in der Aufgabe 6. Hier geht es um Sprachwandelphänomene am Beispiel der Entstehung von Präpositionen aus Wortgruppen mit einem nominalen Bestandteil. Sicher wird es auch hierzu in den Lerngruppen keine eindeutige Entscheidung für eine Schreibvariante geben. Es geht also weniger darum, mit solchen Aufgaben die Ausbildung eines orthographischen Normbewusstseins bei den Schülern zu unterstützen, sondern vielmehr um die Entwicklung von Sprachbewusstheit und Sprachaufmerksamkeit. Das ist auch das Ziel von Aufgabe 7. Die Schüler sollen vertiefen, dass Fehler in der Getrennt- bzw. Zusammenschreibung die schnelle Bedeutungserfassung erschweren können und dass Schreibvarianten allgemein akzeptiert sind, und zwar immer dann, wenn keine Bedeutungsdifferenzierung durch die Schreibung erfolgt. Hier ist dann der Schreibgebrauch häufig das Kriterium dafür, dass sich irgendwann eine Schreibung gegenüber der anderen Variante behauptet, wenn nicht eine Regulierung „von außen“, also durch eine Reform, erfolgt.

Arbeitsblatt_4.doc

Aufgabe 1: Getrennt- und Zusammenschreibung im Kernbereich *Erarbeitung*
Bewusstmachen der Möglichkeit, benachbarte Einheiten getrennt- oder zusammenzuschreiben

Aufgabe 2: Getrennt- und Zusammenschreibung im Kernbereich *Erarbeitung*
Bewusstmachen der Möglichkeit, benachbarte Einheiten getrennt- oder zusammenzuschreiben

Aufgabe 3: Schreibvarianten produzieren *Übung*
Konstruieren von Beispielen, in denen die benachbarten Einheiten, je nach Bedeutung, sowohl getrennt- als auch zusammengeschrieben werden können

Aufgabe 4: Schreibvarianten im Kernbereich untersuchen *Erarbeitung*
Untersuchen von benachbarten Einheiten, die sowohl getrennt- als auch zusammengeschrieben werden können

Aufgabe 5: Schreibvarianten im Peripheriebereich untersuchen *Erarbeitung*
Untersuchen von benachbarten Einheiten, bei denen das Schreibsystem sowohl Getrennt- als auch Zusammenschreibung zulässt

Aufgabe 6: Sprachwandel durch Univerbierungen *Erarbeitung*
Bewusstheit für Wandlungsprozesse in der Schriftsprache am Beispiel von Univerbierungsprozessen, die zu „neuen“ Präpositionen und Adverbien führen, entwickeln

Aufgabe 7: Fehler und Zweifelsfälle der Getrennt- und Zusammenschreibung entdecken *Übung und Anwendung*
Aufmerksamkeit für Fehler bzw. systembedingte Zweifelsfälle im alltäglichen Schriftsprachgebrauch gewinnen

Lösung zu Aufgabe 1

Die Anfänge der Gerichtsmedizin

Als Sherlock Holmes und Dr. Watson zum ersten Mal zusammentreffen, berichtet Holmes triumphierend, dass er einen chemischen Nachweis für Blutspuren entdeckt hat. Heute quittieren wir die überschwängliche Freude über diese Entdeckung mit einem Lächeln. Aus keinem modernen Kriminalroman, keiner Fernsehserie und keinem Film in diesem Bereich ist ein Verfahren wie die DNA-Analyse mehr wegzudenken. Angesichts der vielen technischen Apparatschaften, die bei der Aufklärung von Verbrechen helfen, kommt uns manchmal sogar schon die Suche nach Fingerabdrücken veraltet vor. Dabei vergessen wir zu gerne, dass es eine Zeit gab, in der es keine DNA- und Fingerabdruckvergleiche gab, in der es noch nicht einmal Fotografien von Opfern und Tätern gab und in der blutbefleckte Frauenkleider nicht zu polizeilichen Untersuchungen herangezogen wurden, weil sich die Polizisten schämten, Frauenkleidung als Beweisstücke an sich zu nehmen.

Quelle: Die Wissenschaft bei Sherlock Holmes: und die Anfänge der Gerichtsmedizin; Verlag Wiley VCH GmbH & Co. KG aA; E.J. Wagner, 2008

4 Getrennt oder zusammen?

Aufgabe 1: Wo sind die Wortgrenzen?

Arbeite zunächst allein.

a Markiere in dem Text im Kasten alle Wortgrenzen mit einem Schrägstrich. Lies ihn dir dazu am besten halblaut vor.

b Schreibe den Text richtig ab und beachte dabei auch die Groß- und Kleinschreibung.

c Vergleicht eure Lösungen in der Tischgruppe oder mit einem Partner. Welche Entscheidungen, wo ein Zwischenraum gesetzt werden muss, sind euch leicht-, welche schwergefallen? Warum?

dieanfängedergerichtsmedizin
alssherlockholmesunddr.watsonzumerstenmalzusammentreffen, berichtetholmes triumphierend,dassereinenchemischennachweisfürblutspurenentdeckthat. heutequittierenwirdieüberschwänglichefreudeüberdieseentdeckungmiteinem lächeln.auskeinemmodernenkriminalroman,keinerfernsehserieundkeinemfilmin diesembereichisteinverfahrenwiediedna-analysemehrwegzudenken. angesichtsdervielentechnischenapparatschaften,diebeideraufklärungvon verbrechenhelfen,kommtunsmanchmalsogarschondiesuchenachfingerabdrücken veraltetvor.dabeivergessenwirzugerne,dasseseinezeitgab,indereskeinedna-und fingerabdruckvergleichegab,inderesnochnichteinmalfotografienvonopfernundtäterng abundinderblutbeflecktefrauenkleidernichtzupolizeilichenuntersuchungen herangezogenwurden,weilsichdiepolizistenschämten,frauenkleidungals beweisstückeansichzunehmen.

Quelle: Die Wissenschaft bei Sherlock Holmes: und die Anfänge der Gerichtsmedizin; Verlag Wiley VCH GmbH & Co. KG aA; E.J. Wagner, 2008

Aufgabe 2: Zusammen oder getrennt?

Arbeitet in der Gruppe oder zu zweit.

a Entscheidet in den Sätzen im Kasten, ob es sich bei den fettgedruckten Einheiten um ein Wort oder zwei Wörter handelt. Schreibt die Sätze richtig auf. Achtet auch auf die Groß- und Kleinschreibung.

Das sind schöne **MANTELKNÖPFE.**
Den **MANTELKNÖPFE** ich nie zu.

Sie sollen heute **TEXTESCHREIBEN.**
Das **TEXTESCHREIBEN** müssen wir noch öfter üben.

Heute ist **KOPFRECHNEN** dran.
Im **KOPFRECHNEN** sie lieber als mit dem Taschenrechner.

Er schließt die **ZIMMERTÜREN.**
Wir müssen in jedem **ZIMMERTÜREN** streichen.

Sie brauchen dringend ein neues **TÜRSCHLOSS.**
Die **TÜRSCHLOSS** er ab, das Fenster hingegen blieb offen.

Die Polizei muss das Diebesgut noch **SICHERSTELLEN.**
Die Polizei wird den Dieb **SICHERSTELLEN.**

b Begründet eure Entscheidung. Ihr könnt dazu auch solche grammatischen Proben wie die Umstellprobe oder die Ersatzprobe nutzen.

Aufgabe 3: Zusammen oder getrennt? Varianten suchen

a Bildet mit den Wortpaaren im Kasten Sätze, in denen die Wortpaare einmal zusammen- und einmal getrenntgeschrieben werden können (wie in Aufgabe 2 und im Beispiel). Die Sätze sollen grammatisch richtig sein.
Beispiel:
Mein Haar bürste ich immer morgens.
Meine Haarbürste liegt im Badezimmer.

voll – fett	grau – blau	Fuß – Ball
Hand – Tücher	Tisch – D/decke	selbst – gemalt
Buch – R/rücken	fest – stehen	kaputt – lachen

b Begründet die unterschiedlichen Schreibweisen.

Aufgabe 4: Nicht immer ganz einfach: zusammen oder getrennt?

In anderen Fällen ist die Entscheidung, ob benachbarte Einheiten getrennt- oder zusammengeschrieben werden, nicht so einfach und schnell zu treffen. Überprüft das an den folgenden Sätzen. Arbeitet zunächst allein, dann in der Gruppe.

a Entscheide dich in den Sätzen im Kasten für eine der beiden Schreibvarianten.

b Begründe deine Entscheidung schriftlich. Nutze dazu u. a. die Betonungs- und die Bedeutungsunterschiede in den einzelnen Sätzen als Hilfe.

Ein Wort oder zwei Wörter?

1. Sie ist **höchst persönlich/höchstpersönlich** gekommen. Das ist eine **höchst persönliche/höchstpersönliche** Frage.
2. Sie kann wirklich **gut schreiben/gutschreiben**. Die Summe werden wir Ihrem Konto **gut schreiben/gutschreiben**.
3. Der **frisch gebackene/frischgebackene** Ehemann kauft seiner Frau Rosen. Die Brötchen sind **frisch gebacken/frischgebacken**.
4. Auf diesem unebenen Weg ist er gestern **schwer gefallen/schwergefallen**. Die Aufgabe wird euch nicht **schwer fallen/schwerfallen**.
5. Auf den Blumen wird der Händler wohl **sitzen bleiben/sitzenbleiben**. Du kannst ruhig auf dem Platz **sitzen bleiben/sitzenbleiben**, dort ist noch etwas frei.
6. Die Tablette wird **sicher wirken/sicherwirken**. Das ist ein **sicher wirkendes/sicherwirkendes** Präparat.
7. Diese Kleider sind für **voll schlanke/vollschlanke** Frauen. Die Hose macht dich **voll schlank/vollschlank**.

b Vergleicht eure Lösungen und schriftlichen Begründungen miteinander.

c Überprüft, ob es Sätze gibt, in denen beide Varianten (sowohl getrennt als auch zusammen) möglich sind, ohne dass sich die Bedeutung der Sätze verändert.

Aufgabe 5: Noch zweifelhafter: zusammen oder getrennt?

In einigen Fällen kann man sowohl getrennt- als auch zusammenschreiben, ohne dass die Schreibung Einfluss auf die Bedeutung hat.

Überprüft das an den folgenden Beispielen im Kasten: Könnt ihr euch für eine Schreibung entscheiden? Stimmt in der Klasse bei jedem Beispiel ab, ob ihr Getrennt- oder Zusammenschreibung bevorzugt.

eine **klein geschnittene** Möhre	oder:	eine **kleingeschnittene** Möhre
ein **selbst gebackener** Kuchen	oder:	ein **selbstgebackener** Kuchen
eine **allgemein gültige** Aussage	oder:	eine **allgemeingültige** Aussage
ein **anders lautender** Beschluss	oder:	ein **anderslautender** Beschluss
der **schwer kranke** Patient	oder:	der **schwerkranke** Patient

Aufgabe 6: Neue Wörter können aus Wortgruppen entstehen

Einige sprachliche Einheiten kommen sowohl als Wort als auch als Wortgruppe vor. Dazu gehören zum Beispiel die folgenden Präpositionen:

anstatt, aufgrund, mithilfe

Bei diesen Formen sind die zusammengesetzten Formen jünger als die getrenntgeschriebenen. Beide Formen sind jedoch möglich. Die Zusammenschreibung führt zu Bildung von Präpositionen oder Adverbien.

Arbeitet mit einem Partner.

a Überprüft für jedes Bespiel, welche Schreibungen ihr bevorzugt:

anhand oder: an Hand?	mithilfe oder: mit Hilfe?
aufseiten oder: auf Seiten?	zugrunde oder: zu Grunde
aufgrund oder: auf Grund?	zuhause oder: zu Hause?
infolge oder: in Folge?	zulasten oder: zu Lasten?

b Untersucht die Einträge aus unterschiedlichen Ausgaben des Rechtschreib-*Duden* im Kasten für die Formen infrage/in Frage und anstelle/an Stelle. Was hat sich im Laufe der letzten Jahrzehnte verändert?

Duden, 18. Auflage 1980
an Stel|le (jetzt häufig:) an|stel|le R 208
in Fra|ge; - - kommen, stehen

Duden, 20. Auflage 1991
an Stel|le *jetzt häufig* an|stel|le R 208
in Fra|ge; - - kommen, stehen

Duden, 21. Auflage 1996
an|stel|le, *auch* an Stelle (R41)
in|fra|ge, *auch* in Fra|ge; infrage, *auch* in Frage kommen, stehen, stellen ...

Duden, 24. Auflage 2006
an|stẹl|le, an Stẹl|le
in|frạ|ge, in Frạ|ge; infrage, in Frage kommen, stehen, stellen; das kommt nicht infrage *od.* in Frage; #K58: die infrage od. in Frage kommenden Personen; die infrage *od.* in frage gestellte Regelung, *aber* das Infragestellen

Duden online (www.duden.de):
„Von Duden empfohlene Schreibung: anstelle
Alternative Schreibung: an Stelle
Worttrennung: an|stel|le, an Stel|le"
http://www.duden.de/rechtschreibung/anstelle_Praeposition, Zugriff am 10.07.2017.

„Von Duden empfohlene Schreibung: infrage
Alternative Schreibung: in Frage
Worttrennung: in|fra|ge, in Fra|ge
Beispiele: infrage, in Frage kommen, stehen, stellen; das kommt nicht infrage *oder* in Frage; [...]: die infrage *oder* in Frage kommende Person; die infrage *oder* in Frage gestellten Regeln, *aber* das Infragestellen"
http://www.duden.de/rechtschreibung/infrage, Zugriff am 10.07.2017.

Quelle: *Duden: Die deutsche Rechtschreibung.* Hg. von der Dudenredaktion. Mannheim u. a. Duden. [18]1980: S. 118, 347; Duden [20]1991: S. 112, 357; Duden [21]1996: S. 117, 370; Duden [24]2006: S. 189, 530 © 2016 Bibliographisches Institut GmbH (Duden), Berlin; Duden 2017: http://www.duden.de/rechtschreibung/anstelle-Praeposition und http://www.duden.de/rechtschreibung/infrage.

c Befragt Schreiber verschiedener Generationen, wie sie anstelle, anhand, aufgrund, mithilfe schreiben. Vergleicht diese Schreibentscheidungen mit euren eigenen.

Aufgabe 7: Auf der Suche nach Fehlern und Zweifelsfällen

Sammelt Schreibungen aus Zeitschriften, Zeitungen und aus anderen Quellen, in denen entweder *Fehler* (Verstoß gegen die Regeln der Getrennt- bzw. Zusammenschreibung) oder *Zweifelsfälle* (es ist sowohl Getrennt- als auch Zusammenschreibung möglich) vorliegen. Besprecht diese in der Klasse und sucht nach Begründungen für die von euch bevorzugten Schreibungen.

Beispiele:

Hinweisschild vor einem Supermarkt (Fehler): „DIESES GRUNDSTÜCK WIRD KAMERA ÜBERWACHT!"

Aus einer Buchrezension (Zweifelsfall): „Das ist ein viel versprechender Titel."

7.5 Fremdwörter: Bildung und Schreibung

In den Aufgaben zu Fremdwörtern kommt es darauf an, dass die Lernenden auf der Grundlage dessen, was sie über native Wörter gelernt haben, Beobachtungen an „fremden" Wörtern vornehmen, und zwar zu folgenden Bereichen:

- besondere Phonem-Graphem-Korrespondenzen,
- besondere Silbenstruktur und Betonungsverhältnisse in Fremdwörtern,
- Angleichungstendenzen in der Schreibung von Fremdwörtern.

Auch Scheinentlehnungen werden nach der hier grundgelegten Definition, dass Fremdwörter Wörter sind, die sich in wenigstens einer Beziehung anders als der native Kernwortschatz verhalten (vgl. Eisenberg 2012; siehe Kapitel 5.5), zu den Fremdwörtern gezählt. Und trotzdem lohnt sich das Sammeln und Untersuchen von Scheinentlehnungen, also Wörtern, die es in der Ausgangssprache so nicht gibt. Sie werden häufig nach dem Muster englischer oder französischer Wörter gebildet. Hier ist also z.B. eine Kooperation mit dem Englisch- oder Französischunterricht möglich. *Oldtimer* (im Englischen: *veteran car*) oder *Handy* (im Englischen: *mobile phone*) und *Showmaster* oder *Public viewing* sind typische Beispiele für „deutsches Englisch". An ihnen ist gut zu sehen, dass die Scheinentlehnungen oftmals sehr deutlich die grammatischen Merkmale deutscher Wörter (Komposition, typische Bildungssuffixe) haben. Das Finden von Scheinentlehnungen kann gleichzeitig den Wortschatz in der vermeintlichen Gebersprache erweitern helfen, denn die in der Gebersprache üblichen Bezeichnungen bzw. die in der Gebersprache übliche Bedeutung müssen natürlich auch bekannt sein. Wer aber solche Beispiele nicht selbst sammeln will oder kann, kann unter anderem auf Beispiele aus der Modesprache aus O'Halloran (2003) zurückgreifen. Durch die Beschäftigung mit den speziellen Schreibungen in Fremdwörtern können gleichzeitig die grundlegenden Strukturen von nativen Wörtern gefestigt werden, denn als Vergleichsgröße kann bei vielen Aufgaben immer wieder auf die Schreibung und die Struktur des heimischen Wortschatzes zurückgegriffen werden.

Weitestgehend unberücksichtigt bleiben in den folgenden Aufgaben stilistische Fragen und Wirkungsaspekte beim Gebrauch von Fremdwörtern in Texten. Die Konzentration liegt auf den Besonderheiten der Schreibung und ihrer Systematik im Vergleich zum nativen Wortschatz. Selbstverständlich können weitere Aufgaben, vor allem auch in Verbindung mit dem Lesen von Fachtexten und der Beschäftigung mit dem Fachwortschatz in anderen Fächern, aber auch im Deutschunterricht, hinzukommen. Anregungen zu sprachreflexivem Lernen in diesem Bereich bieten u.a. die Modelle in Praxis Deutsch. H.235. Die im Folgenden vorgeschlagenen Aufgaben eignen sich für Lerngruppen ab ca. dem 7. oder 8. Schuljahr. Sie setzen voraus, dass die grundlegenden Strukturen im Kernbereich des nativen Wortschatzes verstanden wurden.

Aufgaben 1 bis 9

Die Aufgaben 1 und 2 sollen helfen, erste Vorstellungen davon zu entwickeln, in welchen Bereichen sich Fremdwörter „fremd" verhalten können, und auf die große Zahl an Fremdwörtern hinzuweisen, die wir im alltäglichen (Schrift-)Sprachgebrauch *(Konzert, Box, Pizza, Handy, Kalender)*, aber auch im fachlichen Kontext *(Physik, Kapitel, Synthese, Atom)* verwenden. Aufgabe 2 ist noch stärker auf die „fremde“ Aussprache dieser Wörter ausgerichtet, insgesamt aber auf Festigung des in der ersten Aufgabe erworbenen Wissens über Fremdwörter. Für schnelle und interessierte Lerner hält Aufgabe 2 d einen „Forschungsauftrag“ bereit. Die Lösung kann zeigen, dass sich der Fremdwortschatz systematisch auf den nativen Wortschatz beziehen lässt. Dazu müssen die Lerner noch einmal auf ihr Wissen zur Wortstruktur und zur Wortbildung im nativen Wortschatz zurückgreifen. Selbstverständlich müssen sie nicht alle im folgenden Lösungsvorschlag benannten Fachbegriffe verwenden:

- Deutsche Wörter sind im Kernbereich fast immer trochäische Zweisilber oder können solche bilden *(Regen, lenken, rotes)*. Fremdwörter haben häufig mehr Silben, sie können aus mehreren Vollsilben bestehen: *Disziplin, Elefant, Konferenz, Risiko.*
- Viele Laute und Buchstaben verhalten sich im nativen Wortschatz anders zueinander als in Fremdwörtern: [f] wird fast immer durch ⟨f⟩ *(fahren)*, manchmal durch ⟨v⟩ *(verstehen)* wiedergegeben, nicht jedoch durch ⟨ph⟩ *(Physik, Phantasie)*. Das ⟨v⟩ wird im Deutschen fast immer [f] gesprochen, in Fremdwörtern [v] *(Vase)*.
- Buchstaben wie ⟨c⟩ und ⟨y⟩ kommen im Deutschen nicht vor, auch Buchstabenkombinationen wie ⟨eau⟩, ⟨ps⟩, ⟨ph⟩ nicht. Viele Buchstabenkombinationen stehen in Fremdwörtern für einen einzigen Laut: ⟨ch⟩ für [k] *(Chaos, Chor)*, ⟨ot⟩ für [o:] wie in *Depot*.
- Laute wie [ʒ] in *Genie* oder *Garage* oder Nasale wie in *Beton, Karton* kommen nur in Fremdwörtern vor.
- Der Laut [ʃ] wird im nativen Wortschatz durch ⟨sch⟩ verschriftet *(schaufeln, scherzen)*. In Fremdwörtern gibt es dafür die Schreibung ⟨ch⟩ *(Chance, Chef)* oder ⟨sh⟩ *(Shop, Show)* (ausführlich: vgl. Eisenberg 2012; Fuhrhop/Müller 2012).

Die Aufgaben 3 bis 5 machen auf die Besonderheit bei der Verschriftung von langem i bei Fremdwörtern aufmerksam. Generell schreibt man ⟨i⟩ *(Risiko, Kapitel)* (vgl. Aufgabe 3), aber immer, wenn langes *i* am Ende steht und die Endsilbe betont ist, schreibt man ⟨ie⟩ *(Genie, Phantasie)* (vgl. Aufgabe 4). Die Endbetonung dieser Wörter kann ein Ergebnis der Untersuchung sein, wie sie in Aufgabe 4 b gefordert ist. Die Ergänzung des Artikels in 4 c kann verdeutlichen, dass Fremdwörter auf ⟨ie⟩ fast immer weiblich sind (Ausnahme: *das Genie*). Aufgabe 5 beschäftigt sich mit dem Buchstaben ⟨y⟩, der nur noch in Fremdwörtern vorkommt, und zwar sowohl konsonantisch *(Yak, Yacht)* als auch vokalisch *(Curry, Derby)* realisiert werden kann. Als vokalische Variante steht er für langes *i*.

Ein weiterer Buchstabe, der in nativen Wörtern nur in Kombination vorkommt, in Fremdwörtern aber auch allein, ist das ⟨c⟩. Es wird in Abhängigkeit vom Wort in drei Varianten gesprochen. Darauf ist Aufgabe 6 ausgerichtet. Wenn das ⟨c⟩ in Fremdwörtern in Buchstabenkombinationen auftritt, dann als ⟨ch⟩ *(Chance)* oder ⟨sc⟩ *(Science-Fiction)* oder in der eingedeutschten Variante als ⟨sch⟩ *(Schokolade)*. Hier (wie in allen Aufgaben) sollte die Benutzung eines (Fremd-)Wörterbuches möglich sein.

Die unterschiedliche Aussprache von ⟨v⟩ in deutschen und Fremdwörtern ist das Thema in Aufgabe 7.

Selbstverständlich ist neben der Wörterbucharbeit bei diesen Aufgaben immer auch, dass die Wörter in Satzkontexten gebraucht werden, um ihre grammatischen Eigenschaften (Flexion und Genus z. B.) bewusstzumachen und ihre Bedeutung zu erschließen bzw. zu festigen. Nach der Aufgabe 5 bietet es sich an, eine kleine Überprüfung als Selbst- oder Fremdkontrolle zu gestalten, z. B. als Fremdwörterdiktat oder als Lückentext.

In den letzten beiden Aufgaben dieses Aufgabenschwerpunktes geht es um phonographisch-silbische Besonderheiten der Fremdwörter im Vergleich zu deutschen Wörtern. Einzelne Untersuchungsergebnisse, z. B. die abweichende Betonung und die stärkere Variabilität in der Silbenzahl, können bereits in den vorangegangenen Analysen herausgearbeitet worden sein, dann dienen die Aufgaben hier der Übung und Wiederholung. In Aufgabe 9 wird noch einmal die Besonderheit der „typisch deutschen" Silbengelenke ⟨ck⟩ und ⟨tz⟩ im Vergleich zur „fremden" Schreibung ⟨kk⟩ und ⟨zz⟩ verdeutlicht – die Lerner wiederholen so Wissen zum nativen Kernwortschatz.

Arbeitsblatt -5.1.doc

Aufgabe 1: Besondere Phonem-Graphem-Korrespondenzen in Fremdwörtern *Erarbeitung*
Typische, vom nativen Wortschatz abweichende Phonem-Graphem-Korrespondenzen in Fremdwörtern und Ausspracheunterschiede entdecken

Aufgabe 2: Besondere PGK und besondere Aussprache in Fremdwörtern *Erarbeitung und Übung*
Entdecken der Unterschiede in der Schreibung und der Aussprache von Fremdwörtern

Aufgabe 3: Besondere Phonem-Graphem-Korrespondenzen *Erarbeitung*
Entdecken der vom nativen Wortschatz abweichenden Verschriftung von [i:] in Fremdwörtern

Aufgabe 4: Besondere Phonem-Graphem-Korrespondenzen *Erarbeitung*
Beachten der besonderen Schreibung von Substantiven mit betontem [i:] als ⟨ie⟩ am Wortende

Aufgabe 5: Besondere Phonem-Graphem-Korrespondenzen *Erarbeitung*
Beachten der besonderen Schreibung und Aussprache von Fremdwörtern mit ⟨y⟩

Aufgabe 6: Besondere Phonem-Graphem-Korrespondenzen *Erarbeitung*
Beachten der besonderen Schreibung von Fremdwörtern mit ⟨c⟩

Aufgabe 7: Besondere Phonem-Graphem-Korrespondenzen *Erarbeitung*
Entdecken der vom nativen Wortschatz abweichenden Verschriftung von [v] in Fremdwörtern

Aufgabe 8: Besondere Silbenstruktur und Betonung in Fremdwörtern *Erarbeitung und Übung*
Entdecken der Unterschiede in der Silbenstruktur und der Betonung von Fremdwörtern im Vergleich zu deutschen Wörtern

Aufgabe 9: Besondere Silbengelenke bei Fremdwörtern *Erarbeitung*
Entdecken der Silbengelenkschreibungen in Fremdwörtern: ⟨kk⟩ und ⟨zz⟩

Aufgaben 10 bis 14

Um Aspekte des Sprachwandels geht es in den Aufgaben 10 und 11. Aufgabe 10 macht deutlich, dass sich manche Fremdwörter mehr oder weniger schnell und mehr oder weniger vollständig an die deutsche Schriftstruktur angleichen. Vorhersagen darüber, ob und wann das geschieht, kann man nicht treffen. Das zeigt, wie sehr Sprache sich im Gebrauch verändern kann, aber nicht muss. Bei sehr gebräuchlichen und häufigen Wörtern wie *Jeans* und *T-Shirt* kann man sich zumindest heute nicht vorstellen, dass sie sich strukturell in der Schreibung angleichen werden. Andere, relativ neue Wörter wie *E-Mail* kommen im schriftlichen Sprachgebrauch in Varianten vor *(Email, e-Mail)*. In Aufgabe 11 geht es darum zu zeigen, wie schnell die grammatischen Strukturen bei neuen Wörtern angeglichen werden. Die „neuen" Verben bekommen sehr schnell die zweisilbige trochäische Struktur nativer Wörter (weitere Beispiele: *googeln, twittern, chatten, simsen, chillen*). Neue Substantive werden immer sofort großgeschrieben.

Morphologische Besonderheiten stehen in den Aufgaben 12 und 13 im Mittelpunkt, besonders Suffixe und Präfixe. Auch hier bietet sich ein Vergleich mit den Gegebenheiten in nativen Wörtern an. In Aufgabe 13 sind besonders solche Wörter auffällig, die aus einem Fremdwortbestandteil und einem nativen Wort bestehen. Das zeigt, wie sich die produktiven Möglichkeiten der für das Deutsche typischen Wortbildung auch auf fremdsprachliche Wortbestandteile übertragen lassen.

Auch wenn die hier grundgelegte Fremdwortdefinition davon ausgeht, dass nicht die Herkunft, sondern die andere Struktur, Schreibung oder Aussprache den Fremdwortstatus eines Wortes ausmacht, so ist es bei der konkreten Untersuchung von Fremdwörtern schon interessant festzustellen, aus welchen Gebersprachen die Wörter kommen, denn bestimmte Aussprache- und Schreibvarianten sind ja an die entsprechende Ausgangssprache gebunden. Darauf verweist Aufgabe 14. Hier kann sich auch eine Sprachforscheraufgabe anschließen, die Fremdwörter in anderen Sprachen untersucht. Dazu kann auf die Sprachkenntnisse der Lerner zurückgegriffen werden und untersucht werden, ob es bestimmte Wörter (*Katastrophe, Rhythmus* usw.) in anderen Sprachen ebenfalls gibt und wie sie dort verschriftet und gesprochen werden. Man kann dabei schnell darauf stoßen, dass in anderen Sprachen, das sind vorrangig Sprachen mit einem flacheren Schriftsystem (siehe Kapitel 3.1), eine Angleichung an die Schreibregularitäten der „Nehmersprache" häufig viel schneller bzw. sofort erfolgt. Auch durch diesen Vergleich kann man sehr viel über das deutsche Schriftsystem lernen. Einige Beispiele sollen das andeuten (siehe Fuhrhop/Müller 2010b):

deutsch	*Theater*	*Katastrophe*	*Chemie*
türkisch	*tiyatro*	*felaket*	*kimya*
niederländisch	*theater*	*catastrofe*	*chemie*

schwedisch	*teater*	*katastrof*	*kemi*
tschechisch	*divadlo*	*katastrofa*	*chemie*

Es fällt zum einen auf, dass nicht jedes Fremdwort, das im Deutschen vorkommt, auch in anderen Sprachen dieser Wortform entspricht: Im Türkischen heißt *Katastrophe felaket*, im Tschechischen *Theater divadlo*. Bei allen anderen Wörtern kann man erkennen, dass sie den gleichen Ursprung haben. Nur im Deutschen und Niederländischen bleibt das ⟨th⟩ bei Theater erhalten. Das ⟨ph⟩ in *Katastrophe* finden wir nur im deutschen Wort usw.

Arbeitsblatt -5.2.doc

Aufgabe 10: Angleichung in der Schreibung *Erarbeitung*
Entdecken der Angleichung in der Schreibung einiger Fremdwörter an die Regularitäten des nativen Wortschatzes

Aufgabe 11: Neue Fremdwörter *Erarbeitung*
Untersuchen der morphologischen und orthographischen Angleichungsprozesse bei „neuen" Fremdwörtern, besonders bei Verben

Aufgabe 12: Suffixe, die für Fremdwörter typisch sind *Erarbeitung*
Entdecken von für Fremdwörter typischen Suffixen

Aufgabe 13: Präfixe und Konfixe, die für Fremdwörter typisch sind *Erarbeitung*
Entdecken von für Fremdwörter typischen Präfixen und Konfixen

Aufgabe 14: Ermitteln der Gebersprachen für Fremdwörter und ihrer Besonderheiten *Erarbeitung*
Untersuchen der Besonderheiten der Aussprache und Schreibung von Fremdwörtern in Abhängigkeit von der Gebersprache

5 Fremdwörter

Aufgabe 1: Woran erkennt man Fremdwörter?

In Wörtern, die sich im Vergleich zum deutschen Kernwortschatz in der Aussprache und/ oder der Schreibung „fremd" oder „anders" verhalten, sogenannten „Fremdwörtern", gibt es Buchstaben und Buchstabenkombinationen, die im Kernbereich des deutschen Wortschatzes nicht vorkommen. Untersucht das an den Substantiven in dieser Aufgabe.
Arbeitet zu zweit.

a Sortiert die Substantive im Kasten in die Tabelle ein.
  Schreibt sie dazu mit dem entsprechenden Artikel auf.
b Welchen Substantiven habt ihr zwei Spalten zugeordnet?
  Begründet eure Entscheidung.
c Schreibt zu einzelnen Substantiven verwandte Verben oder Adjektive unter die Tabelle.
d Sprecht die Wörter laut. Unterstreicht in jedem Wort, wenn möglich, die Stellen, in denen die Aussprache von der in deutschen Wörtern abweicht.
e Erklärt euch gegenseitig die Bedeutung einiger dieser Fremdwörter.

Alphabet, Biathlon, Chance, Shop, Pharmazie, Pseudonym, Rhabarber, Shake, Chronik, Sympathie, Apostroph, Physik, Shampoo, Theater, Apotheke, Rhetorik, Shanty, Theologie, Chaos, Asphalt, Charakter, Strophe, Theke, Shorts, Rheuma, Therapie, Shirt, Triumph, Charta, Thermometer, Psalm, Chamäleon, Rhythmus, Psyche, Sheriff, Charme, Thema, Show, Biographie, Chemie, Orthographie, Chef

Fremdwörter mit:

ph	th	ps	rh	sh	ch

Aufgabe 2: Fremdwörter: Auf die Aussprache und auf die Schreibung achten!
Den Substantiven im Kasten *sieht* man an, dass sie anders sind als deutsche Wörter:

Geographie, Theorie, Photosynthese, Pyramide, Theologie, Konditor, Genie, Operation, Montage, Jeans, Milieu, Breakdance, Computer, Baguette, Orange, Niveau, Funktion, Existenz, Festival, Analogie, Quadrat, Pool, Luxus, Vulkan, Utopie, Handicap, Choreographie, Job, Pizza, Feedback

Arbeitet zu zweit.

a Unterstreicht die Stellen in den Substantiven, in denen Buchstabenkombinationen vorkommen, die es in deutschen Wörtern nicht gibt.

b Vielen Wörtern *hört* man auch an, dass sie anders sind.
Sprecht die Substantive im Kasten. Markiert farbig die Stellen, in denen Laute vorkommen, die es in deutschen Wörtern nicht gibt.

c Schreibt einige Fremdwörter nach den Regeln des deutschen Wortschatzes.
Beispiele: *Fotosüntese Katastrofe, Rütmuss*
Sprecht darüber, welche Gründe es geben könnte, dass sich diese „eingedeutschten" Schreibungen nicht oder nur allmählich durchsetzen. Welche der von euch gefundenen Schreibungen würdet ihr akzeptieren und welche nicht?

d Für Sprachforscher: Tragt zusammen, welche Unterschiede es in der Struktur, Schreibung und Aussprache von deutschen Wörtern und von Fremdwörtern gibt.

Besondere Laut-Buchstaben-Beziehungen in Fremdwörtern (Aufgaben 3–5)
In den folgenden Aufgaben geht es um Beziehungen zwischen Lauten und Buchstaben, wie sie in Fremdwörtern sehr häufig vorkommen, in deutschen Wörtern jedoch nicht.
Das lange „i" wird in deutschen Wörtern zum Beispiel fast immer als „ie" geschrieben (siegen, Riege, gießen). In Fremdwörtern kann es als „i" (Musik, passiv), als „y" (City, Curry) oder als „ie" (Geographie, Philosophie) geschrieben werden.

Aufgabe 3: Fremdwörter mit „i"
Arbeite zunächst allein.

a Sprich die Wörter im Kasten und unterstreiche das „i".

b Ergänze weitere Fremdwörter mit dieser Besonderheit und tausche sie in der Tischgruppe oder in der Klasse aus.

Diva, Mini, Krise, Ventil, Krokodil, Bibel, Archiv, aktiv, Video, Kapitel, Risiko

Aufgabe 4: Fremdwörter mit „ie" am Ende
Arbeitet zu zweit.

a Lest euch die Fremdwörter im Kasten abwechselnd laut vor.
b Ergänzt den Artikel zu den Substantiven. Schreibt weitere passende Substantive mit dem Artikel auf. Was stellt ihr fest?

Euphorie, Geographie, Chemie, Utopie, Allergie, Elegie, Trilogie, Genie, Phantasie, Manie

Aufgabe 5: Fremdwörter mit „y"
Der Buchstabe „y" kommt nur in Fremdwörtern vor, und zwar als Vokalbuchstabe (Baby, Derby) oder in Verbindung mit einem anderen Vokalbuchstaben (Boy, Playmobil) oder als Konsonantbuchstabe (Yak, Yacht).
Arbeitet zu zweit. Sucht weitere Fremdwörter (zum Beispiel im Wörterbuch), in denen „y" geschrieben wird. Sortiert sie danach, ob das „y" Vokal- oder Konsonantbuchstabe ist.

Aufgabe 6: Fremdwörter mit „c"
Der Buchstabe „c" kommt in deutschen Wörtern nur in Verbindungen vor: „ch" (echte), „ck" (backen) und „sch" (rascheln). In Fremdwörtern kann er jedoch auch alleine stehen.
Arbeitet zu zweit.

a Lest euch die Fremdwörter im Kasten gegenseitig vor. Sortiert sie danach, wie der Buchstabe „c" jeweils ausgesprochen wird.
b Ergänzt weitere Fremdwörter mit „c" und vergleicht eure Lösungen.

Cello, Café, Comic, Center, Carport, Cent, City, Computer, Cousin

c Sucht Fremdwörter, in denen „c" in Verbindungen steht, zum Beispiel:
ch: chemisch
sc: science center
sch: Schikane
Nutzt ein Fremdwörterbuch.

Aufgabe 7: Fremdwörter mit „v"

Der Buchstabe „v" wird in deutschen Wörtern fast immer wie „f" gesprochen (versprechen, voran). In Fremdwörtern hingegen wie „w" (Vokabel, Couvert).

Arbeite zunächst allein.

a Überprüfe, bei welchen Wörtern im Kasten es sich um Fremdwörter handelt. Sprich sie dazu und beachte den Hinweis zur Aussprache.

b Ergänze weitere Fremdwörter, auf die diese Besonderheit zutrifft, und tausche sie in der Tischgruppe oder in der Klasse aus.

privat, Ventil, vorwärts, Revolution, vergessen, Vater, Universität, Video, verdienen, Vase, Vogel, Motivation, Vokal, Initiative, Virus, vegetarisch, vergleichen, Verb, Cover

Aufgabe 8: Besondere Silbenstruktur und Betonung in Fremdwörtern

Ihr wisst, dass die Grundform vieler Wörter des deutschen Wortschatzes aus zwei Silben besteht, von denen die erste betont und die zweite unbetont ist (lesen, fragen, stehen, trinken, Wasser, Boden, Rasen, Katze, Mücke).

a Wie verhält es sich bei Wörtern, die aus anderen Sprachen „eingewandert" sind? Untersucht die Silbenstruktur und die Betonungsverhältnisse in den Fremdwörtern im Kasten. Schreibt die Wörter dazu untereinander mit dem richtigen Artikel ab und notiert die Anzahl der Silben hinter dem Wort wie im Beispiel.

b Markiert den betonten Silbenkern in jedem Wort.

c Vergleicht die Silbenstruktur und die Betonung in Fremdwörtern mit deutschen Wörtern. Was stellt ihr fest?
Beispiel: *das Phänomén (3 Silben)*

Kamel, Büro, Elefant, Orange, Karamell, Marzipan, Montage, Musik, Syndrom, Kostüm, konkret, Konfetti, Spaghetti, Konfitüre, Konkurrenz, konfus, Konferenz, Moment, Olive, Pigment, Pirat, Programm, Prophet, real, Triumph, Computer, Energie

Aufgabe 9: Silbengelenke in Fremdwörtern

Ihr wisst, dass es in deutschen Wörtern besondere Silbengelenke wie „ck" (Bäcker) und „tz" (Katze) gibt. Arbeitet zu zweit.

a Schreibt deutsche Wörter mit „ck“ und „tz“ auf.

Wörter mit „ck“:	______________________
Wörter mit „tz“:	______________________

b Vergleicht diese Silbengelenke mit denen aus den Fremdwörtern im Kasten und formuliert eine Regel.

Sakko, Mokka, Stakkato, Akkord
Pizza, Skizze, Razzia, Intermezzo

Aufgabe 10: Fremdwörter gleichen sich manchmal an

Arbeitet zu zweit.

a Die Wortschreibungen im Kasten A kommen in deutschen Texten heute kaum noch vor. Schreibt neben die Wörter die „eingedeutschte“ Variante und vergleicht beide Varianten.

alte Schreibung	**neue Schreibung**
Shawl	______________________
Friseur	______________________
Bureau	______________________
Liqueur	______________________
chic	______________________
Photographie	______________________
Choc	______________________
Jungle	______________________

b Auch in anderen Fremdwörtern ist eine Angleichung an die Schreibung erfolgt. Sucht die Wörter im unten stehenden Kasten im Wörterverzeichnis eines Rechtschreibwörterbuchs. Schreibt die zweite Variante dazu. Markiert mit einem Sternchen, welche Schreibung vom Wörterbuch empfohlen wird. Entscheidet, welche Variante ihr bevorzugen würdet. Beispiel:
Joghurt – Jogurt*

Variante 1	**Variante 2**
Delfin	____________________
Orthographie	____________________
Demographie	____________________
Ketschup	____________________
Dekolletee	____________________
Facette	____________________
Grafik	____________________
Sketsch	____________________
Yacht	____________________

c Sammelt weitere Fremdwörter, die in zwei Schreibvarianten existieren.

Aufgabe 11: Neue Fremdwörter in der deutschen Sprache

Neue Fremdwörter kommen häufig mit den Dingen oder Tätigkeiten in die Sprache, die sie bezeichnen. Besonders durch die Medienentwicklung, neue Sportarten oder neue Modetrends sind viele Wörter aus dem Englischen in die deutsche Sprache gekommen, die sich häufig sehr schnell an die Struktur deutscher Wörter angeglichen haben. Das betrifft zum Beispiel „neue" Verben wie simsen, layouten usw.

a Sucht weitere „neue" Verben und schreibt sie auf.
b Vergleicht die eingedeutschte Schreibung mit der Schreibung in der Ausgangssprache. Welche Gemeinsamkeiten und Unterschiede stellt ihr fest? Gibt es die Wörter im Englischen überhaupt?

Aufgabe 12: Typische Suffixe in Fremdwörtern
In der Tabelle findet ihr einige der gebräuchlichsten Fremdwortsuffixe und jeweils ein Wort als Beispiel. Ergänzt weitere Wörter. Nutzt dazu die Fremdwörter aus den vorangegangenen Aufgaben, aus dem Fremdwörterbuch und aus euren Schulbüchern.

Substantive	Adjektive	Verben
-ie: Anarchie,	**-al:** basal,	**-ier:** plakatieren,
-iker: Akademiker,	**-iv:** naiv,	
-ion: Impression,	**-iell:** partiell,	
-ik: Mystik,	**-ös:** nervös,	**-isier:** alphabetisieren,
-ismus: Impressionismus,	**-bel:** reparabel,	
-ist: Bassist,	**-istisch:** sozialistisch,	
-at: Literat,	**-os**: dubios,	
-ant: Demonstrant,	**-ual:** prozentual,	
-and: Konfirmand,		
-at: Diktat,		
-ität: Spontanität,		
-or: Direktor,		

Aufgabe 13: Typische Präfixe in Fremdwörtern

Die Wortbestandteile im Kasten können sich sowohl mit Fremdwörtern (kontraproduktiv, Megashow) als auch mit deutschen Wörtern (Exfreund, Biomarkt) verbinden.

Arbeitet zu zweit. Schreibt Wörter auf, die die Wortbestandteile aus dem Kasten enthalten. Markiert die Wörter, die aus einem fremden und einem deutschen Wortbestandteil gemischt sind. Nutzt Wörter- und Lehrbücher.

anti-, bio-, contra-, ex-, hyper-, inter-, light-, mega-, neo-, öko-, post-, prä-, soft-, super-,

Aufgabe 14: Woher kommen Fremdwörter?

Aus welchen Sprachen stammen die Fremdwörter, die ihr in den Aufgaben bislang verwendet habt?

a Sortiert einige der Fremdwörter in die folgende Tabelle ein. Wenn ihr euch nicht sicher seid, benutzt ein Fremdwörterbuch.

b Sprecht die Wörter und untersucht ihre Schreibung. Gibt es Besonderheiten in der Schreibung oder Lautung, die typisch für Wörter aus einer bestimmten Sprache sind?

aus dem Griechischen oder Lateinischen	**aus dem Englischen**	**aus dem Französischen**	**aus dem Arabischen/ Persischen**	**aus anderen Sprachen, und zwar:**

Anhang

Schlüsselwörter für Wortkarten

Die hier abgedruckten Wörter dienen als Material für verschiedene Übungen in Kapitel 7. Die Wortkarten sind in zwei Gruppen unterteilt:

- Wortkarten 1 (ein- und zweisilbige Wörter zu den Baumustern 1, 2 und 4 sowie mehrsilbige, nicht analysierbare Wörter) und
- Wortkarten 2 (Wörter zum Baumuster 3 und Wörter aus dem Peripheriebereich, also mit Dehnungs-h und mit Doppelvokalen).

Die Wörter sollten auf Karten im üblichen Karteikarten-Format DIN A8 (5,2 × 7,4 cm) übertragen werden. Die Karten können auf verschiedenfarbiges Papier kopiert und durch weitere Wörter ergänzt werden.

Wörter für Wortkarten 1 Wortkarten_1.doc

die Hilfe	rot	der Ton	die Banane
die Tiere	der Hut	sparen	legen
die Tür	gehen	laufen	reichen
die Ameise	die Eule	das Ei	die Wiege
baden	die Suche	ändern	reißen
böse	raufen	sehen	neu
stehen	niesen	die Bücher	rasten
schön	der Gast	stehen	das Land
gießen	siegen	kriechen	schauen
der Regen	suchen	streicheln	der Film
die Grüße	kalt	der Floh	die Kante
die Mäuse	die Hand	der Weg	rund
das Gras	der Baum	der Computer	pflanzen
biegen	alt	heiß	mögen
grün	schön	weich	das Kleid
der Kaiser	die Maße	die Reste	greifen
glänzen	der Kuchen	wachsen	schreiben
reiten	kaufen	der Kasten	folgen
die Marmelade	die Orange	der Sekretär	der Hafen
helfen	rechnen	lesen	die Hose

Wörter für Wortkarten 2

Wortkarten_2.doc

die Fische	die Ecke	sitzen	die See
lachen	springen	fahren	singen
die Enge	locker	wohnen	passen
die Mütze	der Witz	wackeln	mischen
nehmen	die Äpfel	der Bäcker	zappeln
das Boot	wählen	ahnen	knacken
fahren	das Haar	das Meer	die Menge
lachen	essen	die Risse	schlitzen
der Koffer	müssen	wissen	messen
schwimmen	kommen	nehmen	der Rahmen
die Hitze	die Betten	die Frösche	die Tatze
der Boxer	hacken	die Hexe	hüpfen

Verzeichnis und Erläuterung der Fachbegriffe

Im Folgenden werden einzelne linguistische Fachbegriffe, die im Text vorkommen, knapp, und (wo möglich) mit Beispielen, erläutert.

Affrikate: Wenn ein Frikativ auf einen Plosiv folgt, der am gleichen Artikulationsort gebildet wird, können beide Laute artikulatorisch eng verbunden sein. Sie heißen dann Affrikaten. Im Deutschen setzt man folgende Affrikaten an: [p͡f] wie in *Apfel* und [t͡s] wie in *ziehen, Katze, Nation,* [t͡ʃ] wie in *Quatsch* (Eisenberg 2016, S. 25; siehe Kapitel 4.1, 5.5).

ambisilbischer Konsonant: Silbengelenk. Zu zwei aufeinanderfolgenden Silben gehörender Konsonant (einmal als End- einmal als Anfangsrand): [mʊṭɐ]. In der Schrift wird das Graphem, das dem ambisilbischen Konsonanten entspricht, verdoppelt: ⟨Mutter⟩ (Eisenberg 2013a, S. 299; siehe Kapitel 4.2).

Buchstaben: Schriftzeichen in Alphabetschriften, die das Inventar zur Bildung von Graphemen liefern. Einzelbuchstaben können Grapheme sein, wenn sie eine feste Korrespondenz zu einem Phonem des entsprechenden Sprachsystems haben (z. B. ⟨b⟩ zum Phonem /b/). Manche Buchstaben bilden nur in Kombination mit anderen Grapheme. Der Buchstabe ⟨c⟩ kommt z. B. im nativen Wortschatz der deutschen Sprache nur in Kombinationen wie ⟨ch⟩ und ⟨sch⟩ vor.

Explizitlautung: Phonologisch vollständige, alle distinktiven Merkmale berücksichtigende und dem Standard entsprechende Realisierung von Wortformen (vgl. Glück/Röder 2016, S. 193). Bei der Explizitlautung werden die Wortformen einzeln in Normalbetonung ausgesprochen. Jede Wortform wird so ausgesprochen, dass jeder Einzellaut alle seine funktionalen artikulatorischen Merkmale hat. Jede Wortform wird so gesprochen, dass alle Silben vorhanden sind und jeder Silbenkern ein Vokal ist. Die Wortformen werden mit Normalbetonung ausgesprochen, nicht aber mit besonderen Betonungen wie der Überlautung oder Schriftlautung (vgl. Eisenberg 2016, S. 51, Hinney 2004, S. 78).

Gemination: Lautveränderung, die zu einer „Verdoppelung“ oder Dehnung von Konsonantphonemen führt. Geminaten sind entsprechend Doppelkonsonanten (vgl. Bußmann 2002, S. 239).

Gespanntheit bzw. Ungespanntheit: bezeichnet den Energieaufwand und die Muskelanspannung beim Sprechen (vgl. Bußmann 2002, S. 253). Diese Kategorie gibt es ausschließlich bei Vokalphonemen. Sie entspricht der Opposition zwischen stimmhaft/stimmlos bei Konsonantphonemen.

Gleitlaut: eingeschobener Laut, Bindelaut (z. B. das [i̯] in *Nation,* dient häufig zur leichteren Aussprache (Glück/Röder 2016, S. 244; siehe Kapitel 5.5).

Glottisverschlusslaut: Dieser auch „Knacklaut" bezeichnete konsonantische stimmlose Sprachlaut wird durch Glottisverschluss (Glottis = Stimmritze) und ihre nachfolgende Öffnung gebildet. Der Glottisverschlusslaut [ʔ] kommt im Deutschen i.A. wortinitial vor: [ʔam], [ʔɛndə] (vgl. Bußmann 2002, S. 257).

Graphem: Ein Graphem ist die kleinste bedeutungsunterscheidende segmentale Einheit der geschriebenen Sprache. Als Notation für Grapheme benutzt man spitze Klammern: ⟨ ⟩. Man unterscheidet Konsonantengrapheme wie ⟨b⟩, ⟨g⟩ und Vokalgrapheme wie ⟨a⟩, ⟨e⟩ (siehe Kapitel 4.1).

Konversion: Prozess der Wortbildung durch Wortartwechsel, z. B. von *lesen* zu *das Lesen;* von *treffen* zu *Treff* (Bußmann 2002, S. 380; siehe Kapitel 5.2).

Mehrgraphen: Feste Verbindung zweier oder mehrerer Buchstaben zu einem Graphem: im Deutschen etwa ⟨ch⟩, ⟨sch⟩, ⟨pf⟩.

Morphem: Ein Morphem ist die kleinste bedeutungstragende Einheit der Sprache. Man unterscheidet lexikalische Morpheme, die als selbständige Wörter vorkommen können (Lexeme wie *blau, Bild, Schrift,* aber auch Wortstämme wie *flieg-, sprech-*) und grammatische Morpheme, die nur in Kombination mit einem lexikalischen Morphem vorkommen können (Wortbildungsmorpheme wie Präfixe und Suffixe und Flexionsmorpheme wie in *sagt, stehst, Bänder*).

nominaler Kern: Substantivischer Teil der Nominalphrase (NP), der in verschiedener Weise erweitert werden kann. Am gebräuchlichsten ist die Erweiterung des nominalen Kerns durch Adjektivattribute *(ein Tag → ein schöner Tag).* Der nominale Kern steht immer am rechten Rand der Nominalphrase. Am linken Rand steht häufig ein Kopf, der durch ein Artikelwort gebildet wird (siehe Kapitel 5.3).

Phon: Kleinste lautliche Einheit, die noch nicht als Repräsentant eines bestimmten Phonems klassifiziert ist. Phone werden in eckigen Klammern notiert, z. B. [ʔ] für den Glottisverschlusslaut (vgl. Bußmann 2002, S. 510).

Phonem: Ein Phonem ist die kleinste bedeutungsunterscheidende segmentale Einheit in der gesprochenen Sprache. Für die Notation von Phonemen verwendet man Schrägstriche: / /. Werden hingegen konkrete Realisierungen von Phonemen, also Phone bzw. Laute notiert, werden eckige Klammern verwendet: [ ]. Da im vorliegenden Band meist keine Differenzierung zwischen Phonemen und Phonen vorgenommen wird, werden gewöhnlich einheitlich eckige Klammern benutzt.

Präfix: Affix, das links an den Wortstamm angefügt wird.

satzinitial: Den Beginn eines Satzes markierend. Diese Funktion übernimmt normalerweise ein Großbuchstabe.

Silbe: Phonetisch-phonologische bzw. graphematische Grundeinheit des gesprochenen bzw. geschriebenen Wortes (Sprech- bzw. Schreibsilbe). Eine Silbe besteht immer mindestens aus einem obligatorischen Silbenkern. Dieser ist immer vokalisch *(E|sel)*. Der Silbenkern kann durch einen konsonantischen Silbenanfangs- und/oder -endrand ergänzt werden. Beide sind fakultativ. Kern und Silbenendrand bilden den Silbenreim. Fehlt der Silbenendrand, so ist die Silbe offen, ist er besetzt, so ist sie geschlossen. Eine Silbe ohne Anfangsrand *(oft)* wird als „nackt“, eine mit Anfangsrand *(wo)* als „bedeckt“ bezeichnet.

Eine Silbe ist offen, wenn der Silbenendrand nicht besetzt ist: *ru|fen*. Der vokalische Silbenkern wird in diesem Fall lang und gespannt gesprochen. Die Silbe ist geschlossen, wenn der Silbenendrand durch einen Konsonanten besetzt ist: *Küs*|te. Der Silbenkern wird kurz und ungespannt gesprochen (siehe Kapitel 4.1).

Wenn die Offenheit bzw. Geschlossenheit einer Silbe, wie in diesen Beispielen, nicht durch weitere Grapheme gekennzeichnet ist, spricht man von „unmarkierten“ Silben. „Markiert“ ist eine Silbe dann, wenn z. B. die offene Silbe durch ein Dehnungs-h wie in *fah|ren* oder die Verdoppelung des Silbenkerns *(Moo|re)* gekennzeichnet ist. Die geschlossene Silbe kann durch die Silbengelenkschreibung wie in *nen|nen* gekennzeichnet sein (siehe Kapitel 4.1).

Das Verhältnis zwischen Sprech- und Schreibsilbe lässt sich folgendermaßen beschreiben: Die Anzahl der Silben in der phonologischen und der graphematischen Form stimmt überein. Die Silbengrenze ist in beiden Formen eindeutig auffindbar, ist in der Schreibsilbe aber deutlicher markiert (z. B. durch Verdoppelung des Konsonantbuchstabens in Silbengelenkschreibungen wie in *schwim|men* oder das silbeninitiale h wie in *zie|hen*). Die Schreibsilbe ist strukturell einfacher und systematischer als die Sprechsilbe (vgl. Eisenberg/Butt 1990).

Silbenbaugesetz in geschriebenen Wortformen: Das graphematische Silbenbaugesetz lässt sich auf der Grundlage der Längenhierarchie der einzelnen Graphemzeichen formulieren: „Die Länge nimmt zum Kern hin kontinuierlich ab, erreicht im Kern ihr Minimum und steigt dann wieder. Im Silbenrand stehen möglichst langköpfige Grapheme. Die Länge bezieht sich dabei auf die Köpfe, jeder Buchstabe besteht aus einem Kopf und (wenigstens) einer Koda. Die Kombinatorik der möglichen Köpfe und der möglichen Kodas ist weitgehend ausgereizt, das heißt, die möglichen Kombinationen sind im Prinzip auch die tatsächlichen Kombinationen“ (Fuhrhop/Buchmann 2009, S. 153). Die graphematische Längenhierarchie besteht analog zur Sonoritätshierarchie und kann unabhängig von ihr hergeleitet werden (siehe Abbildung).

langer Kopf	schräger Kopf	kurzer, gerader Kopf				kurzer, gebogener Kopf
		nach oben verbunden		nach oben nicht verbunden		
		gebogene Koda	nicht gebogene Koda		gebogene Koda	
b, p, q, d, g, k, h, t, β, j, f	v, w, x, z, s	m, n	r, l	i	u	a, e, o

← Länge

Übersicht zur graphematischen Längenhierarchie (Fuhrhop/Buchmann 2009, S. 143)

Silbenbaugesetz in gesprochenen Wortformen: Hier gilt das Prinzip der Sonorität (Schallfülle). Es besagt: Je sonorer ein Konsonantphonem ist, desto dichter steht es am Silbenkern, dem Sonoritätsgipfel der Silbe. Die Sonoritätshierarchie, ausgehend von den Phonemen mit der niedrigsten Sonorität, sieht im Deutschen folgendermaßen aus: Plosive /t/→ Frikative /f/ → Nasale /m/ → Liquide /l/ → hohe Vokale /u/ → niedere Vokale /a/ (vgl. Eisenberg 1989, S. 61). In den schrägen Klammern // ist hier jeweils ein Beispiel für ein entsprechendes Phonem angegeben.

Silbengelenk: Der ambisilbische Konsonant im Gesprochenen, der mit der Silbengrenze zusammenfällt (vgl. Glück 2005, S. 592).

Silbenprobe: Die Silbenprobe ist eine Operation, die zur Analyse der silbischen Struktur von geschriebenen Wörtern und Wortformen herangezogen werden kann. Dabei geht es um das Aufdecken der phonographisch-silbischen Gesetzmäßigkeiten am prototypischen Zweisilber, z. B. *rufen*. Die geschriebene Wortform wird dazu rhythmisch segmentiert gelesen. Dadurch kann der Silbenschnitt ermittelt werden. Unter die Silben werden dazu Silbenbögen notiert: ‿‿. Die durch rhythmisches Sprechen ermittelte betonte Silbe wird durch einen dickeren Silbenbogen gekennzeichnet. Dadurch kann die Struktur der betonten Silbe ermittelt werden: offen oder geschlossen und markiert oder unmarkiert.

Im zweiten Schritt geht es um das Aufdecken der Wortschreibungsregularitäten in morphologisch komplexen Wortformen (also in flektierten, abgeleiteten und zusammengesetzten Wortformen). Zu morphologisch komplexen Wortformen wie *rufst* wird dazu zunächst der prototypische Zweisilber gebildet: *(wir) rufen*. Als Notation kann unter die morphologisch komplexe Form gesetzt werden: ‿►.

Die Langform deckt dann wiederum die phonographisch-silbenstrukturellen und morphologischen Gesetzmäßigkeiten des Wortes auf (siehe Kapitel 5.1; 7).

Silbenschnitt: Die Art, wie eine Silbe vom Silbengipfel ab ihr Ende erreicht bzw. abgeschlossen wird (vgl. Glück/Röder 2016, S. 618).

Suffix: Affix, das rechts an den Wortstamm angefügt wird.

Wort: Grundeinheit des Wortschatzes, auch „Lexem". In verschrifteten Sprachen ist ein Wort eine Folge von Buchstaben, die zwischen zwei Leerzeichen (Spatien) auftritt (vgl. Glück/Röder 2016, S. 769 f.). Normalerweise werden Wörter, wenn sie als Graphemfolge betrachtet werden, in spitze Klammern gesetzt ⟨ ⟩. Wörter und Wortformen werden, wenn sie als Analyseeinheiten gelten, in *kursiv* gedruckt.

Wortform: Flektierte Form eines Wortes (vgl. Glück/Röder 2016, S. 753), z. B.: *läufst* und *gelaufen* sind Wortformen des Wortes *laufen.*

Wortgruppe: Syntagma; Gruppe von zwei oder mehreren aufeinanderfolgenden sprachlichen Einheiten, die syntaktisch zusammengehören (vgl. Glück/Röder 2016, S. 696).

textinitial: Den Beginn eines Textes markierend. Diese Funktion übernimmt normalerweise ein Großbuchstabe.

Literaturverzeichnis

Abraham, Ulf/Müller, Astrid 2009: Aus Leistungsaufgaben lernen. In: Praxis Deutsch. H. 214, S. 4–12.

Amtliches Regelwerk (AR) 2006: Deutsche Rechtschreibung. Regeln und Wörterverzeichnis. Entsprechend den Empfehlungen des Rats für deutsche Rechtschreibung Überarbeitete Fassung des amtlichen Regelwerks 2004 mit den Nachträgen aus dem Bericht 2010. http://www.rechtschreibrat.com/DOX/rfdr_regeln_inkl_Nachtraegen.pdf, letzter Zugriff am 25.09.2017.

Andresen, Helga/Funke, Reinold 2006: Entwicklung sprachlichen Wissens und sprachlicher Bewusstheit. In: Bredel, Ursula/Günther, Hartmut/Ossner, Jakob/Siebert-Ott, Gesa (Hg.): Didaktik der deutschen Sprache. Ein Handbuch. Band 1. 2., durchgesehene Auflage. Paderborn, S. 438–451.

Artelt, Cordula 2004: Zur Bedeutung von Lernstrategien beim Textverstehen. In: Köster, Juliane/Lütgert, Will/Creutzberg, Jürgen (Hg.): Aufgabenkultur und Lesekompetenz. Deutschdidaktische Positionen. Frankfurt a. M., S. 60–75.

Bangel, Melanie 2014: Warum Pilz und nicht Piltz? Spielerisch über Schreibungen reflektieren. In: Praxis Deutsch. H. 248, S. 31–35.

Bangel, Melanie 2017: Wortbildungsstrukturen als Wegweiser beim Dekodieren. Eine empirische Untersuchung in Klasse 5. Heidelberg.

Bangel, Melanie i.V.: Zum Ausbau orthographischen Wissens und Könnens durch schriftstrukturorientierte Lernangebote. In: Rautenberg, Iris (Hg.): Evidenzbasierte Forschung zum Schriftspracherwerb. Baltmannsweiler.

Bangel, Melanie/Bredel, Ursula/Hinney, Gabriele/Müller, Astrid/Reißig, Tilo/Schröder, Etje 2017: Wir lernen lesen – vom Wort zum Satz zum Text. Hamburg. S. 31–57.

Bangel, Melanie/Müller, Astrid 2016: Die Wortschreibung als Lerngegenstand im Schriftsprachunterricht: Ergebnisse einer Interventionsstudie. In: Mesch, Birgit/Noack, Christina (Hg.): System, Norm und Gebrauch – drei Seiten derselben Medaille? Orthographische Kompetenz und Performanz im Spannungsfeld zwischen System, Norm und Empirie. Baltmannsweiler, S. 96–121.

Bangel, Melanie/Müller, Astrid 2017: Lesbare Morphologie als Lerngegenstand. Ergebnisse einer schriftstrukturbezogenen Intervention mit Blick auf mehrsprachige Lernerinnen und Lerner. In: Fuhrhop, Nanna/Szczepaniak, Renata/Schmidt, Karsten (Hg.): Sichtbare und hörbare Morphologie. Reihe Linguistische Arbeiten Band 565, Berlin, S. 77–111.

Bangel, Melanie/Müller, Astrid (2018a): Strukturorientiertes Rechtschreiblernen. Ergebnisse einer Interventionsstudie zur Wortschreibung in Klasse 5 mit Blick auf schwache Lerner/-innen. In: Didaktik Deutsch. H. 45, S. 29–49.

Bangel, Melanie/Müller, Astrid (2018b): Wörtern und Sätzen auf der Spur. Mein Rechtschreibheft. Seelze: Kallmeyer in Verbindung mit Klett.

Belke, Gerlind 2007: Marzipanschweinchenbeinchenverspeiser und Osterhasenohrabbeißer. In: Praxis Deutsch. H. 202, S. 38–43.

Bergmann, Rolf/Nerius, Dieter 1997: Die Entwicklung der Großschreibung im Deutschen von 1500 bis 1700. Unter Leitung von Rolf Bergmann und Dieter Nerius. Bearbeitet von Rolf Bergmann, Petra Ewald, Jutta Förtsch, Ursula Götz, Dieter Nerius, Birgit Ruf und Reinhold Tippe. 2 Bände. Heidelberg.

Berkling, Kay/Reichel, Uwe 2016: Wortstruktur, Orthographie und Didaktik: Die Relevanz der Vokallänge. In: Mesch, Birgit/Noack, Christina (Hg.): System, Norm und Gebrauch – drei Seiten derselben Medaille? Orthographische Kompetenz und Performanz im Spannungsfeld zwischen System, Norm und Empirie. Baltmannsweiler, S. 200–228.

Betzel, Dirk 2015: Zum weiterführenden Erwerb der satzinternen Großschreibung. Eine leistungsgruppendifferenzierte Längsschnittstudie in der Sekundarstufe I. Baltmannsweiler.
Beutin, Wolfgang u. a. 2001: Deutsche Literaturgeschichte. Von den Anfängen bis zur Gegenwart. 6., verbesserte und erweiterte Auflage. Stuttgart, Weimar.
Bildungsstandards für das Fach Deutsch für den Primarbereich 2004. Ständige Konferenz der Kultusminister (Hg.). München.
Blatt, Inge/Frahm, Sarah 2013: Explorative Analysen zur Entwicklung der Rechtschreibkompetenz im Rahmen der NEPS-Studie (Klassenstufe 5–7). In: Didaktik Deutsch. H. 34, S. 12–36.
Blatt, Inge/Müller, Astrid/Voss, Andreas 2010: Schriftstruktur als Lesehilfe. Konzeption und Ergebnisse eines Hamburger Leseförderprojekts in Klasse 5 (HeLp). In: Bredel, Ursula/Müller, Astrid/Hinney, Gabriele (Hg.): Schriftsystem und Schrifterwerb: linguistisch – didaktisch – empirisch. Tübingen, S. 171–202.
Bock, Michael 1990: Zur Funktion der deutschen Groß- und Kleinschreibung. In: Stetter, Christian (Hg.): Zu einer Theorie der Orthographie. Tübingen, S. 1–33.
Bosch, Bernhard 1990: Grundlagen des Erstleseunterrichts. Eine psychologisch-didaktische Untersuchung von Dr. Bernhard Bosch Leipzig (1937) (Auszug). In: Osnabrücker Beiträge zur Sprachtheorie. Beiheft 9, S. 17–34.
Bredel, Ursula 2004a: Die Didaktik der Gänsefüßchen. In: Bredel, Ursula/Siebert-Ott, Gesa/Thelen, Tobias (Hg.): Schriftspracherwerb und Orthographie. Baltmannsweiler, S. 207–240.
Bredel, Ursula 2004b: Sprachwissenschaftliche Grundlagen orthographischer Aneignungsprozesse. In: Bredel, Ursula/Siebert-Ott, Gesa/Thelen, Tobias (Hg.): Schriftspracherwerb und Orthographie. Baltmannsweiler, S. 1–5.
Bredel, Ursula 2006a: Die Herausarbeitung des syntaktischen Prinzips in der Historiogenese und in der Ontogenese der Schrift. In: Bredel, Ursula/Günther, Hartmut (Hg.): Orthographietheorie und Rechtschreibunterricht. Tübingen, S. 139–163.
Bredel, Ursula 2006b: Orthographische Zweifelsfälle. Basisartikel. In: Praxis Deutsch. H. 198, S. 6–15.
Bredel, Ursula 2009: Orthographie als System – Orthographieerwerb als Systemerwerb. In: Zeitschrift für Literaturwissenschaft und Linguistik. H. 153, S. 134–154.
Bredel, Ursula 2010a: Die satzinterne Großschreibung – System und Erwerb. In: Bredel, Ursula/Müller, Astrid/Hinney, Gabriele (Hg.): Schriftsystem und Schrifterwerb: linguistisch – didaktisch – empirisch. Tübingen, S. 217–234.
Bredel, Ursula 2010b: Der Schrift vertrauen. Wie Wörter und ihre Strukturen entdeckt werden können. In: Praxis Deutsch. H. 221, S. 14–21.
Bredel, Ursula 2011: Interpunktion. Heidelberg.
Bredel, Ursula 2013: Sprachbetrachtung und Grammatikunterricht. 2., durchgesehene Auflage. Paderborn.
Bredel, Ursula 2015: Der Aufbau von elementarem Wissen über die Systematik der Orthographie deutscher Wörter. In: Röber, Christa/Olfert, Helena (Hg.): Schriftsprach- und Orthographieerwerb: Erstlesen, Erstschreiben. Baltmannsweiler, S. 255–279.
Bredel, Ursula/Fuhrhop, Nanna/Noack, Christina 2017: Wie Kinder lesen und schreiben lernen. 2., überarbeitete Auflage. Tübingen.
Bredel, Ursula/Günther, Hartmut 2006: Orthographietheorie und Rechtschreibunterricht. In: Bredel, Ursula/Günther, Hartmut (Hg.): Orthographietheorie und Rechtschreibunterricht. Tübingen, S. 198–215.

Brinkmann, Erika 2015: Richtig schreiben lernen nach dem Spracherfahrungsansatz: die ABCLernlandschaft. In: Brinkmann, Erika (Hg.): Rechtschreiben in der Diskussion. Schriftspracherwerb und Rechtschreibunterricht. Frankfurt a. M., S. 44–53.

Brügelmann, Hans 1983: Kinder auf dem Weg zur Schrift. Eine Fibel für Lehrer und Laien. Konstanz.

Buchmann, Franziska 2010: Binde-Strich-Schreibungen? Was uns der Bindestrich über die Struktur der Wörter verrät. In: Praxis Deutsch. H. 221, S. 39–41.

Busse, August/Hintz, Ingrid (Hg.) 2003: Wortstark 5. Themen und Werkstätten für den Deutschunterricht. Grundausgabe. Hannover.

Bußmann, Hadumot 2002: Lexikon der Sprachwissenschaft. Dritte, aktualisierte und erweiterte Auflage. Stuttgart.

Butt, Matthias/Eisenberg, Peter 1990: Schreibsilbe und Sprechsilbe. In: Stetter, Christian (Hg.): Zu einer Theorie der Orthographie. Tübingen, S. 34–64.

Corvacho del Toro, Irene M. 2013: Fachwissen von Grundschullehrkräften. Univ, Bamberg, Frankfurt a. M. Online verfügbar unter http://www.opus4.kobv.de/opus4-bamberg/frontdoor/index/index/docId/3579, letzter Zugriff am 25.09.2017.

De Saussure, Ferdinand 1916/2001: Grundfragen der allgemeinen Sprachwissenschaft (hg. von Charles Bally und Albert Sechehaye; Übersetzung von Herman Lommel). 3. Auflage. Berlin, New York.

Duden 2006: Die deutsche Rechtschreibung. 24., völlig neu bearbeitete und erweiterte Auflage. Mannheim u. a.

Dürscheid, Christa 2016: Einführung in die Schriftlinguistik. 5. aktualisierte und korrigierte Auflage Stuttgart, Göttingen.

Eichler, Wolfgang 2015: Ein multiperspektivisches Konzept für den Erwerb des richtigen Schreibens. In: Brinkmann, Erika (Hg.): Rechtschreiben in der Diskussion. Schriftspracherwerb und Rechtschreibunterricht. Frankfurt a. M., S. 54–61.

Eisenberg, Peter 1983: Orthographie und Schriftsystem. In: Günther, Klaus-B./Günther, Hartmut (Hg.): Schrift und Schriftlichkeit. Tübingen, S. 41–68.

Eisenberg, Peter 1989: Die Schreibsilbe im Deutschen. In: Eisenberg, Peter/Günther, Hartmut (Hg.): Schriftsystem und Orthographie. Tübingen., S. 57–84.

Eisenberg, Peter 1990: Die Sprache und die Schrift. Warum es so schwierig ist, unsere Orthographie zu reformieren. In: Praxis Deutsch. H. 103, S. 4–7.

Eisenberg, Peter 1994a: Das deutsche Schriftsystem. In: Günther, Hartmut/Ludwig, Otto (Hg.): Schrift und Schriftlichkeit. Ein interdisziplinäres Handbuch internationaler Forschung. Band 2. Berlin u. a., S. 1451–1455.

Eisenberg, Peter 1994b: Sprachliche Aspekte von Schrift und Schriftlichkeit. In: Günther, Hartmut/Ludwig, Otto (Hg.): Schrift und Schriftlichkeit. Ein interdisziplinäres Handbuch internationaler Forschung. Band 2. Berlin u. a., S. 1368–1380.

Eisenberg, Peter 2002: Ansätze zur systematischen Beschreibung der Fremdwortorthographie. Die Gemination von Konsonantbuchstaben. In: Bommes, Michael/Noack, Christina/Tophinke, Doris: Sprache als Form. Festschrift für Utz Maas zum 60. Geburtstag. Wiesbaden., S. 121–136.

Eisenberg, Peter 2004: Wieviel Grammatik braucht die Schule? In: Didaktik Deutsch. H. 17. S. 4–25.

Eisenberg, Peter 2012: Das Fremdwort im Deutschen. 2., überarbeitete Auflage. Berlin.

Eisenberg, Peter 2013a: Grundriss der deutschen Grammatik. Band 1: Das Wort. Unter Mitarbeit von Nanna Fuhrhop. 4., aktualisierte und überarbeitete Auflage Stuttgart u. a.

Eisenberg, Peter 2013b: Grundriss der deutschen Grammatik. Band 2: Der Satz. Unter Mitarbeit von Rolf Thieroff. 4., aktualisierte und überarbeitete Auflage. Stuttgart u. a.

Eisenberg, Peter 2016: Phonem und Graphem. In: Duden. Grammatik der deutschen Gegenwartssprache. 9., vollständig überarbeitete und aktualisierte Auflage. Mannheim, S. 19–94.

Eisenberg, Peter 2017: Deutsche Orthografie. Regelwerk und Kommentar. Berlin.

Eisenberg, Peter/Feilke, Helmuth 2001: Rechtschreiben erforschen. Basisartikel. In: Praxis Deutsch. H. 170, S. 6–15.

Eisenberg, Peter/Feilke, Helmuth/Menzel, Wolfgang 2005: Zeichen setzen – Interpunktion. Basisartikel. In: Praxis Deutsch. H. 191, S. 6–15.

Eisenberg, Peter/Fuhrhop, Nanna 2007: Schulorthographie und Graphematik. In: Zeitschrift für Sprachwissenschaft. H. 26, S. 15–41.

Eisenberg, Peter/Spitta, Gudrun/Voigt, Gerhard 1994: Schreiben: Rechtschreiben. Basisartikel. In: Praxis Deutsch. H. 124, S. 14–25.

Friedrich, Bodo 1995: Rechtschreiberwerb: Widersprüche und Trugschlüsse. In: Ewald, Petra/Sommerfeldt, Karl-Ernst (Hg.): Beiträge zur Schriftlinguistik. Festschrift zum 60. Geburtstag von Prof. Dr. phil. habil. Dieter Nerius, S. 103–111.

Fuhrhop, Nanna 2006: Erfolg versprechend oder erfolgversprechend? Zur Getrennt- und Zusammenschreibung. In: Praxis Deutsch. H. 198, S. 48–53.

Fuhrhop, Nanna 2008: Die Grammatik der Schrift. Oldenburg.

Fuhrhop, Nanna 2010: Getrennt- und Zusammenschreibung: Kern und Peripherie. In: Bredel, Ursula/Müller, Astrid/Hinney, Gabriele (Hg.): Schriftsystem und Schrifterwerb: linguistisch – didaktisch – empirisch. Tübingen, S. 235–257.

Fuhrhop, Nanna 2015: Orthografie. 4., aktualisierte Auflage Heidelberg.

Fuhrhop, Nanna 2017: Getrennt- und Zusammenschreibung. In: Baurmann, Jürgen/Kammler, Clemens/Müller, Astrid (Hg.): Handbuch Deutschunterricht. Theorie und Praxis des Lehrens und Lernens. Seelze, S. 276–279.

Fuhrhop, Nanna/Buchmann, Franziska 2009: Die Längenhierarchie: Zum Bau der graphematischen Silbe. In: Linguistische Berichte. H. 218, S. 127–155.

Fuhrhop, Nanna/Müller, Astrid 2010a: Schriftstrukturen entdecken. Basisartikel. In: Praxis Deutsch. H. 221, S. 4–13.

Fuhrhop, Nanna/Müller, Astrid 2010b: Methode – metot – metod oder metoda? Fremdwörter in anderen Schriftsystemen. In: Praxis Deutsch. H. 221, S. 42–48.

Fuhrhop, Nanna/Müller, Astrid 2012: Fremdwörter der deutschen Sprache. Basisartikel. In: Praxis Deutsch. H. 235, S. 4–13.

Fuhrhop, Nanna/Peters, Jörg 2013: Einführung in die Phonologie und Schrift. Stuttgart.

Funke, Reinold 1995: Das Heben des Wortartschatzes. Nomen im Kontext sehen. In: Praxis Deutsch. H. 129, S. 57–60.

Funke, Reinold 2014: Erstunterricht nach der Methode Lesen durch Schreiben und Ergebnisse schriftsprachlichen Lernens – eine metaanalytische Bestandsaufnahme. In: Didaktik Deutsch. H. 36, S. 21–41.

Funke, Reinold 2017: Syntaxbasierte Vermittlung der satzinternen Großschreibung: Varianten eines Ansatzes. In: Rautenberg, Iris/Helms, Stefanie (Hg.): Der Erwerb schriftsprachlicher Kompetenzen. Empirische Befunde – didaktische Konsequenzen – Förderperspektiven. Baltmannsweiler, S. 100–120.

Gallmann, Peter 1985: Graphische Elemente der geschriebenen Sprache. Tübingen.

Gelberg, Hans-Joachim (Hg.) 2000: Großer Ozean. Gedichte für alle. Weinheim, Basel.

Gfroerer, Stefan/Günther, Hartmut/Bock, Michael 1989: Augenbewegungen und Substantivgroßschreibungen – eine Pilotstudie. In: Eisenberg, Peter/Günther, Hartmut (Hg.): Schriftsystem und Orthographie. Tübingen, S. 111–135.

Glück, Helmut/Rödel, Michael 2016 (Hg.): Metzler Lexikon Sprache. 5., aktualisierte und überarbeitete Auflage. Stuttgart.

Gornik, Hildegard 2006: Methoden des Grammatikunterrichts. In: Bredel, Ursula/Günther, Hartmut/Ossner, Jakob/Siebert-Ott, Gesa (Hg.): Didaktik der deutschen Sprache. Ein Handbuch. Band 2. 2., durchgesehene Auflage. Paderborn, S. 814–829.

Grotlüschen, Anke/Riekmann, Wibke/Buddeberg, Klaus 2012: Hauptergebnisse der leo. – Level-One Studie. In: Grotlüschen, Anke/Riekmann, Wibke (Hg.): Funktionaler Analphabetismus in Deutschland. Ergebnisse der ersten leo. Level-One Studie. Münster, S. 13–53.

Grubmüller, Klaus 1989: Sprache und ihre Verschriftlichung in der Geschichte des Deutschen. In: Besch, Werner/Betten, Anne/Reichmann, Oskar/Sonderegger, Stefan (Hg.): Sprachgeschichte. Ein Handbuch zur Geschichte der deutschen Sprache und ihrer Erforschung. 1. Teilband. Berlin u. a., S. 300–310.

Grund, Uwe 2016: Orthographische Regelwerke im Praxistest. Schulische Rechtschreibleistungen vor und nach der Rechtschreibreform. Berlin.

Grzesik, Jürgen 2005: Texte verstehen lernen – Neurobiologie und Psychologie der Entwicklung von Lesekompetenzen durch den Erwerb von textverstehenden Operationen. Münster.

Günther, Hartmut 1998: Sprachwissenschaft und Sprachdidaktik. Am Beispiel kleiner und großer Buchstaben im Deutschen. In: Didaktik Deutsch. H. 4, S. 17–32.

Günther, Hartmut 2006: Kennen Grundschüler der ersten und zweiten Klasse Silbengrenzen? In: Bredel, Ursula/Günther, Hartmut (Hg.): Orthographietheorie und Rechtschreibunterricht. Tübingen, S. 127–138.

Günther, Hartmut/Gaebert, Désirée-Kathrin 2015: Das System der Groß- und Kleinschreibung. In: Bredel, Ursula/Reißig, Tilo (Hg.): Weiterführender Orthographieerwerb. 2., korrigierte Auflage. Baltmannsweiler, S. 96–106.

Günther, Hartmut/Nünke, Ellen 2005: Warum das Kleine groß geschrieben wird, wie man das lernt und wie man das lehrt. In: Kölner Beiträge zur Sprachdidaktik. H. 1. Duisburg.

Hein, Christina 2015: Untersuchung von Unterrichtsbedingungen zu Erwerb und Entwicklung der Schriftkompetenz – Ergebnisse eine Interventionsstudie in einer Hamburger Grundschule in Klassenstufe 1 bis 3. Berlin.

Hinney, Gabriele 1994: Wenn einer in der Familie den „h-Tick" hat ... Rechtschreibunterricht und strategisches Lernen. In: Praxis Deutsch. H. 124, S. 29–51.

Hinney, Gabriele 1997: Neubestimmung von Lerninhalten für den Rechtschreibunterricht. Ein fachdidaktischer Beitrag zur Schriftaneignung als Problemlöseprozeß. Frankfurt a. M. u. a.

Hinney, Gabriele 2004: Das Ganze ist mehr als die Summe der Teile. Das Konzept der Schreibsilbe und seine didaktische Modellierung. Ein Beitrag zur Schriftaneignung als Problemlösungsprozess. In: Bredel, Ursula/Siebert-Ott, Gesa/Thelen, Tobias (Hg.): Schriftspracherwerb und Orthographie. Baltmannsweiler, S. 72–90.

Hinney, Gabriele 2010: Wortschreibungskompetenz und sprachbewusster Unterricht. Eine Alternativkonzeption zur herkömmlichen Sicht auf den Schriftspracherwerb. In: Bredel, Ursula/Müller, Astrid/Hinney, Gabriele (Hg.): Schriftsystem und Schrifterwerb: linguistisch – didaktisch – empirisch. Tübingen, S. 47–100.

Hinney, Gabriele 2014: Lesen- und Schreibenlernen mit der Silbe – ein sprachdidaktischer Fortschritt? In: Wrobel, Dieter/Müller, Astrid (Hg.): Bildungsmedien für den Deutschunterricht. Vielfalt – Entwicklungen – Herausforderungen. Bad Heilbrunn, S. 143–169.

Hinney, Gabriele/Huneke, Hans-Werner/Müller, Astrid/Weinhold, Swantje 2008: Definition und Messung von Rechtschreibkompetenz. In: Didaktik Deutsch. Sonderheft 2, S. 107–126.

Hofmann, Nicole 2008: Unterrichtsexpertise und Rechtschreibleistungen – eine empirische Untersuchung in Heidelberger Grundschulen. Dissertation. In: http://opus.bsz-bw.de/phhd/volltexte/2008/7502/pdf/Unterrichtsexpertise_und_Rechtschreibleistung.pdf, letzter Zugriff am 25.09.2017.

Hofmann, Nicole 2010: Auswirkungen unterrichtlicher Prozesse auf die Rechtschreibleistungen von Schülerinnen und Schülern. In: Bredel, Ursula/Reißig, Tilo (Hg.): Weiterführender Orthographieerwerb. 2., korrigierte Auflage. Baltmannsweiler, S. 475–495.

Karg, Ina 2008: Orthographieleistungsprofile von Lerngruppen der frühen Sekundarstufe I. Unter Mitarbeit von Katharina Thiemann. Frankfurt a. M. u. a.

Keller, Rudi 2014: Sprachwandel. Von der unsichtbaren Hand in der Sprache. 4., unveränderte Auflage. Tübingen.

Kowalski, Kerstin/Voss, Andreas/Valtin, Renate/Bos, Wilfried 2010: Erhebungen zur Orthographie in IGLU 2001 und IGLU 2006: Haben sich die Rechtschreibleistungen verbessert? In: Bos, Wilfried u. a. (Hg.): IGLU 2006 – die Grundschule auf dem Prüfstand. Vertiefende Analysen zu Rahmenbedingungen schulischen Lernens. Münster.

Klafki, Wolfgang 1996: Zur Unterrichtsplanung im Sinne kritisch-konstruktiver Didaktik. In: Klafki, Wolfgang: Neue Studien zur Bildungstheorie und Didaktik. 5. Auflage. Weinheim.

Koch, Peter/Oesterreicher, Wulf 1985: Sprache der Nähe – Sprache der Distanz. Mündlichkeit und Schriftlichkeit im Spannungsfeld von Sprachtheorie und Sprachgeschichte. In: Romanistisches Jahrbuch. H. 36, S. 15–43.

Köller, Wilhelm 1997: Funktionaler Grammatikunterricht. Tempus, Genus, Modus: Wozu wurde das erfunden? Hohengehren.

Krauß, Andrea 2010: Orthographieerwerb von Beginn an. Ein silbenorientiertes Konzept für den Anfangsunterricht. In: Bredel, Ursula/Müller, Astrid/Hinney, Gabriele (Hg.): Schriftsystem und Schrifterwerb: linguistisch – didaktisch – empirisch. Tübingen, S. 133–150.

Krauß, Andrea 2014: Schriftspracherwerb als Orthographieerwerb: Reflexionen, Realisationen, Relationen, Rekapitulationen. Baltmannsweiler.

Laser, Björn/Riegler, Susanne 2017: Pizzas, Pizzen, Pizze. Pluralvarianten als Anlass für grammatische Erkundungen. In: Praxis Deutsch. H. 264, S. 14–20.

Licht, Timo 2012: Die älteste karolingische Minuskel. In: Mittellateinisches Jahrbuch. Internationale Zeitschrift für Mediävistik und Humanismusforschung 47. Stuttgart, S. 337–346.

Lindauer, Thomas/Schneider, Hansjakob 2007: Lesekompetenz ermitteln: Aufgaben im Unterricht. In: Bertschi-Kaufmann, Andrea (Hg.): Lesekompetenz, Leseleistung, Leseförderung. Grundlagen, Modelle und Materialien. Velber, Zug, S. 109–126.

Löffler, Ilona/Meyer-Schepers, Ursula 2005: Orthographische Kompetenzen: Ergebnisse qualitativer Fehleranalysen, insbesondere bei schwachen Rechtschreibern. In: Bos, Wilfried/Lankes, Eva-Maria/Prenzel, Manfred/Schwippert, Knut/Valtin, Renate/Walther, Gerd (Hg.): IGLU. Vertiefende Analysen zu Leseverständnis, Rahmenbedingungen und Zusatzstudien. Münster u. a. S. 81–108.

Luttenberger, Sabine 2012: Zugänge zur Groß- und Kleinschreibung. Eine Fallanalyse in Jahrgangsstufe 7. Examensarbeit zum ersten Staatsexamen. Unveröff. Manuskript, Universität Hamburg.

Maas, Utz 1992: Grundzüge der deutschen Orthographie. Tübingen.

Maas, Utz 2015: Zur Geschichte der deutschen Orthographie. In: Bredel, Ursula/Reißig, Tilo (Hg.): Weiterführender Orthographieerwerb. 2., korrigierte Auflage. Baltmannsweiler, S. 10–47.
May, Peter 2013: HSP 1–10. Neunormierung 2012. Stuttgart.
Mandl, Heinz/Friedrich, Helmut F./ Hron, Aemilian 1986: Psychologie des Wissenserwerbs. In: Weidenmann, Bernd/Krapp, Andreas (Hg.): Pädagogische Psychologie. Weinheim, S. 143–216.
Meisenburg, Trude 1996: Romanische Schriftsysteme im Vergleich. Eine diachrone Studie. Tübingen.
Mehlem, Ulrich 2009: Die Erfindung der Wortzwischenräume. In: Praxis Deutsch. H. 215, S. 36–44.
Menzel, Wolfgang 1997: Diktieren und Diktiertes aufschreiben. Basisartikel. In: Praxis Deutsch. H. 142, S. 15–26.
Menzel, Wolfgang 1985: Rechtschreibunterricht. Praxis und Theorie. Beiheft Praxis Deutsch. H. 12.
Merten, Stephan 2006: Reflexion über Sprache. In: Kliewer, Heinz-Jürgen/Pohl, Inge (Hg.): Lexikon Deutschdidaktik. Bd. 2. Hohengehren, S. 627–633.
Müller, Astrid/Bangel, Melanie 2014: Zur Lernwirksamkeit von Spielen zur Wortbildung. Eine exemplarische Untersuchung. In: Wrobel, Dieter/Müller, Astrid (Hg.): Bildungsmedien für den Deutschunterricht. Vielfalt – Entwicklungen – Herausforderungen. Bad Heilbrunn, S. 197–214.
Müller, Astrid/Sartorti, Juliana i.V.: Zum Einfluss von Fortbildungen auf Zugriffe von Lehrkräften auf den Lerngegenstand Wortschreibung und seine Vermittlung. In: Rautenberg, Iris (Hg.): Evidenzbasierte Forschung zum Schriftspracherwerb. Baltmannsweiler. S. 58–77.
Müller, Astrid/Szczepaniak, Renata 2017: Grammatische Zweifelsfälle. Basisartikel. In: Praxis Deutsch. H. 264, S. 4–13.
Müller, Astrid/Tophinke, Doris 2015: Verben als Lerngegenstand in der Sekundarstufe I: Was wissen Schülerinnen und Schüler – und was können sie wissen? In: Mesch, Birgit/Rothstein, Björn (Hg.): Was tun mit dem Verb? – Über die Möglichkeit und Notwendigkeit einer didaktischen Neuerschließung des Verbs. Berlin, S. 49–81.
Munske, Horst Haider 2005: Lob der Rechtschreibung. München.
Munske, Horst Haider 1997: Orthographie als Sprachkultur. Frankfurt a. M. u. a.
Noack, Christina 2006: „Aber Wie-Wörter schreibt man doch klein!“ In: Praxis Deutsch. H. 198, S. 36–43.
Nottbusch, Guido/Jonischkait, Julia 2015: Einzeluntersuchungen zur GKS, GZS und Interpunktion. In: Bredel, Ursula/Reißig, Tilo (Hg.): Weiterführender Orthographieerwerb. 2., korrigierte Auflage. Baltmannsweiler, S. 164–187.
Nübling, Damaris/Dammel, Antje/Duke, Janet/Szczepaniak, Renata 2013: Historische Sprachwissenschaft des Deutschen. Eine Einführung in die Prinzipien des Sprachwandels. 4., komplett überarbeitete und erweiterte Auflage. Tübingen.
Nünke, Ellen/Wilhelmus, Christiane 2001: Stufenwörter in Treppengedichten – Ein alternativer Ansatz zur Groß- und Kleinschreibung. In: Praxis Deutsch. H. 170, S. 20–23.
O'Halloran, Edel 2003: Scheinentlehnungen in der deutschen Modesprache. In: Muttersprache. H. 3, S. 225–241. Auch in: http://www.gfds.de/fileadmin/gfds_download/muttersprache.pdf, recherchiert am 11.2.2009.
Ossner, Jakob 2003: Geschichte der Didaktik des Rechtschreibens. In: Bredel, Ursula/Günther, Hartmut/Klotz, Peter/Ossner, Jakob/Siebert-Ott, Gesa: Didaktik der deutschen Sprache. Band 1. Paderborn, S. 355–368.
Ossner, Jakob 2010: Sprachdidaktik Deutsch. 2., überarbeitete Auflage. Paderborn u. a.
Pagel, Barbara/Hinney, Gabriele 2007: Rechtschreibkompetenz und Sprachbewusstheit. Ein Unterrichtsprojekt zum forschenden Lernen. In: Grundschulunterricht. H. 9, S. 12–24.

Parkes, Malcolm 1999: Klösterliche Lektürepraktiken im Hochmittelalter. In: Chartier, Roger/Cavallo, Guglielmo (Hg.): Die Welt des Lesens. Von der Schriftrolle zum Bildschirm. Frankfurt, S. 137–153.

Pauly, Dennis N./Nottbusch, Guido 2016: Die Groß- und Kleinschreibung (beim Lesen) – kognitive Prozesse und didaktische Implikationen. In: Mesch, Birgit/Noack, Christina (Hg.): System, Norm und Gebrauch – drei Seiten derselben Medaille? Orthographische Kompetenz und Performanz im Spannungsfeld zwischen System, Norm und Empirie. Hohengehren, S. 122–145.

Pießnack, Christian/Schübel, Adelbert 2005: Untersuchungen zur orthographischen Kompetenz von Abiturientinnen und Abiturienten im Land Brandenburg. http://opus.kobv.de/ubp/volltexte/2006/833/pdf/llh20_Piessnack_Schuebel.pdf, letzter Zugriff am 25.09.2017.

Pittner, Karin/Berman, Judith 2008: Deutsche Syntax. Ein Arbeitsbuch. 3. Auflage. Tübingen.

Polenz, Peter von 2000: Deutsche Sprachgeschichte vom Spätmittelalter bis zur Gegenwart. Band 1. Einführung – Grundbegriffe – 14. bis 16. Jahrhundert. 2., überarbeitete und ergänzte Auflage. Berlin.

Primus, Beatrice 2010: Strukturelle Grundlagen des deutschen Schriftsystems. In: Bredel, Ursula/Müller, Astrid/Hinney, Gabriele (Hg.): Schriftsystem und Schrifterwerb: linguistisch – didaktisch – empirisch. Tübingen, S. 9–45.

Prosch, Anna 2016: Entwicklung von Rechtschreibkompetenz. Differentielle Analysen mit NEPS-Daten der Haupterhebungen in den Klassenstufen fünf und sieben sowie der Entwicklungsstudien in den Klassenstufen sechs und sieben. Berlin.

Rautenberg, Iris/Wahl, Stefan/Helms, Stefanie/Nürnberger, Miriam 2016: Syntaxbasierte Didaktik der Großschreibung ab Klasse 2: Einführung, Methodensammlung, Kopiervorlagen. Offenburg.

Rahnenführer, Ilse 1989: Nochmals zum Status der Prinzipien in der Orthographie. In: Eisenberg, Peter/Günther, Hartmut (Hg.): Schriftsystem und Orthographie. Tübingen, S. 283–296.

Raible, Wolfgang 1991: Zur Entwicklung von Alphabetschrift-Systemen. Is fecit cui prodest. Sitzungsberichte der Heidelberger Akademie der Wissenschaften, phil.-hist. Klasse. Bericht 1/1991.

Riehme, Joachim 1986: Grammatik/Orthographie. Zur Theorie und Praxis des Unterrichts. Berlin.

Risel, Heinz 2011: Arbeitsbuch Rechtschreibdidaktik. 2., überarbeitete Auflage. Baltmannsweiler.

Röber-Siekmeyer, Christa 1993: Die Schriftsprache entdecken. Rechtschreiben im offenen Unterricht. Weinheim u. a.

Röber-Siekmeyer, Christa 1999: Ein anderer Weg zur Groß- und Kleinschreibung. Stuttgart.

Röber-Siekmeyer, Christa 2005: Die Berücksichtigung des kindlichen Sprachwissens für den Schrifterwerb. In: Huneke, Hans-Werner (Hg.): Geschriebene Sprache. Strukturen, Erwerb, didaktische Modellbildungen. Heidelberg, S. 129–144.

Saenger, Paul 1999: Lesen im Spätmittelalter. In: Chartier, Roger/Cavallo, Guglielmo (Hg.): Die Welt des Lesens. Von der Schriftrolle zum Bildschirm. Frankfurt a. M., S. 183–217.

Scheele, Veronika 2005: Entwicklung fortgeschrittener Rechtschreibfertigkeiten. Frankfurt a. M. u. a.

Spiegel, Ute 2001: Die Blauen und die Roten. Rechtschreiberkenntnisse mithilfe der Silbe. In: Praxis Deutsch. H. 170, S. 16–19.

Steinig, Wolfgang/Huneke, Hans-Werner 2015: Sprachdidaktik Deutsch. Eine Einführung. 5., neu bearbeitete und erweiterte Auflage. Berlin.

Schönenberg, Stephanie 2011: Problemfall Verbklammer? Der Klammermann als Basismodell der Satzlehre. In: Praxis Deutsch. H. 226, S. 12–19.

Schröder, Etje 2014: Über Fehler sprechen – Schreibungen untersuchen lernen. In: Praxis Deutsch. H. 248, S. 24–30.

Sommer-Stumpenhorst, Norbert 2015: Die Rechtschreibwerkstatt. In: Brinkmann, Erika (Hg.): Rechtschreiben in der Diskussion. Schriftspracherwerb und Rechtschreibunterricht. Frankfurt a. M., S. 108–116.

Stanat, Petra/Böhme, Katrin/Schipolowski, Stefan/Haag, Nicole (Hg.) 2016: IQB-Bildungstrend 2015. Sprachliche Kompetenzen am Ende der 9. Jahrgangsstufe im zweiten Ländervergleich. Münster.

Stanat, Petra/Pant, Hans A./Richter, Dirk/Böhme, Katrin/Engelbert, Maria/Haag, Nicole et al. 2012: Der Blick in die Länder. Kapitel 6. In: Stanat, Petra/Pant, Hans A./Böhme, Katrin/Richter, Dirk (Hg.): Kompetenzen von Schülerinnen und Schülern am Ende der vierten Jahrgangsstufe in den Fächern Deutsch und Mathematik. Ergebnisse des IQB-Ländervergleichs 2011. Münster, S. 131–172.

Steinig, Wolfgang/Betzel, Dirk 2014: Schreiben Grundschüler heute wirklich schlechter als vor 40 Jahren? Texte von Viertklässlern aus den Jahren 1972, 2002 und 2012. In: Plewnia, Albrecht (Hg.): Sprachverfall? Dynamik – Wandel – Variation. Berlin, S. 353–371.

Steinig, Wolfgang/Betzel, Dirk/Geider, Franz J./Herbold, Andreas 2009: Schreiben von Kindern im diachronen Vergleich. Texte von Viertklässlern aus den Jahren 1972 und 2002. Münster.

Tophinke, Doris 2005: Rechtschreiben. In: Lange, Günter/Weinhold, Swantje (Hg.): Grundlagen der Deutschdidaktik. Baltmannsweiler, S. 101–127.

Tophinke, Doris 2009: Sprachwandel. Basisartikel in: Praxis Deutsch. H. 215, S. 4–13.

Tophinke, Doris 2012: „Borussia“, „Pfeffer“, Explosion“ – Latinismen auf der Spur. In: Praxis Deutsch. H. 235, S. 44–48.

Urbanek, Rüdiger 2015: Antworten vom TINTO-Team. In: Brinkmann, Erika (Hg.): Rechtschreiben in der Diskussion. Schriftspracherwerb und Rechtschreibunterricht. Frankfurt a. M., S. 117–126.

Valtin, Renate 2000: Einleitung und Vorbemerkungen. In: Valtin, Renate (Hg.): Rechtschreiben lernen in den Klassen 1–6. Grundlagen und didaktische Hilfen. Frankfurt a. M., S. 7–9.

Valtin, Renate/Badel, Isolde/Löffler, Ilona/Meyer-Schepers, Ursula/Voss, Andreas 2003: Orthographische Kompetenzen von Schülerinnen und Schülern der vierten Klasse. In: Bos, Wilfried/Lankes, Eva-Maria/Prenzel, Manfred/Schwippert, Knut/Valtin, Renate/Walther, Gerd (Hg.): Erste Ergebnisse aus IGLU. Schülerleistungen am Ende der vierten Jahrgangsstufe im internationalen Vergleich. Münster, S. 227–264.

Voss, Andreas/Blatt, Inge/Kowalski, Kerstin 2007: Zur Erfassung orthographischer Kompetenz in IGLU 2006: Dargestellt an einem sprachsystematischen Test auf Grundlage von Daten aus der IGLU-Voruntersuchung. In: Didaktik Deutsch. H. 23, S. 15–33.

Vygotskij, Lev S. 2002: Denken und Sprechen. Weinheim, Basel.

Wahl, Stefan/Rautenberg, Iris/Helms, Stefanie 2017: Evaluation einer syntaxbasierten Didaktik zur satzinternen Großschreibung. In: Didaktik Deutsch. H. 42, S. 32–52.

Wahrig 2006: Ein Wort – eine Schreibung. Die WAHRIG-Hausorthografie von A bis Z. Gütersloh u. a.

Wagenschein, Martin 1982: Verstehen lehren. Genetisch – Sokratisch – Exemplarisch (1986). 7. Auflage. Weinheim.

Weinert, Franz E. (Hg.) 1996: Psychologie des Lernens und der Instruktion. Enzyklopädie der Psychologie, Band 2. Göttingen.

Weinert, Franz E. 1999: Die fünf Irrtümer der Schulreformer. Welche Lehrer, welchen Unterricht braucht das Land? In: Psychologie heute. H. 26 (7), S. 28–34.

Weinert, Franz E. 2001: Vergleichende Leistungsmessung in Schulen – eine umstrittene Selbstverständlichkeit. In: Weinert, Franz E. (Hg.): Leistungsmessungen in Schulen. Weinheim, Basel, S. 17–31.

Willenberg, Heiner 2007: Der vergessene Wortschatz. In: Willenberg, Heiner (Hrsg.) (2007): Kompetenzhandbuch für den Deutschunterricht. Hohengehren. S. 148–157.
Willenberg, Heiner 2008: Wortschatz Deutsch. In: DESI-Konsortium (Hrsg.): Unterricht und Kompetenzerwerb in Deutsch und Englisch. Ergebnisse der DESI-Studie. Weinheim, Basel, S. 72–81.
Wrobel, Dieter 2008: Individualisiertes Lesen. Leseförderung in heterogenen Lerngruppen. Theorie – Modell – Evaluation. Hohengehren.

Fachzeitschriften:

Deutsch 5–10 2012: Zeichensetzung: Punkt und Komma. H. 31.
Praxis Deutsch 2010: Schriftstrukturen entdecken. H. 221.
Praxis Deutsch 2012: Fremdwörter. H. 235.
Praxis Deutsch 2014: Herausforderung Rechtschreiben. H. 248.
Praxis Deutsch 2015: Interpunktion. H. 253.

Schulbücher:

Schroedel 2017: Deutsch Eins – Sprache, Literatur, Medien: Deutsch Gymnasium G 9. 5. Schuljahr. Schülerbuch. Braunschweig.
Cornelsen 2015: Deutschzeit. Allgemeine Ausgabe 5. Schuljahr. Schülerbuch. Berlin.

Internetquellen:

http://dora.hosting.uni-hildesheim.de/
http://gepris.dfg.de/gepris/projekt/279112504
http://gfds.de/wort-des-jahres-2015/
http://www.duden.de/hilfe/rechtschreibung
http://www.duden.de/rechtschreibung/anstelle_Praeposition
http://www.duden.de/rechtschreibung/infrage